終身知創の時代

終身雇用から終身知創へ

常に学び続ける新しい生き方

徳岡晃一郎
名久井康宏
荒井千恵
上野正之

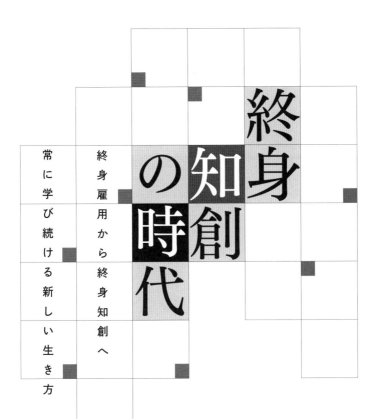

目次

第3章 JFEスチール 新しい組織開発による製鉄所の働く文化を変える挑戦 ~鉄鋼業の未来に向けて~ 上野 正之

序章

ライフシフト時代の一丁目一番地は学び続けること

徳岡晃一郎

- 人生100年時代に向けてのライフシフトが始まっている
- ライフシフトができないと「年だけ重ね社員」になりかねない
- ライフシフトの本質は「終身知創」である

1

ライフシフト時代の到来
〜新型コロナがもたらした新常態とは何か？

人生１００年時代が始まっている。リンダ・グラットンが２０１６年に出版した『ライフシフト』がそのメッセージの草分けと言えよう。医療の進歩や健康意識の向上、食生活の改善などによって、現在60代前半の人は、50％の確率で90代前半まで生きると指摘している。今のあなたは何歳だろうか？　１００歳まで生きるとすると、あと何年、健康でいる必要があるだろうか？　40代であれば50年強で、まだ折り返しにも達していない。いまの30代にとってはさらに60年。人生１００年とは実は若い人たちにこそ、とてもリアルな人生の問題を突きつけているのだ。

こうした高齢化社会の現実が迫る中で、同時進行しているのが少子化だ。少子化ゆえに年金原資の積み立てが不足し、年金制度に頼れない高齢者世代がどんどん出てくる。一時期、世間をにぎわせた老後資金２０００万円不足問題。その絶対額はともかく、年金だけでは暮らしていけないのはすでに常識である。人生の終わりが延びるにつれて貯金が心もとなくなってくるし、独居老人化による社会的孤立のリスクも高まっていく。

それゆえ、人生100年時代とはイコール、現役で80歳まで働き社会とのつながりを保ち続けないといけない時代でもある。もはや単なるご隠居はありがたい存在ではなく、生きてすらいけない時代なのである。安易にご隠居になるではなく、「働き続けられる限り働く」。この精神力によって、社会からの孤立を防ぎ、自活する。極力、健康寿命を延ばし、かつ生活費に困らない人生を送るためには、せめて80歳までは働かなくてはならない。

すでに日本には100歳以上のお年寄りが7万人以上もいる。実際、70歳以上で現役バリバリな方をみると、お年寄りとは全く言えない。80歳を超えてもかくしゃくとした現役の方も多い。そうした方々を見て、80歳現役が可能な時代がいよいよ来ていることをひしひしと実感している読者も多いだろう。

しかし、充実したシニアになるには、自身の努力や周りとの共創による知の創造の生きざまがあってこそだということを忘れてはならない。裏を返せば、いつまでも頼られる存在であるということでもある。世話になる存在ではなく、価値を生み出し続ける存在を目指さなくてはならない時代なのだ。

そうした生き方ができないと、単に寿命だけが延びていき、何もすることがなく、だれからも必要とされず、金もない、という寂しい老後になってしまう。そういう老人ばかりの日本になるのか、生き生きとしてよりよい社会の創造に関わっていくシニアがあふれる日本になるのか。いま日本はその岐路に立っている。そしてそのカギを握るのは、われわれ一人ひとりなのだ。

2
30代、40代、50代の現状

しかし、こうした現実を直視できている人はまだまだ少ない。大企業のサラリーマンを見てみると、逃げ切りの50代、揺れる40代、不安な30代といった現象がみられる。

改正高齢者雇用安定法によって、65歳まで働く権利を有する労働者だが、50代社員は、65歳までしがみついて〝それなりに〟仕事をするモードだし、40代はそうした50代を見て、〝それなりに〟行けるのか、もっと自らの人生を積極的に作るべきなのか揺れている。脂の乗った時期でもあり、真剣に自分の人生に向き合う時間が取れずにズルズルと会社本位の習慣に埋没してしまい、心が揺れ動いたまま何もできずに50代に突入していく。80歳まで働かざるを得ないことに気づいている30代は、あと50年もどうやって稼げばいいのか全く想像がつかず大いなる不安を抱えている。今の40代、50代の会社本位の生き方が全くモデルにならないからだ。

再就職斡旋会社では近年のリストラブームを受けて、多くの50代社員を抱えているが、50歳まで1社しか経験のない人の転職先はまず見つからないという。家族も顧みず一生懸命に会社本位で働いてきた末路がこれだ。それでもか、あるいはそれゆえか、50代社員は別の進路を考えることを諦めて65歳までの雇用にしがみつく傾向にある。60歳以降70歳まで働きたいという人が52・2％にも上っているが（「老後の生活設計と公的年金に関する世論調査」平成31年、内閣府政府広報室）、そんな現状埋没型の生き方をしていては、60歳以降の社内での仕事はもちろん、65歳で退職した後、働く場所や職種は選べない。自分が一生をかけて培ってきた知恵を活かせない。50代の10年を、諦めてただ会社にいるのではなく、60歳か、せめて65歳以降を見据えた準備の時間に使うべきだろう。だが、そんな目線の高い人は少ないのが実態だ。

40代はどうか。40代は人生の中でも最も脂の乗った旬の時代であり、仕事としても役職が付き第一線を仕切っている年代だろう。夢はまだまだ大きい。しかし統計を見ると（パーソル総合研究所「1万人成長実態調査２０１７」）、40代前半から半ばで、すでに半分の人は、将来に希望が持てず、出世を諦めている。すなわち、40代の半数は将来を諦められないので自分のことは後回しで会社本位で勝ち抜こうとする。その一方で、残りの半分は将来を諦めるが、外に出て勝てる自信はすでになく、会社の中で居場所を探すだけ。いずれにせよ、ライフシフト（長期的人生戦略）を真剣に考える状況になく会社に居続けるわけだ。

この40代でもやはり重要なのは、「60歳の現役まで今のまま働いていて、その次（80歳までの現役の場）が見つかるのか」という問題意識だ。定年と同時に第二段ロケットにスムーズに点火し、80歳までの残りの15〜20年という時間を成功裏にライフシフトに導く意識があるかどうかだ。

一方で50代とは違い、40代はまだ売れる。転職成功率は14％程度（Career Picks調べ）だ。こうした有利な環境にあるにもかかわらず、ライフシフトに腰が重いのはなぜだろうか？

それは妙な言い方にはなるが、ライフシフト慣れしていないからだろう。早くから自分の人生を切り拓いてきた人（社外への転職であれ、社内での異動であれ。また意図的であれ、偶然であれ）は人生を自分に引き寄せて考えられ、ライフシフト慣れしている。さらに自分の人生を築くために会社を活用する生き方にまでライフシフトできた人は、ライフシフト経験をますます積みやすくなり、実行すればするほどライフシフト慣れが進む。チャンスを活かす態勢ができてくるわけだ。その逆の人はいつまでたっても、ライフシフトに臆病になって1社に引きこもってしまう。

ゆえに、40代のまだ売れるうちにまずは1歩踏み出してみることが重要だ。どうせ今の会社にとどまっても出世の道はどんどん狭くなっていくし、同時に転職チャンスもどんどん狭くなっていく。袋小路だ。

そんな40代にライフシフト慣れをするのにいい機会が訪れつつある。それが副業解禁だ。副業によって、自分の会社の籍はそのままキープしながら、自分に向いている仕事や転職先の当たりをつけることができる。また都会で働いている人は地方での仕事とはどんなことなのか、大企業で働いている人は中小企業での仕事とはどんなイメージなのか。そうした見知らぬ世界の下見ができるのが副業の価値だ。副業の目的を自分の視界を広げることにおき、小遣い稼ぎを目的にしないほうがいい。多少の小銭を貯めたところで、人生100年の壮大なライフシフトには全く役に立たない。むしろしっかりした基礎を作ることに時間と資金を投資すべきなのだ。

このように50代も40代もロールモデルにならない中で、30代の焦りの色は濃い。30代は40代以上に売れるので、自分で自分の人生を創るライフシフト意識の高い人材はとうに転職している。残っている有為な人材は企業の次世代リーダーとしての位置づけが見えてきた人々であり、将来を棒に振ってまでリスクは取りにくい。そうした彼らの40代、50代を見る目は意外に冷静である。仮にうまく出世コースに乗ったとしても、55歳くらいで部長職はポストオフ。しかもその後は年下上司に、大した仕事も見いだせないなかでひたすら仕えている先輩を冷静に見ている。あるいは関連会社に出向・転籍し、親会社に使われる。所詮、社内で頑張ってもそんなものだと……。それゆえ、30代社員の目線は会社の中にはすでにないのではないだろうか。外のチャンスを冷静に探している。このことは企業にとっては、次世代リーダーをどう確保し育てるのかという、事業の持続的成長という観点での大きな問題をはらんでしまうが、いまのような人事制度でシニア社員を無駄遣いしているようでは見切りをつけられても致し方ないだろう。

30代の不安の根源はむしろ100歳まで生きてしまうこと、80歳までの現役とはどういう仕事なのか、その見当がつかないということだろう。ライフシフトの用意はまだだとしても少なくともライフシフト意識は40代、50代よりはるかに旺盛だ。それゆえに残りの50年間の現役生活で自分はいったい何をすればいいのか……。50年後の日本とは、世界とは？　取り付く島がない疑問を前に不安が募る。特に新型コロナ後は、何が起きても不思議ではないという実感を、私たちのあまりにも平和ボケしていた頭に気づかせた。パンデミック、ナショナリズム、覇権国争い、デジタル&リモートライフの急進展、DXによる産業構造の変革（工業生産力モデルの崩壊）、貧困・格差問題の顕在化、地球環境問題対応の加速、そしてそうした中での日本の立ち遅れなど、第二次大戦後のグローバル成長の下で日本のレガシーな繁栄を謳歌して楽しく生きてこられた30代においては大きな衝撃だ。

そういう意味では、30代の若手は自立化を目指している。起業、フリーランサー、職人など様々な形で自分で食っていける道を模索しているようだ。他の世代と比べても30代の起業は多く25%程度〜34%程度を占めている（日本政策金融公庫資料など。ただし、最近は60代の起業が増えているのも事実である）。フリーランサー化も進行しており、日本の労働力人口の16%がすでにフリーランサーであり、こうした流れはアメリカでは35%にまで高まっている（日本経済新聞2020年6月24日）。個人で事業をやれば、若いうちに多様な経験（成功も失敗も）を積むことが可能だ。こうした身体知として刻まれる原体験こそが、次第に変化対応力となって蓄積され、レジリアンスが強く、長く現役を生き抜いていける力になっていくはずだ。そうした身軽なうちのチャレンジを後押しする社会を40代、50代は支援していく必要があるのだが……。

3
「年だけ重ね社員」を70歳定年まで抱え続けられるのか？

一方で企業は、昭和の時代の職能資格・年功賃金を含む「終身雇用慣行」をまだ引きずっている。80歳現役の時代が間もなく来る日本においてこの慣行を続けるのは正しい選択なのだろうか？

終身雇用の核である雇用保障とは昭和の時代に流行った「人への優しさ」のコンセプトだ。社員を囲い込み、安住の地を与えるというメッセージを発信してしまっている。シニア社員の活力を引き出しかつ若手も納得のいく必要な条件を整えないまま、当面の人手不足が心配で65歳や70歳まで定年を延長している企業さえある。

若手には成果主義での選別を強いる一方で、能力が低下し組織にぶら下がるだけの社員は「人に優しい」という旗印の下で野放しとなり組織に蓄積されていく。年下上司としては、もとの上司や先輩に対して厳格な成果主義による評価や処遇を適用しにくいから、どうしてもそうなる。結果として嫌気のさした「できる若手社員」は退職していく。そして、会社に残った社員は目の前の安住を謳歌し、65歳や70歳の定年時は何の役にも立たないお荷物になっている可能性が高い。こうした社員のことを「年だけ重ね社員」と筆者は呼んでいるが、そんな企業にイノベーションを起こす力は生まれないし、若手にも見放されて生き残りすら難しくなるはずだ。

またこれでは当のシニア社員たちも、定年後の15～20年、すなわち80歳まで現役で働かないといけない未来に対応できない。そのような袋小路に企業が社員を誘導しているようなものだ。一見、人に優しいようでありながら、結局は事なかれ主義の人事部によって企業の都合を押しつけているだけのことだ。

逃げ切り世代の50代以上の社員が半数以上を占める大企業が10年後には続出してくる。すでにわかっている近未来だ。人事部は、そのような高齢者を現場が真の意味で活用しきれると考えているのだろうか？　それともリストラしないで飼い殺しするのも「人に優しい」コーポレートブランド維持のためのコストとして許容しているのだろうか？

そもそもデジタルを駆使したイノベーションが企業の競争力を左右する時代においては、

企業自身がどんどんイノベーションを起こし自身のビジネスモデルを変えていかなければ生き残れない。そんな変化し続ける組織において、40年以上も一企業にいてのんびり過ごしているような社員が貢献することはまず不可能と言っていい。人事部が当てにできない以上、自分自身で動くしかない。事なかれ主義で安住を誘うような甘い会社の罠を自ら断ち切って、社員自身が自分が最も活躍できる場を探すか、環境の変化に適合するように、果敢に自己変革に挑むしかない。それは組織には頼らない生き方ということなのだ。

4 働き方改革・第二章とは組織に頼らない生き方の構築

令和の時代への切り替えをわれわれは真剣に受け止めるべきだろう。人生100年時代とともにスタートした令和の時代では、昭和・平成と残してきてしまった終身雇用という人への優しさのコンセプト、今では社員を安住させる罠でしかなくなってしまった日本型雇用のコンセプトを変革しなくてはならない。何がカギなのだろうか?

そのカギを見出すためには、どういう日本社会を構築していくのかを考えなくてはならないだろう。人口減少とともに高齢者が30%以上になり、地方の過疎化が急速に進む社会に日本が変貌していくのはすでに明らかだ。そんな時代においても、中小企業には活気があり、大企業はグローバル市場で勝負し、日本中そこかしこでイノベーションがおき、大都市だけではなく地方も豊かな個性を発揮して共存共栄になる。モノづくり一辺倒から脱し、コトづくりのための産業横断的な総合力を発揮して、日本ブランドを再興させグローバル市場で勝ち続けられる、そんな社会を構築していく必要がある。
高齢化と人口減少に直面する日本でも、まだまだ創造的な社会として、たとえゆっくりとではあっても発展し続けるためには？

そのような社会とは一人ひとりが知を創造し続ける社会ではないだろうか。知を創造するとは、他者に感謝される価値を率先して生み出すことだ。そのためには社会のニーズやウォンツを探索し、共感し、その期待に応えようと執拗に努力する情熱や意志。そして、それを可能にする知識やスキルを飽くことなく磨く。そんな創造的な生き方そのものだ。日本の職人文化にも通じる。

そのためには、やはり一人ひとりが企業にしがみつくことをやめねばなるまい。自分らしく知を創造する必要がある。ある意味でその対極は、言われたことを無難にこなすサラリーマン像だ。自分はいったいどんな価値を生み出しているのだろうか？　単なる中間処理だけ（右から左へ大したバリューも付けずに流しているだけ）をやっているのではないのかという疑問を持たなくてはならない。また、薄々そういう状態にいて自己嫌悪に陥っていながら何もしない、不安がってばかりいて行動を起こさない。そんな受け身の状態から脱しないといけない。

つまり積極的に自分の立ち位置を作り、人生を拓く意志を持たなくてはならないわけだ。そんな組織に頼らない生き方が究極の姿に他ならない。そのためには当然、自分個人の力を磨かなくてはならない。働き方改革の第1章は、残業削減だった。あまりにもひどい残業の実態があったため、目的を云々する前にまずは目の前の働きづめの実態を是正し、過労死を防がなければならなかった。そうした中で、残念なことに、労働時間が減った分はただ単に飲みの時間に回りつつあった。何のための働き方改革だったのかという疑問や不安を覚え始めた矢先に起きたのがコロナ禍だった。コロナ禍で人々の生活は一変し、テレワークが当たり前で、旧式の労働時間管理が全く適合しない社会がやってきた。また、テレワークでは個人の力量が白日の下に晒される。働き方改革・第2章がいきなり始まってしまったのだ。

働き方改革・第2章でわれわれは、自由な時間、自由な働き方を活用できるようになったわけだが、一体その目的は何かを今こそ問わねばならない。それはちょうど巡ってきた大きな文脈としての人生１００年、80歳現役という流れの中でも耐えられる「自分づくり」に他ならない。会社や組織に頼らずに自立したキャリアを模索しながら生きていく、そんな自分の力量（これを筆者は「変身資産」と呼んでおり、終章で解説します）を磨くために、今回の働き方改革・第2章を活用する必要がある。

5

終身雇用から「終身知創」へ

そういう意味では社員にとっても企業にとっても、「キャリア自律」と「雇用の流動化」がカギになる。そしてそれができる条件は、自身の成長を真剣に考える社員自身の態度だろう。そして、企業は終身雇用ではなく、社員に対して、終身にわたって成長し続ける意識を持たせ、場を用意していくことが重要になる。それを筆者は終身にわたる知の創造であると考え、「終身知創」と名付けている。終身雇用に代わる令和の時代の「人への優しさ」だ。

序章ではその実現のためのいくつかのポイントを挙げておこう。

まずベースとしては東京大学の柳川範之教授が提唱する「人生三毛作」のコンセプトが有意義だ。20〜30代、40〜50代、60〜70代の各20年を3回こなす働き方は筆者の実感とも合致する。そのためには40歳で一旦会社を退職しやすくする節目が必要であり、人事制度を大きく改訂する必要がある。これからの人事部門の戦略的テーマになるはずだ。

また、20代から早期のキャリア教育を徹底し、社員一人ひとりに自分の「パイ型ベース」の構築を促し、キャリア自律の覚悟を持たせること。すなわちキャリア形成に対する見通し（キャリアパースペクティブ）やキャリア形成に対する自己効力感を抱いてもらうことが重要だ。パイ型ベースとはギリシャ語のπのように、2本の足に当たる複数の専門領域と、よりよい社会を積極的に作っていくための視座である「教養」（πの字の上の横1本棒）を持った人材の力量をあらわす。パイ型ベースの構築には時間と経験が必要なので、20代からそういう志を持ってもらうことが必要だ。

転職経験の少ない40代、50代の社員には、キャリア自律の意識と自信を持たせるために兼業・副業はマストだろう。ネットワークと新たな経験が得られるので、企業の本業にとっても実は有意義だと言われている。ただ「副収入目的の副業」はリスクもあるので、「意識改革目的の副業」がベターだ。お勧めは、認定NPO法人サービスグラントが提供しているNPO／NGOへのボランティアサポートや、ライフシフト大学が提供している副業ワークショップなどだ。リソース不足に悩みつつも社会貢献にいそしんでいるNPO／NGOや、人手不足や後継者難に見舞われている中堅中小企業に対して、自分が会社で培ったノウハウやスキルを提供することで、自身も間接的に社会貢献ができるし、プロとしての腕試しを通じて自分の知を確認し、さらに成長できる。

また、人材流動化の受け皿として、中小企業への人材移動をニューノーマル化していくことも不可欠だ。特に地方の中小企業では人手不足や後継者難が深刻であり、大廃業時代が忍びよっている。中小企業が衰退すれば、大企業のエコシステムは崩壊し、大企業自身すら危うくなってしまう。中小企業への転職には収入の減少や働き方の違い（なんでもやらないといけない）で二の足を踏む人も多いため、大企業はいたずらに定年を延ばしてシニアを囲い込むのではなく、雇用の流動化を自信をもって打ち出し、社員がソフトランディングできるための施策を人事制度に組み込んでいかねばならない。一定期間を出向として原籍や給与水準を維持したまま、中小企業で働き、居場所を見出す仕組みが有効だろう。一定期間の出向によるソフトランディングを経た後、大企業の社員が転職することで、地方や中小企業へ知の移転が図られる。独自の技術やスキルを持った中小企業が誕生し、〝小さなグローバル企業〟に変貌する例もみられる。本人の新たな居場所が輝き、成長の場も広がっていく。このような社員の「終身知創」につながる人事戦略へと舵を切ることで、まだまだ元気な高齢者が活躍できる人材流動化の流れが起きれば、続く40代、30代もキャリアの見通しを持て、早期の決断ができるようになるはずだ。

ただしその際に一点忘れてならないのが「知の再武装」である。日本ではこれまでの工業生産力モデルの時代には、企業内教育とＯＪＴによる暗黙知の伝承・磨きこみでいい仕事ができてきた。しかしデジタルを駆使したグローバルな共創が不可欠な局面では、どうしてもダイナミズムに欠けてしまう。社員同士で改善を図るときはツーカーの関係がいいのだが、ダイバーシティの力でビジネスモデルを変革したり、イノベーションを起こすための知は社内の仲間内同士からは出にくい。そういう意味で、異業種の仲間とともに学び合う大学院レベルの教育でしっかりとユニバーサルな知をベースに経験知をアップデイトし、自分の知の体系としてまとめ直す「知の再武装」が欠かせない。企業としては社員にこうしたより大きな舞台へ向けての成長の機会を積極的に支援していく必要がある。

80歳現役の時代においては、誰もがいずれどこかで定年を迎え、最後は「一人事業主」になる。それでも通用するキャリアをずっと積み続け、利己的な遺伝子のように、企業を自分の成長の場として利用するしたたかさがあっていい。そんな成長意欲を持った人材こそイノベーションをリードできるのであり、企業はいまこそ腹をくくる時だ。令和のコンセプトである「終身知創」に基づいた人事政策が日本のイノベーション力を再興し、人生100年時代の人々の幸せのカギを握る。

本書では、以下の3章で、筆者が勤める多摩大学大学院でMBAを取得し、知の再武装を果たした修了生のなかでも、特に終身知創の重要性に関する修士論文を書いた3人に、彼らの論文の骨子を再編集して紹介してもらうことにした。

多摩大学大学院では、毎年60名の社会人MBA生を受け入れ、実践知とイノベーターシップをキーコンセプトに100講座ものカリキュラムを用意して知の再武装の場を提供している。主体となる年齢層は40代だが、30代、50〜60代にも近年では広がってきている。70代で博士課程に進学する強者も誕生しているほどだ。それだけ人生100年時代を迎えて、自分の人生、キャリアへの危機感が高まっていると言えよう。

最後に各章の概要を紹介する。

まず第1章では、日本では次の時代を担うミドル世代が学び直しに出遅れているのだが、なぜか。その理由を探っていく。海外先進国では、知の再武装は当たり前。社会人になっても学び続ける。その象徴は社会人大学院でのMBA取得だ。日本で主流の企業内訓練では企業固有の知を伝承し磨いていくことはできるが、大きな転換を図らねば生き残れない時代に、企業内に知の範囲を限定した学びは効果が薄い。むしろオープンイノベーションやダイバーシティが叫ばれている今日、海外では社外に出て、グローバルでの最先端の知を身に着けると同時に、社外の人脈形成をしていくことは常識なのである。このことは単にキャリアチェンジの機会を増やすためだけではなく、知の創造を暮らしの中に取り込む姿勢の強弱に関係している。より価値のある知を創造しようと思えば、社内に閉じこもるのではなく、自身の生活をイノベートし、日々の中で知の地平を広げること自体がミッションになるはずだ。

なぜ日本だけがそういう知の創造に後ろ向きなのであろうか？　その要因を掘り下げて私たちに警鐘を鳴らす。著者は多摩大学大学院を２０１９年に卒業し、綿半ホールディングスにおいてグループ会社全体の組織開発や人材育成に従事する名久井康宏さんだ。

第2章では、ビジネスモデルイノベーション、企業変革、ライフシフトなど、モノやサービスだけではなく、組織も個人も変わり続けねばならない時代における真の「大人」とは何か。そんな根元的なテーマを検討した論文がベースだ。社会人として組織と社会に貢献するのは当たり前だが、実際には言われたことをただこなしているだけの場合も多いのではないか。今求められる大人の貢献・役割とは知の創造へ主体的にコミットすることではないか。そういった問題意識に基づいて、令和の時代の「大人」とは何かを再定義していく。個と組織がダイナミックに知を創造し合う関係性を構築できる、そんな個こそがこれからの「大人」ではないかということを究明し、「大人偏差値」という指標でわれわれに問題提起する。著者は多摩大学大学院を2019年に卒業したIT企業に勤める女性エンジニアの荒井千恵さんだ。

第3章では、組織自身の学び直しを扱う。財務数値上のV字回復やリストラなどの組織改編では知識創造企業への変革はできない。組織のDNAを変え、知を創造する組織へと改編する根っこの施策こそ重要だ。組織自身に知の再武装のDNAを注入するような組織改革こそが、一過性ではなく永続する成長をもたらす真の組織改革だろう。すなわち組織自身による学び直しだ。著者の上野正之さんは、鉄鋼大手のＪＦＥスチールに勤務し、自身の職場である東日本製鉄所で、上記のような組織に新たな知の体質を埋め込む改革を実行した。そのストーリーを多摩大学大学院で修士論文としてまとめ２０２０年に卒業した。本論考ではその論文を土台にして、組織の学び直しの実録ストーリーを詳述する。そこで用いられた手法はバインディング・アプローチというもので、その手法は同じく多摩大大学院を修了し、現在では同校で客員教授も務める組織改革コンサルタントの荻坂哲雄氏が開発したものだ。その意味では多摩大コンビの師弟関係で組織改革を実行したことになる。

終章では再び徳岡が担当し、人生１００年時代の終身知創の進め方を具体的に解説していく。その骨子は、筆者が開講しているライフシフト大学でのコンセプトに共通するものだ。変化がますます激しくなる時代の中で、自らを変化させ続け、巧みに知を創造することで、人生の価値を生み出し、時代の流れを引き寄せていく、そんなダイナミックな生き方の作法だ。会社任せの人生ではなく、「一人事業主」としての生き方への変革がライフシフトであり、そのライフシフトのために、変身資産をどう構築するのか、キャリアビジョンはどうやって作っていくのか、ＭＢＡや副業はどう活用できるのかなど、具体的なイメージを読者に抱いてもらえるようにしたい。

この書が、読者の皆さんのライフシフトへの第一歩、そして終身知創のライフスタイルへの幕開けになることを願っている。

第1章

日本のミドル世代にとっての「学び直しコスト」

名久井 康宏

- 日本のミドル世代が学び直さないことについて危機意識を持つ
- 「スキル」は4.2年で陳腐化してしまう
- 「中年の危機」にこそ、知の再武装で「コミュニティ・ポートフォリオ」を書き直す
- 学び続ける個人と組織になるための実証研究
- 「安定する」ために常に動き続けることは学び続けることである

1

ミドル世代のしがらみ

「大学院で学び直す人と学び直さない人の違い」は何か？　しばらくの間、この問いについて考えて、いろいろな世代や業種の方と対話を重ねてきたが、しっくりくる答えに出会うことはなかった。

本章は、大学院での学び直しをメインテーマとして、「学び直し」にとって「阻害要因になっているものには一体何があるか」、について論じた多摩大学大学院の修士論文をベースに、さらに探求したものである。それゆえ内容については、筆者の所属する組織とは一切関係ないことをまず記しておきたい。

ところで、「平均的なビジネスパーソン」というものは存在するのだろうか。日本人にとって、平均と聞くと少し安心する感があるが、ビジネスパーソンとして平均的であるのは、これからどれくらいの価値を持つのだろうか。誰もが心の底では「何かに秀でたい」と望んでいると思う。そのための「学び直し」は有効な手段のはずである。

いつの間にか周りの声なき声や視線が気になり、学び直す決断に時間がかかっているというのは、1つの現実の姿だろう。『平均思考は捨てなさい』（トッド・ローズ著）の中に、平均を算出してみたが、実際にそれに当てはまる人間がほとんど存在しなかったという話が出てくる。もしかすると、日本のビジネスパーソンは「〇歳頃には～していた方がいい」というような平均という「仮想モデル」に支配されていないだろうか。私たちビジネスパーソンはどこかで思い込んだ「平均的な思考の罠」にしがらんでいないだろうか。

このように決して教科書通りにはいかないことと向き合うミドル世代の姿を「大学院への学び直し」という切り口で、できるだけ手触り感を持って切り取ったものである。マクロとしての国際比較とともに、ミクロとしてのビジネスパーソンの行動を交差させることで考察した。そして、まとめとして、学び直しにつながるための個人と組織の改善策を提言したい。

リカレント教育での学び直しの実態

「リカレント教育」がビジネス関係の新聞や書籍に頻繁に登場するようになってしばらく経つ。流行の1つという見方もできるが、本質的には深刻な状況である。もともとはユネスコや文部科学省という領域から提唱されたこの概念がビジネス領域にまで浸透していることについて、「学び直しは日本のビジネスパーソンにとって圧倒的に不足している」と筆者は考えている。

実際の日本の成人の学び直しとしてのリカレント教育はどのように変化してきたのだろうか。国立教育政策研究所の調査に興味深い分析結果がある。下村（2013）と岩崎（2013）は生涯学習の需要に関する研究の中で就業形態、中等教育の学習習熟度、成人の意識構造との関係性について報告している。

学び直しは必要と思っても、学び直さない日本人

それらから見えることは2つある。1つ目は、成人の意識構造と就業形態別属性による学

習習熟度についてである。成人の学習志向と意識構造を社会観、職業観、パーソナリティの側面から研究された結果[1]に重要なポイントがある。

調査回答者１０００名のうち、70％以上が「人生のどの段階でも学ぶ場があればいいと思う」、「学習するにあたっては、自分の自主性や主体性を大切にしたい」、「自分が何を学習すべきは自分で決めて、自分で管理したい」と回答している。そして、就業状況に満足していると「学習そのものに価値を見出し、学ぶ場を求め、自主的に学ぶことを求める」傾向が強いことがわかっている。これは、エンプロイー・サティスファクション（従業員満足度）が広い意味での社員の生き方やと学習志向性に一定の効果を与えることを示している。

２つ目は、雇用機会につながる教育政策の観点からみた就労形態別属性による学習成熟度の研究である。全体の72・１％は「自分の職業的能力は通用しなくなる」という認識を示している。そして、「社会に出てからの学習が重要かどうか」に対する結果は、全体の88・８％が「社会に出てからも学習することが重要である」と回答している。

報告の中では「学習の重要性は多くの者に認知されているが、それを自分で可能にできる者はどのくらいいるのであろうか」という問いが立てられている。この問いに対する結果の１つとして、学習成熟度という観点から、大学・大学院卒であり中学校時代の成績が上位である正規雇用者は、社会に出てからも学習に対して自立的に考える傾向にあるという。そしてEUの雇用政策における教育支援を参考にしながら、日本での教育政策が提言されている。そこでは、学習成熟度や心理的状況を考慮に入れた学習機会の制度化やキャリアカウンセリング施策の2点が挙げられている。

しかしながら、環境整備はどれくらい学び直そうとする個人の行動を決定づけているのだろうか。

リカレント教育の研究では、学び直しの必要性と重要性、そして意欲が認識されているものの、実際の学び直し行動に結びついていないという現実の課題は解明されていないままなのである。「人間は必ずしも合理的に行動するとは限らない」のだ。

われわれにはリカレント教育の場があり、多くがその必要性を感じていても、実際に学び直す行動にはつながっていない。これは、一般的なミドル世代の肌感覚と合っているのではないだろうか。

次に、マクロで国際比較としての学び直しを見てみよう。

知のアップデートが十分にされずに、ビジネスを続ける日本人

日本の国際競争力低下を如実に表している事例に、自動車産業がある。この本を読んでおられるミドル世代にとって、自動車といえば内燃機関のエンジンを積む自動車を想像するだろう。複雑かつ圧倒的に多数の部品を統合する技術を高め、その生産効率をあげることで、日本の自動車産業は世界のマーケットにおいて時間をかけて成長してきた。

ところが、テスラ社は２０２０年に自動車メーカーで時価総額世界一となった。電気自動車の技術力だけを見ると、日本のメーカーにも十分に作れたようである。

この違いはマーケティング視点などで多くの論説があるが、技術力以外のイノベーション力やマネジメント力、学び直す力などで見ると危機意識を感じざるを得ない。

スイスのビジネススクールであるＩＭＤが「世界競争力年鑑」というレポートをまとめている。ここでは国家レベルの競争力について、比較対象となる63カ国において国際比較分析がされている。その国の経済状況、政府効率性、ビジネス効率性、インフラなど5つの大項目から構成される。日本の総合順位の傾向を大まかにいうと、１９９２年をピークに下降を始め、１９９７年の世界的な金融不安では17位、２０１４年以降は25位前後へ下降傾向に

ある（酒井　2018）。

　科学技術は首位ではないが、最近ではなんとか10位前後を維持している。しかし、この意味は深刻だ。それは、科学技術は、過去の研究成果から時間差で知の結晶として現在に現れるものであるからだ。その一方で、実際のビジネス活動に具現化する力となるマネジメント教育や大学教育を見ると、63か国中で50位近くにおり、著しく立ち遅れている。三菱総合研究所の酒井博司によれば、「競争力向上のためには、大学と企業の連携、生涯教育の充実による人材の質の恒常的な改善、およびそれを取り巻く環境整備の改善が必要

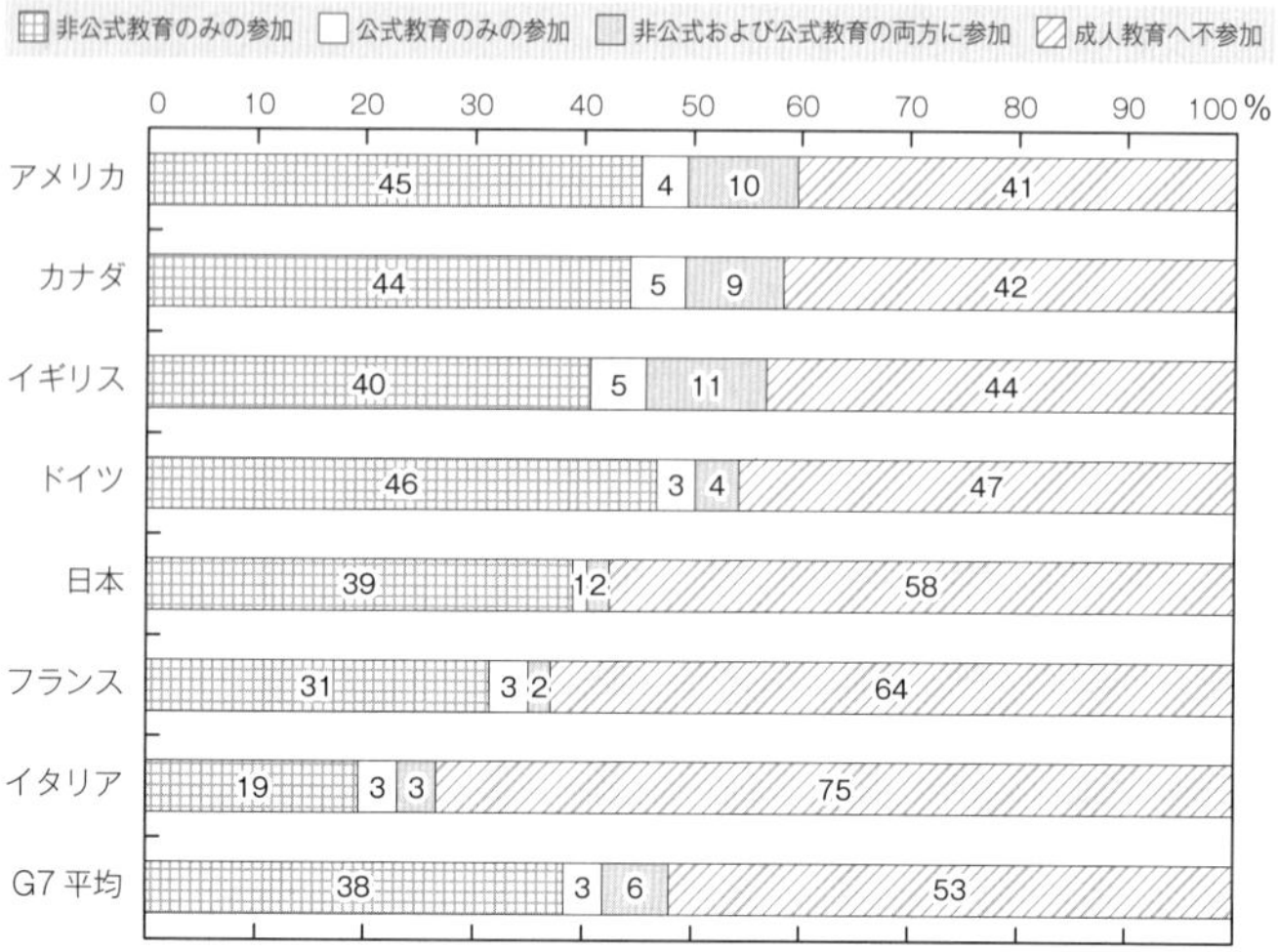

図1　G7の中でも学ばない日本人（Education at a Glance, OECD 2017から筆者作成）

であろう」と指摘されている。

総合力の先行指標が科学技術だとすると、今後の日本の総合順位は25位付近から落ちていくことが予想される。

次に、OECDの調査から日本が置かれているビジネスパーソンの学び直しについて、現状を観察する。OECDのEducation at a Glance 2017から、筆者はG7（主要先進7カ国）に焦点を当てて、比較した（図1参照）。

図1は、25歳から64歳の成人を対象に調査した「学習形態の国別比較」である。このグラフから読み取れることは、G7の中で、公式および非公式な場で学んでいない日本成人の割合は58%となっており7カ国中3番目に多く、公式教育においては最下位だ。

また、OECD Skills Outlook 2017では、習得するスキルによっては、従来の学校教育や企業内教育は不得手とする部分があることが指摘されている。企業内でビジネスパーソンを十分に訓練することには限界があるようだ。

「日本人が読解力、数的思考力、技術的解決力といったスキルに優れ、組織適応力といった資質が高いことは従来の学校教育の成果といえる。しかし、日本がグローバル化・デジタル化に適応していくためには、管理・コミュニケーション力や学び続ける力といった資質が重要である。近年、従来の学校教育や企業内ＯＪＴでは身につきにくいことから、これらを醸成するリカレント教育が注目されている」（下線は筆者による、OECD Skills Outlook 2017をまとめた木根原レポートより抜粋）

ここまで、日本のビジネスパーソンを取り巻く学び直しの国際比較を見てみると、日本のビジネスパーソンはＧ７の中でもほとんど大学院レベルで知のアップデートがされないまま、グローバルな戦場に自分の身を置き続けているのである。

学び直しを「大学院」にした理由

学び直すための場は本を読むことでも、セミナーでもよい。「いろいろな場」があるのも事実だ。しかし国際比較というマクロな視座から考えるとき、学び直しの場を「大学院」にする理由が明確となる。

ＯＥＣＤの定義によると、教育は公式教育（Formal Education）と非公式教育（Non-Formal Education）の２点に大別される。公式教育とは、主に学校教育を指すため卒業時までの一定期間に卒業要件を満たすことができる体系化されたカリキュラムを持っているものである。例えば、小学校・中学校・高等学校・大学・その他公的教育機関にて提供される「体系化された計画的な教育」を指す。

一方で、非公式教育には学校教育以外での個人の読書、セッション、ワークショップ、セミナーが含まれる。本章ではこのような個人のペースに合わせて学んだり、体系化されていないカリキュラムを持たないものは、公式教育に含まないものとしている。

図２は図１と同じ対象に対して、「学習を阻害する要素の国別比較」である。この図についても図１同様にＧ７に絞ったものを筆者が作成した。このグラフから読み取れることを列挙する。

●「仕事が忙しすぎることが学習を阻害している」がＧ７平均よりも５％高いことを除けば、各選択肢のＧ７各国と日本を比較すると著しい差は見られない。

●「その他」の選択肢には、「必要不可欠でない」、「従業員の支援不足」、「時間と場所が不便」、「予期せぬ出来事のため」が含まれており、G7の中では3番目に高い阻害要因となっている。

G7を含めたOECD諸国の情勢を踏まえると、1990年代以降にビジネス環境が「工業化社会」から「脱工業化社会」へ大きく変容しようとしていく中で、リカレント教育の必要性がさらに高まってきたと考えている。工業化社会のように、社会全体の変化が現代ほど速いものではない時代には、若い時に学習したことを使って、生涯にわたってその知識や技術を使い続け

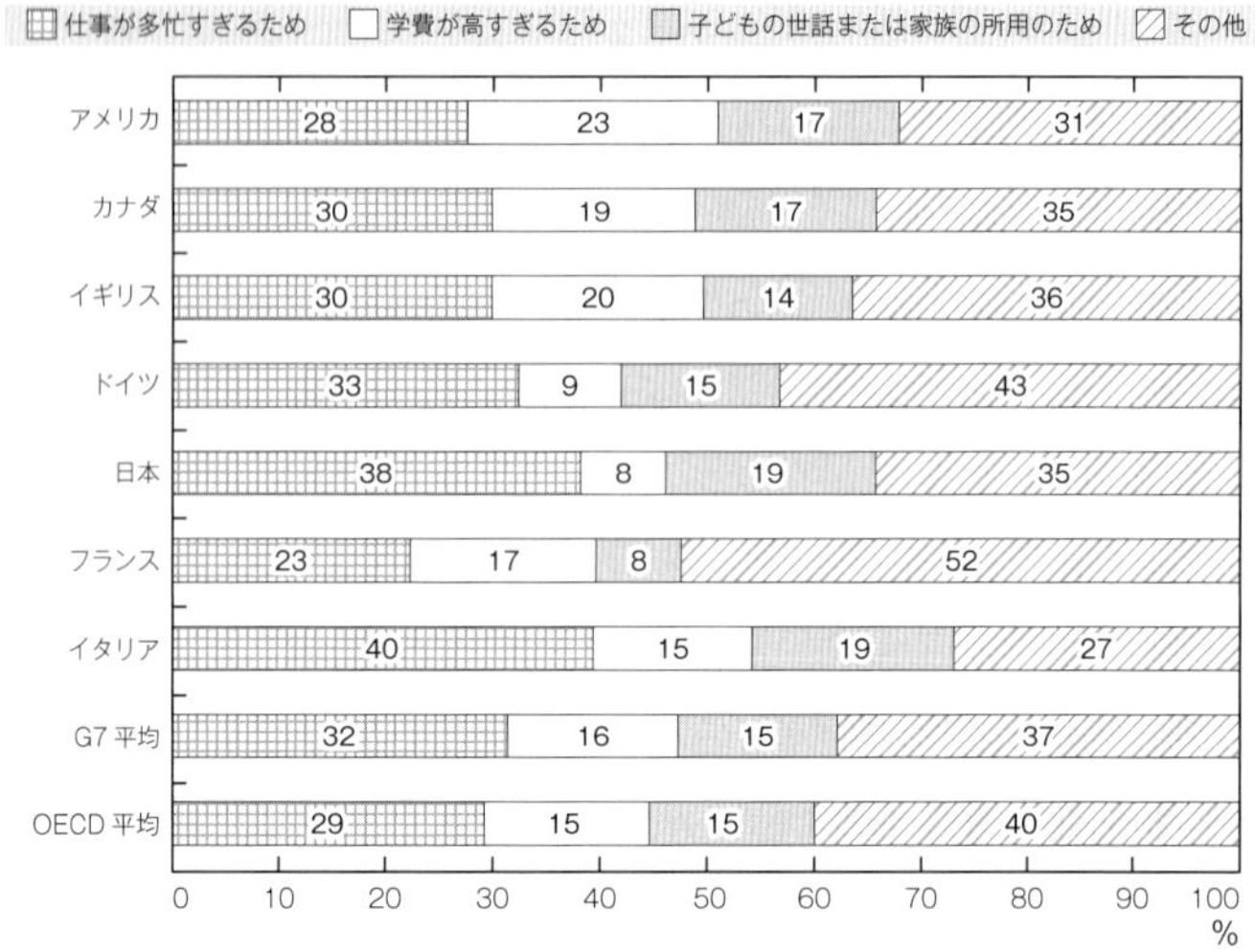

図2　G7で比較する学習の阻害要因（Education at a Glance, OECD 2017から筆者作成）

ることができた。しかし、脱工業化社会の現代では社会全体の変化が速いため、以前よりもリカレント教育の重要性がより現実味を帯びたということである。

Ｇ７において、リカレント教育を巡る日本の課題点として、「知識労働社会における教育の経済学」について言及するドラッカーの表現を引用したい。

「特に知識社会においては、継続学習の方法を身につけておかなければならない。内容そのものよりも継続学習の能力や意欲の方が大切である。ポスト資本主義世界では、継続学習は欠かせない。学習習慣が不可欠である。」（下線は筆者による）

（ドラッカー・Ｆ・ピーター　２００７）

「アメリカ以外の国では、成人が正規の教育に戻ること、特に本人が高度の知識と学位をすでに取得している分野で高等教育に戻ることは例外である。日本ではそのようなことも知られてもいない。フランスやイタリアでも同様である。ドイツ、イギリス、スカンジナビア諸国でも同様である。しかしこれからは、成人が学校に戻ることが常識となっていく」（下線は筆者による）

（ドラッカー・Ｆ・ピーター　２００７）

仕事の進め方や家族などの環境要因はあるが、ＩＭＤの国際競争力という観点から見ると、知識労働層の教育水準を高い位置で維持し続けることと国際競争力は関連があるのではないだろうか。このような経緯から、国際比較としての学び直しを捉えるために大学院という場を中心に考察した。

「中年の危機」はしらがみではなく、橋渡しの時期のはずだが……

ライフシフトやワークシフトといった言葉は既に一般的な言葉になった。さらに人事領域では、キャリア自律、働きがい、リーダーシップ、エンゲージメントなど、組織や企業はそこで仕事をするメンバーに対して、環境整備をすることに注力する事例が増えている。その一方で、個人レイヤーから見ると、自分がシフトしていこうとする方向をどれだけ解像度高く認識しているのだろうか。漠とした不安の中で、シフトしたいという希望とそれを阻むものとの間で悩む日々があるというのも現実ではないだろうか。

人間の一生の中で、必ず訪れると言われる危機の一つに「中年の危機」というものがある。ダニエル・レビンソンが米国で１９７８年に出版した『ライフサイクルの心理学』（日本語版は１９９２年）という名著がある。ここには、成人が約5年という間隔で安定期と過渡期を繰り返しながら一定の順序で規則的にその発達が展開されるものであることが書かれている。各発達段階に優劣はなく、その時期において結婚、育児などの解決すべき課題があるようだ。さらに、アメリカの研究ではあるが業種にも関係ない。

特に、本章が焦点を当てるのは成人前期と中年期を接続する橋渡しの時期であり、レビンソンが言う40歳前後の時期にあたる。それは、「人生半ばの過渡期」であり「中年の危機」でもあるのが特徴である（図3参照）。

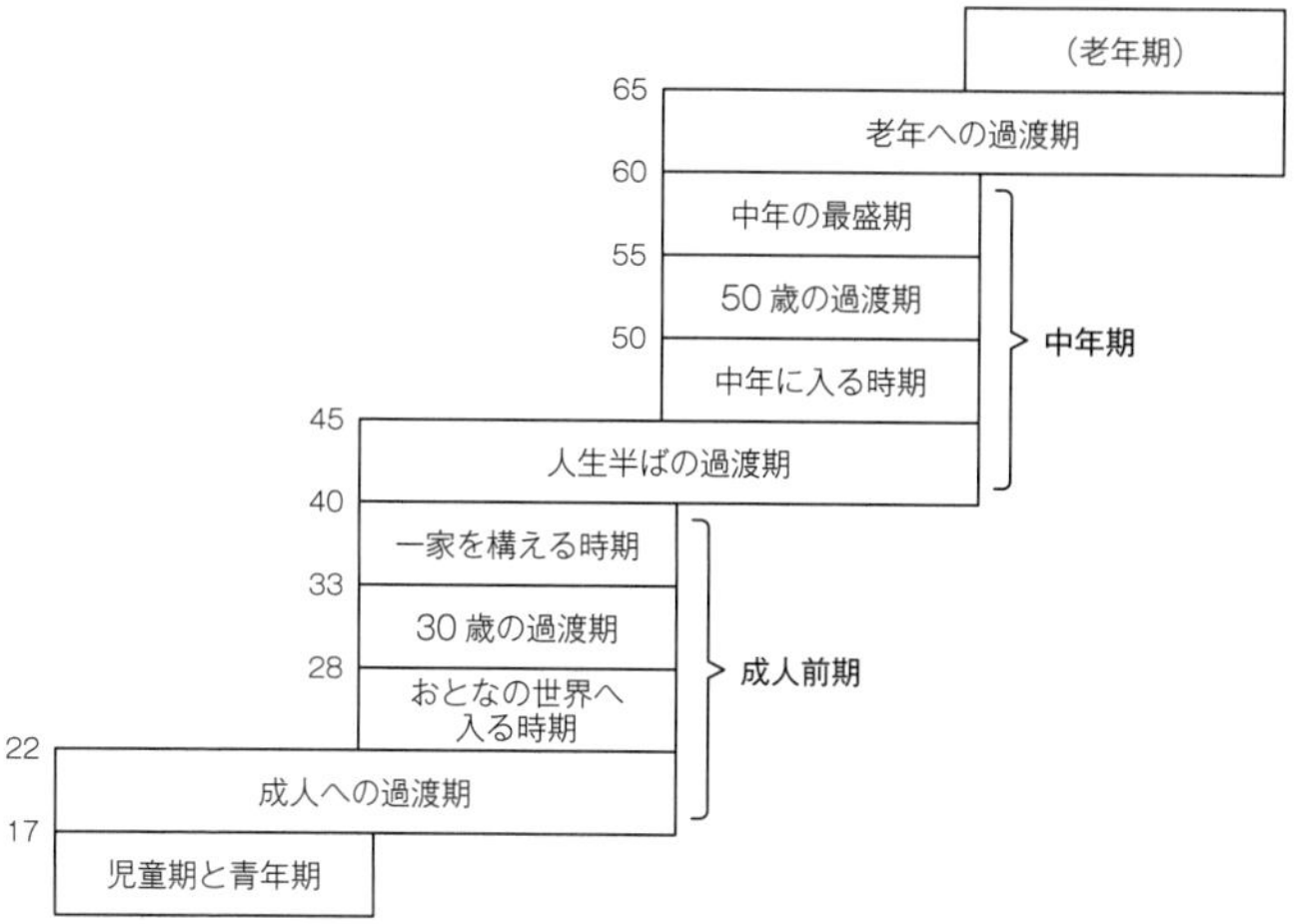

図3　レビンソンの発達段階モデル（レビンソン，1992）

漠とした危機意識を感じるミドル世代の中には、「学び続けることは大切なことである」と認識をしている方も多いと思う。つまり、「学び続ける力」はビジネスパーソンにとって環境対応のために必須能力となるが、問題は時間とお金を投じる時期の決断である。

ここまでの話は至極、当然のことであろう。ところが、現実や自分の感情に照らしあわせると、必ずしも論理と同じベクトルを向いているとは限らない。現実では、私たちはしがらみにとらわれた非合理的な生き物である。

2 人間は合理的には行動しない

身近な話題として、「なぜ日本で英会話を習得するビジネスが増えているように見えるのだろう?」と考えてみて欲しい。これは、ビジネスモデルの進化だけではない。もし、全ての人が合理的な英語の習得方法を分かり、学習するのであれば、自分で資金を投じて英語を学ぼうとする顧客は少しづつ減っていくだろう。そう考えると、英会話学校が乱立するという現実はなかなか説明がつきにくい。

実際に「英語を使えるようになりたいが勉強できていない」と言う人の話を聞くと、「過去の日本の学校教育のせいだ」とか「自分の周りを考えると、英語を使わなくても問題ない」、「せっかく英語を学ぶのだから、最短コースで進めたいし、失敗したくない」などの理由が返ってくる。

それぞれの人にとって、正しい理由なのだろう。しかしながら、こういった「やらなくていい理由付け」は英語が使えるようになるという本来の目的達成を遠ざけてしまう。頭ではわかっているのだ。英語を使えるようになる最短ルートは、「学びたいと思う時に、すぐ学び始めて、それを継続する」である。

英語だけでなく、自分の心は学ぶことには大賛成なのに、学び始める「行動レベル」になると、沸々と「学ばなくていい理由」が自動的に思い浮かんでくることは、ミドル世代でなくても多くの人が経験していることだろう。

中年の危機において、大学院などの高い水準での学び直しを検討する場合には、自分の心の変化や家族構成の変化が入り混じる時期と重なる。その結果、私たちは「そうは言ってもね」と言いながら、学び直すことに対して合理的な意思決定を避けることになる。

英語学習を例に挙げたように、ミドル世代が大学院での学び直しに対して感じる「代表的なしがらみ」を紹介する。

しがらみとは何か?

しがらみは現代特有の悩みではない。400年ほど前、イギリス経験論の哲学者であったフランシス・ベーコンが「イドラ」という概念を『ノヴム・オルガヌム』で紹介している。簡単にいうと、イドラとは思いこみを起こしやすい人間の性としてのしがらみのようなものであり、これを4つの場合に分類している。

●種族のイドラ（自然性質によるイドラ）：人間の感覚や錯覚による偏見、思い込みのこと

●洞窟のイドラ（個人経験によるイドラ）：自分の受けた教育や他人との交流経験から引き起こされる偏見で、自分の経験を信じ込んでしまうもの

●市場のイドラ（伝聞によるイドラ）：人間の交流や言葉、思考から生まれる偏見であり、言葉の不正確さやあいまいさが原因となるもの

●劇場のイドラ（権威によるイドラ）：権威や伝統を批判的に考えることなく、信じることによる思い込み

いざ大学院で学ぼうと考えてもなかなか実行に繋がりにくいのは、自分自身のもつ「しがらみ」が大きく影響している。このしがらみやイドラのように必ずしも合理的に行動しない

人間の特徴を「限定合理性」と呼ぶ。参考になるのが、最近15年で3件のノーベル経済学賞が出た行動経済学の世界だ。不合理な人間の行動特性を考えるとき、「人間は全てを知り、全て利用可能な情報を集めた上で完全に合理的な意思決定はできない」という概念である。

しがらみ1
学び直さないことを自分の世代やビジネス環境のせいにする

「大学院に行こうと思うんだけど、どう思う?」と悩みを打ち明けたとき、こんな反応が容易に予想できないだろうか?

「私たちの時代は、大学院にいく人は少数だった」(オレオレ世代論)
「大学院? なんで、今さら行くんだい? まずは、定年まで勤め上げるのが常識だろう」(昭和のサラリーマン常識論)
「いやー、正直、学習よりも経験でしょう! 私には経験があるから、学ばなくてもやっていけるのだ!」(自分の経験至上主義論)
「変化が早い医療とIT業界以外は、まだ学び直さなくてもなんとかやっていけるで

しょう！」（根拠不明の逃げ切り論）

この4つの話は、本当に正しいと言えるだろうか。個人レイヤーの経験サンプルとしては正しいかもしれないが、世代のような集団で見るとどれだけ当てはまるのだろうか。このような4つの反応がすぐに想定される状況を、どう考えればいいのだろうか。

しがらみ2
自分の選択は正しいままでありたいという欲求と「学び直しコスト」

私たちの頭の中には、学び直すのは必要だが、「失敗はいやだ」というしがらみがある。じっくりと話を聞いてみると、しがらみの根底にある理由は、「そこまでお金と時間をかけてまで、どれくらい自分にとって有益なのか、見通しが立たない」ということに落ち着く。何に対して「失敗」と思うのだろうか。「失敗」の裏側にはお金と時間というコストに対して何らかの「リターン」という期待が隠れていると考えるのが自然である。当然、リターンが正に思えるなら、実行する意思決定をする。

ここで注目したいのが経済学者であるロナルド・コースが開発し、オリバー・ウィリアムソンがさらに発展させた「取引コスト理論（Transaction Cost Theory）」という概念である。取引コストとは、商業活動の中で会計上処理される一般的な商品を交換する時に生じる費用ではない。人間が「損した！」というようにザラザラとした摩擦のように感じる目に見えない心理的なコストのことである。

筆者はこのような感覚を「学び直し」の文脈になぞらえて、「学び直しコスト」と名付けた。「学び直しコスト」は「大学院入学前の情報探索と収集、情報獲得、情報の消化、および入学後の知識または学位取得のために費やす努力の時間、授業料などの費用を含めた摩擦費用」と定義する。

学び直しコストは阻害要因として本当に存在するのだろうか。

しがらみ3
学び直さないことを自分が置かれた環境のせいにする

最近、私たちは東日本大震災や新型コロナウイルスを経験した。さらに、ＶＵＣＡ時代と言われて久しいが、不確実性は高まるばかりである。損をしたくないという人間心理の他に、何かを実行できない理由を「置かれた環境」のせいにするのも人間らしさだ。

その時の意思決定に影響を与えるものを簡単に分解してみよう。人が意思決定をする時、行動経済学者である多田洋介によると「利用可能性の近道選び」という概念があり、親近性、重要性、属人性、最近性という４つの要素から構成されている。

親近性：人がその事象について知識を持っている
重要性：以前、ニュースなどでその事象について聞いたことがある
属人性：その事象が個人的に関連を持つ
最近性：比較的最近起こった事象である

端的に表現するならば、自分の周りにある情報や人間関係が、いつの間にか「やらなくていい」と自分に許可を出すための理由になる場合があるということだ。このしがらみが存在するのだとすると、何が起こるのだろうか。そして、しがらみから解放されるためにはどうしたら良いのだろうか。

その点では「コミュニティ」や「つながり」がヒントになる。スタンフォード大学のマーク・グラノベッターが提唱する「弱い紐帯（weak ties）」をもつことで、自分のbeing（ありたい姿）を再確認できるかもしれない。また、ロンドン大学のリンダ・グラットンが『ライフシフト』の中で提唱する「変身資産」を持つことで置かれた環境の影響から解放されるのかもしれない。

3 リカレント教育とキャリア開発をめぐる現実

リカレント教育はどこからきたか？

「リカレント教育」または「生涯学習」と聞いて、何歳くらいのための教育を想像するだろうか。ややもすると、ビジネスをリタイヤしたいわゆる高齢者という学習者像がイメージされるのが大多数だと思うが、実はそれは誤りである。答えは全世代である。

「リカレント教育」という概念は、１９６５年にユネスコでポール・ラングランによって提唱されたものが始まりである。そして、１９７２年にはフォール報告書の中で私たちが生涯にわたって「いかに学び続けながら、生きるのか」が報告された。そして、１９９６年のユネスコ21世紀国際委員会から発表された「学習：秘められた宝」と翌年の１９９７年の「第５回国際成人教育会議」では、「成人教育と継続教育が地域社会の中で生きる市民がお互いに高め合うことの価値」が強調された。

日本には、少し遅れること、1981年に「生涯学習」という概念として当時の文部省から紹介された。文部大臣の諮問機関である中央教育審議会の定義を引用する。

生涯学習とは「国民一人ひとりが充実した人生を送ることを目指して生涯にわたって行う学習」という理念とし、「自ら学ぶ意欲と能力を養い、社会のさまざまな教育機能を相互の関連性を考慮しつつ総合的に整備・充実しようとする」概念である。

（文部省 中央教育審議会 1981）

当時の日本は、高度経済成長を経験してからバブル経済崩壊に至る過程にあった。1990年代初めには、日本で「キャリア教育（職業指導）」が文部科学省審議会資料で初めて登場する（関口礼子他 2018）。さらにリーマンショックが起こり、世界中で大きなリセットがかかった時期である2008年の中央教育審議会答申では、現代を「総合的な知が求められる時代」として認識され、生涯学習の必要性が下記のように強調された。

社会の変化に対応していくためには、自ら課題を見つけ考える力、柔軟な思考力、身につけた知識や技能を活用して複雑な課題を解決する力及び他者との関係を築く力に加え、豊かな人間性等を含む総合的な「知」が必要となる。また、その他、自立した個人やコミュニティ（地域社会）の形成への要請、持続可能な社会の構築への要請等を踏まえ、生涯学習の振興が高まっている。

（文部科学省　中央教育審議会　２００８）

このようにずいぶん長い間にわたって、学校教育を終えてからも「リカレント教育」として継続的に学び続けることの重要性が説かれてきたことがわかる。リカレント教育は経済産業省の資料や人事領域の公開カンファレンスにおいても広がりを見せ、ビジネス領域へ浸透してきた。

不思議なのは、これだけ長い間、断続的に生涯学習またはリカレント教育が強調されてきたにもかかわらず、浸透していない現実だ。

求められるものの変化
～工業化社会から脱工業化社会へ～

継続学習を切り口にして、雇用環境やキャリア開発の側面を、1950年代から2020年頃までにかけて大まかに振り返ることにする。

マクロ視座としての大切なポイントは、「製造業を中心とした工業化社会」から「情報産業の成長に伴った脱工業化社会」へ移り変わる変化だ。その中で、雇用のあり方や仕事のしかたはその時点の最善解であるべきだろう。

またミクロ視座としては、経済環境や成長産業によって、「個人と組織の関係」が変化していることを個人レイヤーがどれだけ認識できているかがポイントとなる。

日本が1945年に終えた戦争から復興する過程では、製造業が必要とされ、工場に代表されるような中央集権型の組織がうまく機能していた。そこでは、何をすべきかが明確であり、「正解がある世界」であった。このような環境では、「役に立つもの」が求められていたので、不足している物資を製造して供給することで当時の社会課題は解決できた。

被雇用者の立場から見てみると、「正解＝目的地」は企業という「自分以外」から与えられるものであったことになる。この環境で求められていたのは制限時間内に正解にたどり着く「高い情報処理能力」であった。このとき、必要になるのは過去の経験値であった。評価されるためには「先輩の背中を見て学ぶ」ということが方法論の１つであった。当時の製造業にとっての最善解が「中央集権的な工場労働」であり、個人は会社組織の中で標準化された工程を正確に進めることが求められていた。

１９９０年代から情報産業が成長してくると、不確実性が高い環境となった。このような環境では早く正解にたどり着くことにはなかなか価値を見出せない。仕事も標準化された作業工程に沿うことよりも、創造的に課題解決をする割合が次第に高くなってきた。

詳細は後述するが、製造業を前提として作られていた仕事の進め方やキャリアは中央集権型から自律分散型へ移行を始めていたのだ。

その間、経済危機や大規模な自然災害などの外部要因によって、私たちは強制的に「求められるものが変化する」ことを目の当たりにしてきた。

工場労働を前提にしていた頃のキャリア観

工場労働を前提にしていた中央集権的な仕事のしかたにおいて、個人と組織の関係は「メンバーシップ型」と言われるものだった。

キャリアの考え方は、転職や起業が今ほど多くなかったので、ビジネスパーソンはある程度、ライフサイクルのように自分のキャリアに見通しがつきやすかった。個人の成功は、オーガニゼーショナル・キャリアという表現に見られるように、組織内での昇進や年収で評価されることが多かった。具体的には、職能資格制度が作られ、年功制が機能し、その結果、被雇用者は終身雇用という安心した環境で仕事ができていた。現代ほど変化のスピードは早くなかったので、PDCAサイクルやカイゼン活動のように1つのことを深く掘り下げる仕事が企業の競争力につながった。

このようにして1950年代から1990年代までにかけて、日本特有の終身雇用制度が続いてきた。これにより、当時の被雇用者に対して所属組織への帰属感を与えることで長い期間にわたって勤務してもらう仕組みが機能していた。その結果、当時のビジネスパーソンにとっては、高校や大学を卒業してから人生の3ステージ（勉強→労働→老後）という見通しが立ちやすかった。

「学び続ける」という点では、企業は社員に対して、ＯＪＴや様々な企業内研修の機会を与えてきた。組織に適応させるプロセスとして、「組織社会化」[3]を含め、その組織に合致する人材を自ら作り出すことに主眼が置かれていたことになる。

若手も年配者も似たようなライフサイクルに沿って経験を重ねることになり、ビジネスパーソンの未来はある程度の再現性があった。その結果、ビジネスパーソンはその組織内で生き残っていく術や知識（Firm specific knowledge）を身につけることが必然的に求められた。キャリアは組織からメンバーへ提供されるものであったことになる。与えられる業務を正確に処理することが当時の最善だった。

バブル経済とリーマンショックを経験した後のキャリア観

日本は１９９０年代後半にバブル経済の崩壊、そして２００８年にはリーマンショックを経験した。企業の吸収合併を含めた組織再編が起こり、徐々に雇用が流動的になり始めた。

株主資本主義の色合いが次第に色濃くなると、日本には「成果主義」や「目標管理」が浸透した。導入から浸透に至る過程でいくつかの功罪を合わせもちながら、今日まで続いている。

雇用環境の変化の出来事の1つとして、1999年には改正職業安定法の施行があった。厚生労働省の資料によると、有料人材紹介の事業所数は1999年（平成11年）の3、727事業所から2010年までの10年間に17、084事業所へと5倍に増加した。つまり、雇用環境は社外の転職を含めて組織間を移動する可能性が高まった時期であると言える。

このような時期に、マイケル・アーサーが、「バウンダリレス・キャリア・アプローチ」を提唱した。この概念の要点は3つある。

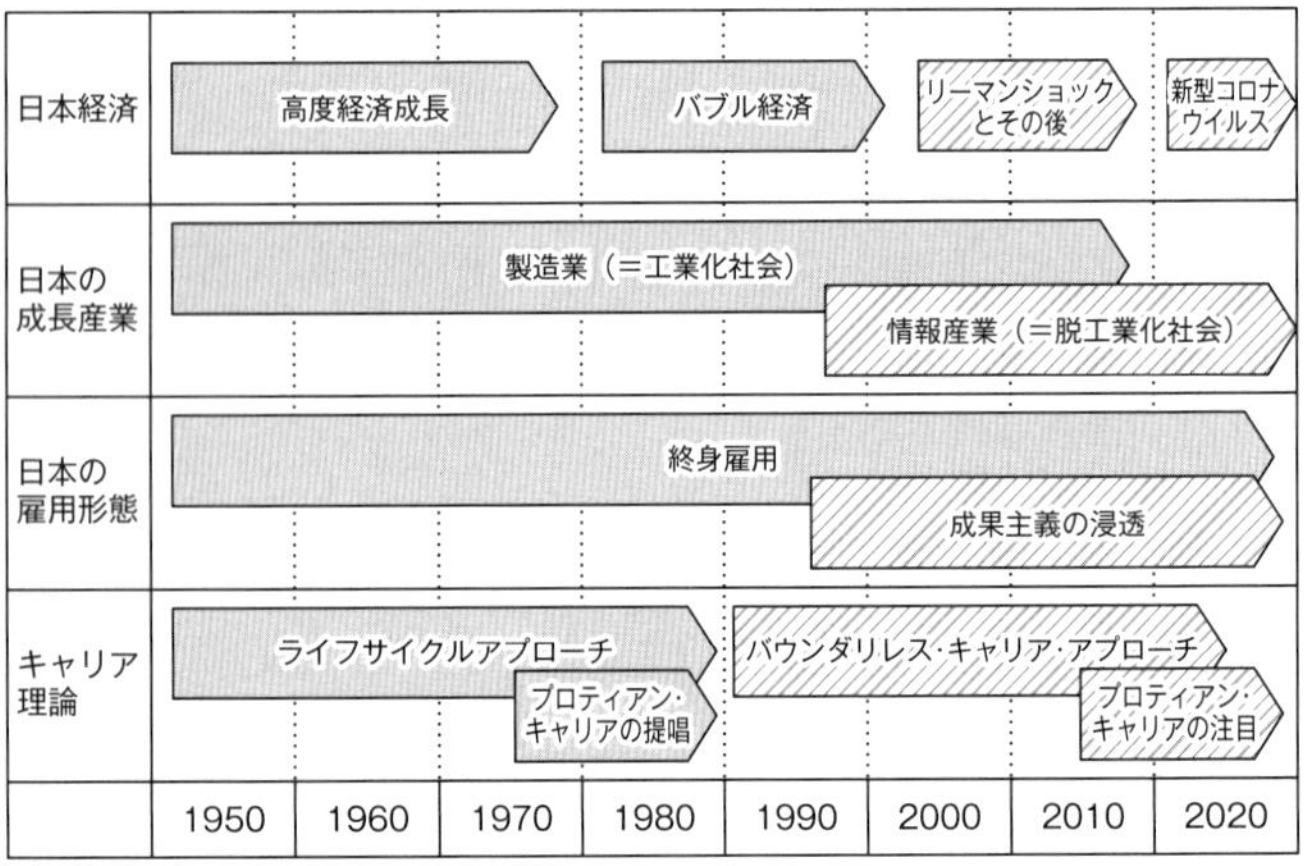

図4　雇用環境の変化に伴うキャリア開発の変遷

①キャリアには境界がないこと、②組織は安定的または階層的とは限らないこと、③組織間の物理的移動可能性と心理的移動可能性がある、という点だ。

これと同じ時期に、日本ではキャリアは組織から与えられるものではなく、個人が作るものという報告がされ始めた。エンプロイヤビリティを意味する「雇われ続ける能力」に関するレポートが出され始める。例えば、1999年に日本経済団体連合会が発表した「エンプロイヤビリティの確立を目指して～従業員自律支援・企業支援型の人材育成を～」という報告書の中でエンプロイアビリティの位置付けとキャリア形成の概念が企業から個人へシフトした変化を見ることができる（一般社団法人　日本経済団体連合会　2006）[4]。また、2000年には厚生労働省から「エンプロイアビリティの判断基準等に関する調査研究報告書について」が発表され、企業内外の情勢を踏まえた上でエンプロイアビリティが必要になってきた背景を説明している[5]。

以前のように、1つの組織の中で語られるキャリアと違って、うっすらと非構造化が進んだ時期と言える。このような流れは、人事領域で仕事をしていない方でもうすうすと感じていたと思う。

現代は「キャリアは個人が開発するもの」に変化した

ところで、いつ頃から日本のビジネスパーソンは「キャリアは個人が開発するもの」と感じるようになったのだろうか。

一般的に、キャリア開発とは「自己の継続的な学習を含むものであり、自己方向性、関係性が重要である」と言われる。このように個人がキャリアへの意思決定をする概念を「キャリア自律」と呼び、その定義は「自分自身で当事者意識を持って、自己責任でキャリアを開発していくという仕組み」が代表的である。（花田光世 2013）。

組織における個人の学び直しの関係について、日本経済新聞に興味深いデータが掲載されていた。[6] グローバルで見ると、1995年以降日本のGDPに占める日本企業の能力開発費は圧倒的に小さい。2000年前後に金融危機などを経験しているわけだが、日本以外の国の企業はそれでも一定程度能力開発費として投資を続けていたようだ。

現代では、終身雇用がすでに限界に達し、企業が社員の成長に資金を投入しているとは言えない状況である。もはや「組織がメンバーにキャリアの道筋や考え方に合わせてその機会を施してくれる」というのは現実的とはいえない。

さらに、脱工業化社会が加速してくると、次第に前述の人生の3ステージが少しずつ溶け始めている。今となっては、過去の経験がそのまま再現されることは少なくなり始めたことを、多くのビジネスパーソンが感じはじめているはずだ。

確かに、歴史は形を変えて繰り返すものだ。その途上には技術の革新という大きな要素がパラレルに起こっていることに正面から向き合わなくてはならない。産業自体の変化が速まるだけではなく、知らず知らずのうちに私たちは正解がない世界へ入りはじめている。いつからか、「プロジェクト・マ

日本企業は社員の能力開発にお金をかけていない

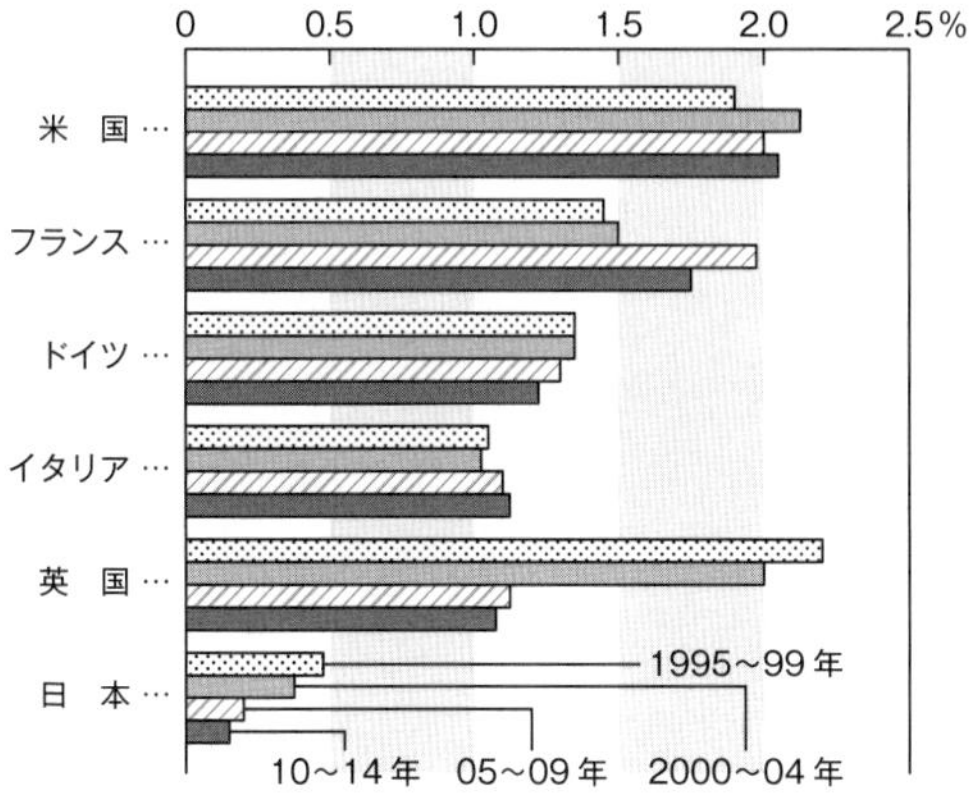

（出所）厚生省「労働経済の分析」
（注）GDPに占める企業の能力開発費の割合

図5　GDPに閉める企業の能力開発費（「日本経済新聞2020年6月18日」をもとに作成）

ネジメント」「イノベーション」という概念が話題になり始め、企業の中で「イノベーション推進部」のような開発部署が増えてきた。

山口周が『ニュータイプの時代』において表現しているように、物資を「役に立つもの」として供給することで解決した時代から、「意味のあるもの」を作るために問いを立て、何らかの解決をすることが求められるというパラダイムシフトが起きているのだ。

通信機器自体の形態や人間のコミュニケーションにおける制約などが10年前と比較して劇的に変化する世界では、もはや学生時代やビジネス上だけの経験やOn the Job Training（OJT）では、学んだことがすぐに陳腐化する。スピード感を持ってより多くのアウトプットを求められる状況で、さらに前述の目標管理や成果主義が求められると、キャッチアップするだけで個人も組織も疲弊してしまう。

このように現代において、少しずつ「キャリアは自ら開発するもの」というようになってきたのである。

ライフシフトが前提になるキャリア観

キャリア形成という概念が一般的になってきたわけだが、最近になって個人がどうありたいか（＝well-being）という方向にキャリアへの考え方がシフトしてきた。一説によると、well-beingはbenesse（よく暮らし、よく生きる）というイタリア語が語源になっているようだ。

２０１８年頃から、「プロティアン・キャリア」という概念が注目を集め、いくつかの書籍が出版されるようになった。この概念は１９７６年にボストン大学のダグラス・ティム・ホールが提唱したもので、２００２年に現代に沿った概念に更新された。

プロティアンとはギリシャ神話に出てくる「自分の意思で自由に自分の姿を変えることができる神」プロテウスが由来になっている。したがって、プロティアンとは「変幻自在に姿を変えることができる」という意味になる。ホールは、プロティアン・キャリアを「組織の中よりもむしろ個人によって形成されるものであり、時代と共に個人の必要なものに見合うように変更されるものである」と定義している（ホール　２００２＆２０１５）。

表１に見るように、プロティアン・キャリアの最大の特徴は、キャリアの主体者が組織か

ら個人にシフトしたことだ。アイデンティティとその成功尺度は自らが定義するものになった。２０１９年にトヨタ自動車が発表した「終身雇用自体が限界に達した」ということを併せて考えてみると、キャリア開発を自らすることについて、もはや例外と言い切れる被雇用者はほとんどいない。これまで製造業を前提に作られていた前述の雇用形態が２０００年以降には変化せざるを得ない状況となったのだ。仕事内容の顕著な変化としては、知識労働の割合が大きくなった。

そして、企業のライフサイクルは以前よりも短くなっている。さらに、世界経済フォーラムのレポート[7]“Skill, re-skill and re-skill again. How to keep up with the future of work”を

表１　プロティアン・キャリアと組織内キャリアの比較

項目	プロティアン・キャリア	伝統的な組織内キャリア
主体者	個人	組織
価値観	自由、成長	昇進、権力
組織間の移動頻度	高い	低い
自分への成功尺度	心理的成功	地位、給料
姿勢	仕事満足感 専門的コミットメント 自分を尊敬できるか、肯定できるか	組織コミットメント 組織から自分は認められているのか
アイデンティティ	自分は何がしたいのかを重視する	自分は何をすべきか （組織への気づき）
アダプタビリティとして重視すること	市場価値： →仕事関連の柔軟性 →市場へのコンピテンシー	組織で生き残ること： →組織関連の柔軟性 →組織内でのサバイバル

見ると、米国労働省統計局のデータを引用しながら、１つの仕事に従事する期間がかつて40年であったものが、今は4.2年になっているようだ。さらに、２０２０年までに業種に関わらず労働者が必要とするスキルの35％が変わってしまうことも報告されている。

この解釈は、スキル自体をアップデートしても、陳腐化するスピードの方が早く、雇用環境の変化に対応しにくくなる一方であるという危険信号と捉えるべきである。

スキル自体をインストールしなおせばよい時代は終わった。筆者は、もう一段上の視座としてスキルやテクノロジーとリベラルアーツという全体地図を両輪にして進む時代になったと考えている。

このように、知識労働型の雇用に加えて社内外への異動や転職がむしろ一般的になりつつあるタイミングでプロティアン・キャリアが注目されていることは時代の変化を感じさせる。

4 日本のミドル世代が大学院で学ばない5つの仮説

ここまで、「しがらみとリカレント教育」、「キャリア開発の背景」など学び直しの実態と必要性について述べてきた。本節では「大学院で学び直したいが、諸事情のために現実が許さない」というビジネスパーソンの声なき声を分析するために作成した調査モデルを紹介する。大学院での学び直しをめぐる個人と組織の関係を考慮に入れたものとなっていると思う。

この調査モデルの特徴は、過去のキャリア志向研究[8]に行動経済学の理論[9]を新たに組み合わせたことだ。個人のキャリア形成のために実際に大学院で学び直しをするまでの経路について、限定合理的に行動するビジネスパーソンの姿をベースに可視化しようと試みた。

図6にあるように、筆者が作成した調査モデルは大きく分けて学生時代と社会人時代という2つの部分に分かれている。その背景を含めて、次の5つの仮説を作った。全体的な調査モデルの中では、学習スタイルとキャリア・オーナーシップ（本人のキャリアへの考え方）

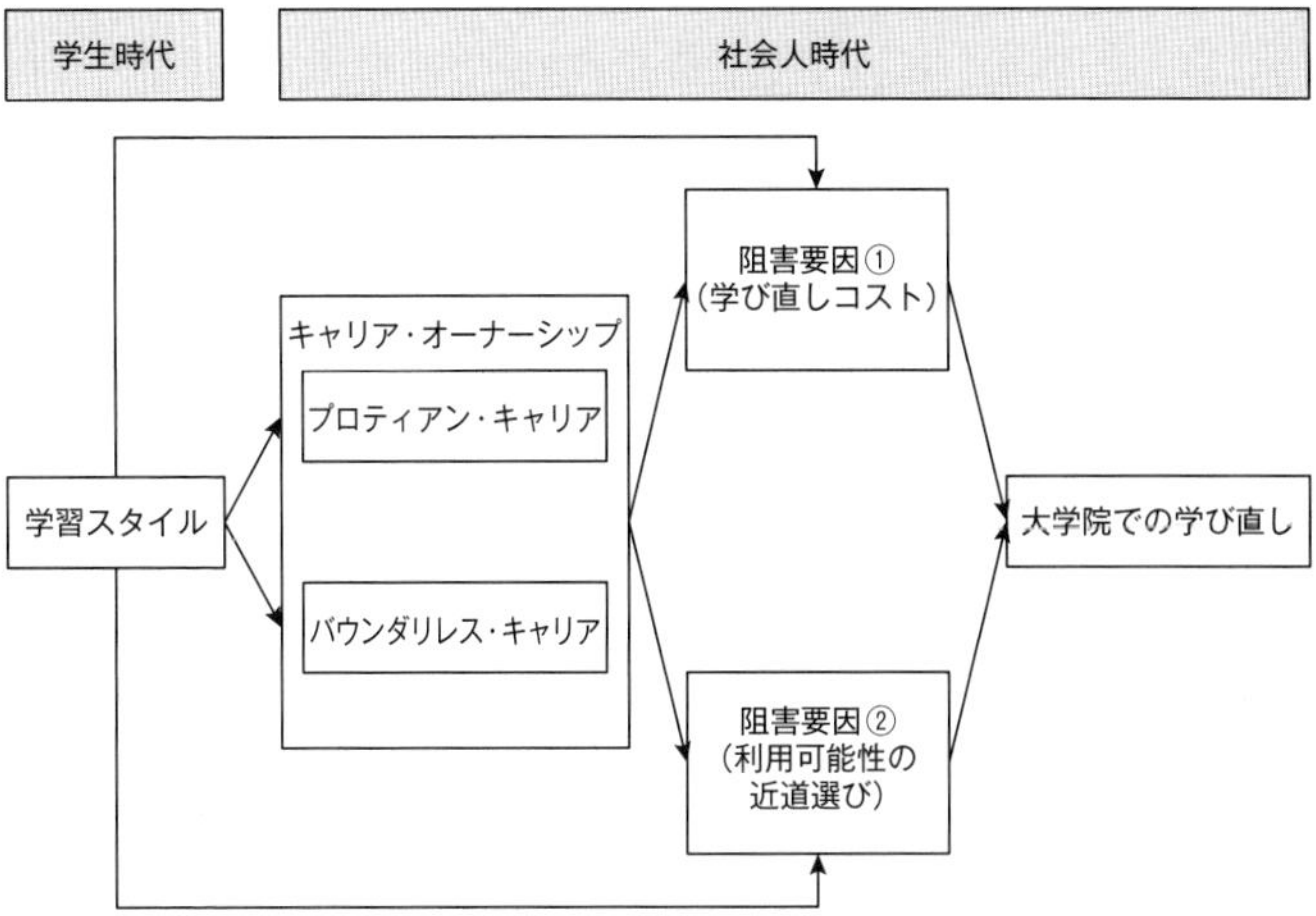

図6　ミドル世代における大学院での学び直しと阻害要因の調査モデル

表2　質問体系の要約

意思決定に関わる要素	理論、概念	因子と武石研究による寄与率(%) ※一部に筆者作成の尺度を含む	質問項目の体系（要約）
キャリア・オーナーシップ ※武石ら(2014)の研究から共通性の因子負荷量0.400以上に絞り込んで調査する。	プロティアン・キャリア	自己志向尺度（33.87%）	「自分のキャリアを自律的にコントロールしているか」
		価値優先尺度（13.37%）	「自分の価値観を大切にしてキャリアを考えているか」
	バウンダリレス・キャリア	バウンダリレス思考尺度（33.87%）	「社内外の人と仕事をすることや新しい経験にワクワクするか」
		移動への選好尺度（24.12%）	「今の勤め先にずっといることがいいと思うか」
大学院での学び直しに対する阻害要因	学び直しコスト（摩擦費用）	学び直しコスト（名久井作成）	「大学院での学び直しに対して摩擦費用を認識しているか」（学び直しコスト） 「時間的、経済的障害が解決されても大学院で学ばないのか」（逆転の質問）
	利用可能性の近道選び	親近性、重要性、属人性、最近性（名久井作成）	「大学院での学び直しに対して身の回りの情報で判断しているか」（利用可能性の近道選び）
学習習慣	初等・中等教育における学習習慣	学習スタイル（名久井作成）	「小学校から高等学校までの学習習慣は受動的であったか、能動的であったか」（学習スタイル）

の関係、そして学習スタイルと阻害要因の存在の有無を表している。

仮説1
「とにかく失敗したくない」という損得感情が阻害要因として働くから

「とにかく失敗したくない」という感情は、誰もが持つ人間らしい側面であると思う。筆者は人間の感情として、頭ではわかっていても合理的に意思決定をしない人間を想定していることは冒頭で述べた。仮説1では、本人がどのようなキャリア観を持っていても、学び直しコストや利用可能性の近道選びという感情が強く働くために、大学院での学び直しをしないという非合理的な意思決定をするのではないかと考えた。

例えば、ダイエットをしたい人の話を挙げよう。本人が実際に望んでいる姿を表す本来の目的と、目の前に現実として見える時間とコスト（取引コスト）を天秤にかけたときの話と似ている。側から見ると「意志の強さ（気合い）」がダイエット成功の鍵を握るように思えるが、本人なりにこの2つを天秤にかけたとき、ダイエットをしない理由が脳裏をよぎる。それは、「時間がかかる割には全員がダイエットに成功するとは限らない」や「実は、今ダイエットすることは急ぎの課題ではない」と先延ばしにするという「出来ない理由」にまとめられる。

仮説1では、大学院での学び直しをしようと思っても実行に至らないことをダイエットに似た構造として理解していただけるのではないだろうか。大学院で学びたくても「時間とコストをかけた割にはその価値がどこまであるのかを合理的に説明しきれない」という気持ちが失敗を恐れる行動になっているのではないだろうか。

仮説2
周囲の情報や人間関係が阻害要因として作用するから

仮説2では、仮説1の他にもう1つの阻害要因があるのではないかと考えた。

一般的に、「人間は環境の動物である」と言われる。人間はおかれた環境に適応しようとする。そのため、自分の意志とは別に周囲との人間関係や周囲から入る情報によって本人の意思決定が変化することがある。先述したように、周囲の情報や人間関係によって意思決定が影響を受けることを行動経済学では「利用可能性の近道選び」という。

例えば、「自分の近しい人に大学院で学び直している人がいないから、自分には関係ない」、「お世話になっている〇〇さんは、大学院卒が言うことは難しくて分からないと言っていた」や「最近、これからはむしろプログラミングの時代だという広告をみた」ということで意思決定をすることがあるということだ。大学院での学び直しを悩む人にとって、論理ではなく感情で納得感が持てそうに見えるこれらのことが阻害要因として働くことはあるのだろうか。

仮説3　年齢層と業種による影響が大きくて抗えないから

冒頭に紹介したしがらんだ会話を思い出してほしい。大学院で学び直したくても学び直さない理由の代表として挙げられる「所属組織や業界の特性」（業種特性ギャップ）と「世代間ギャップ」は本当に有意な影響を与えているのだろうか。

ステレオタイプであると思うが、次のような周囲からの反応があるとしたら残念である。本人が真剣に考えて、最大の協力者である家族との協力関係を作りたくても、相談する勇気がわきにくい。

「変化の早いＩＴ業界や医療業界以外は変化が早くないから、今学ばなくてもいいのではないか？」

「我々の世代は大学を出たら終身雇用であった。今から、わざわざ大学院に行くのは研究者になるつもりなのか？」

「（世代間の会話として）大学院で学んだことが実際のビジネスにどのように役に立つのか？」

筆者は、あたかも真実のように語られるこのようなギャップは、個人の経験値を超えていないという課題意識を感じていたため、正面から考えてみようと仮説として設定した。

仮説４
小学校から高等学校まで経験した学習スタイルが成人後のキャリアの考え方に影響を与えるから

実は、仮説４を考えたのは研究を進める中での予想外の出来事があったからだ。

仮説3の世代間ギャップの存在を考えているとき、大学院での学び直しをしないという意思決定は、果たして社会人になってから作られるキャリア観だけが大きく影響しているのかということに疑問を感じるようになった。そこで、大学院での学び直しの全体像を捉えるときに、ビジネスを経験している部分だけを切り取ることは不十分であると考えるようになった。

日本の受験制度や一般的に言われる「詰め込み教育」への反動として、個人が大学入学前までに経験する2つの学習スタイルが話題になる。それは、「能動型」と「受動型」というものである。

極端な表現ではあるが、「オレたちの勉強は暗記中心だったし、学ぶことは常に与えられていた。それが染みついて、自分から何かを学ぶことは不得手だ（受け身型）」「能動的に考えたり、新しいことをどんどん吸収するのは当たり前だ（能動型）」「子どもの時の学習スタイルは大人になっても変わらない」という会話は決して珍しいものではないと思う。

今回の研究を進める中で、ある優秀な大学の教員養成課程で調査をさせていただくことができた（有効回答率46・1％）。ビジネスパーソンにとっての大学院での学び直しに対して、教員養成課程を予備調査に選んだ理由はとてもシンプルだ。

日本では、学部で教員養成課程を経てから教員になるケースが多い。自ら学校教育に身を置くことを志望する学生は、学ぶことに対して比較的前向きな認識を持っていると推測した。教員を目指すくらいの人間であれば、子どもの時の学習スタイルに関係なく社会人になって学び直すだろうと予想していた。

ところが、結果は筆者の予想外であった。20代前半の回答者が30歳頃（社会人の任意の時点）で学び直すかどうかを分析したところ、学生時代に受動的学習のスタイルを経験すると、社会人時代に学び直しをしようとしない傾向があることがわかった（r=.505***, p<.001)。

このような経緯から、キャリア形成をめぐる社会人の学び直しと、学生時代の学習スタイルの関係を検証することにした。

仮説5
結局は、本人自身のキャリア観（キャリア・オーナーシップ）次第だ

キャリア観は社会人時代に作られると考えるのが自然だ。個人レイヤーで言うと、前述のバウンダリレス・キャリアまたはプロティアン・キャリアの違いがあるにせよ、キャリア・オーナーシップを持てれば大学院での学び直しに対して、阻害要因をも乗り越えるくらいの

力があるのであろうか。
キャリア開発の文脈において、個人と組織の境界線は不明瞭になりつつある。しかし、自分のキャリアに対して学び直した方が良いことは理屈ではわかっているが一歩を踏み出せずに悶々と悩む時、本当に「結局は個人がもつキャリアへの考え方次第である」と安易に結論づけてよいだろうか。

ここまで5つの仮説を紹介した。組織や社会制度が環境を整えても実際に大学院での学び直しが起こらないのはなぜか、個々人のキャリア観を越えて考察する価値があると考えた。キャリア観について議論を進めるとき、筆者が課題意識を感じていたことは、個々人の経験による定性的な材料が多く、そのどれもが正しいと感じさせるほど強い軸を感じていた。研究を進める上で、このような貴重な第一次情報を量的に整理するため、キャリア観と大学院での学び直しについて統計的に検証した。

5　仮説の分析結果

調査は日本人成人に対してウェブによる質問紙調査を行った。合計で日本人の成人227名から有効回答を得た。そのうち、大学院で学び直した回答数は119名、大学院で学び直しをしていない回答数は108名であった。

回答者の年齢層は20～25歳が2名、26歳～30歳が7名、31～35歳が24名、36～40歳が37名、41～45歳が53名、46～50歳が56名、51～55歳が27名、56～60歳が12名、61歳以上が9名であった。

質問に対する回答は「1：全く当てはまらない」「2：どちらかといえば当てはまらない」「3：ある程度当てはまる」「4：どちらかといえば当てはまる」「5：とてもよく当てはまる」の5点スケールである。参加者属性を確認する年齢と業種の質問を含めて、質問項目の総数は34とした。質問項目の体系は、先行研究と筆者が追加する質問項目を合計して、7つの尺度から構成されている。その内訳と質問の要約は、次の通りである。

①自己志向尺度：「自分のキャリアを自律的にコントロールしたいか」
②価値優先尺度：「自分の価値観を大切にしてキャリアを考えているか」
③バウンダリレス思考尺度：「社内外の人と仕事をすることや新しい経験にワクワクするか」
④移動への選好尺度：「今の勤め先にずっといることがいいと思うか」
⑤学び直しコスト：「キャリア形成について学ぶべき領域や大学院での学び直しをしようとするときの摩擦費用（時間や経済的な問題）を認識しているか」
⑥利用可能性の近道選び：「大学院での学び直しに対して、身の回りの情報で判断しているか」
⑦学習スタイル：「小学校から高等学校までの学習スタイルは受動型か能動型か」

得られた回答は3段階に分けて分析し、第1および第2段階の結果を表3にまとめた。まず始めに、因子分析（バリマックス最尤法）を行い、調査モデルのそれぞれの概念が学び直しに対してどれくらいのまとまりで因子が寄与しているかを確認した。次に、因子同士の相関関係を計算した。最後に、この観測結果を基礎にして調査モデル全体の関係性について共分散構造分析を行った（後述する図7の共分散構造分析結果を参照）。

表3　因子分析後の因子比較一覧

意思決定に関わる要素	理論、概念	因子と武石研究による寄与率（%）※一部に筆者作成の尺度を含む	名久井の分析から命名した因子と寄与率	質問項目の体系（要約）
キャリアオーナーシップ ※武石ら(2014)の研究から共通性の因子負荷量0.400以上に絞り込んで調査する。	プロティアン・キャリア	自己志向尺度（33.87%）	第1因子：プロティアン因子（13.79%）	「自分のキャリアを自律的にコントロールしているか」「自分の価値観を大切にしてキャリアを考えているか」「キャリア形成のために学ぶべき領域を知っているか」（情報の非対称性）
		価値優先尺度（13.37%）		
	バウンダリレス・キャリア	バウンダリレス思考尺度（33.87%）	第3因子：越境希望因子（8.02%）	「社内外の人と仕事をすることや新しい経験にワクワクするか」
		移動への選好尺度（24.12%）	第4因子：組織間移動因子（7.72%）	「今の勤め先にずっといることがいいと思うか」「時間的、経済的障害が解決されても大学院で学ばないのか」（学び直しコストとしての逆転の質問）
大学院での学び直しに対する阻害要因	学び直しコスト（摩擦費用）	学び直しコスト（名久井作成）	第2因子：現実乗り越え因子（11.86%）	「大学院での学び直しに対して摩擦費用を認識しているか」（学び直しコスト）「大学院での学び直しに対して身の回りの情報で判断しているか」（利用可能性の近道選び）
	利用可能性の近道選び	親近性、重要性、属人性、最近性（名久井作成）		
学習習慣	初等・中等教育における学習習慣	学習スタイル（名久井作成）	因子負荷量が0.400未満のため検出されなかった	

キャリア志向と学び直しを結びつけて見つかった4つの因子

まず始めに、調査モデルを質問項目ともに整理し、因子分析の結果をまとめた。これによりわかることは、質問体系からみた因子のまとまりを確認できる。その結果、因子負荷量検出の基準として0・400未満のものを除いたところ、4つの因子が検出された。

第1因子は自己志向尺度と価値優先尺度に関する項目で構成されていたことから、「プロティアン因子」と命名した。この因子の特徴は、自分の価値観を大切にして自分のキャリアを自律的にコントロールする感覚をもっていることである。今回の調査から分かった「プロティアン因子」の詳細は仮説5の結果にて後述する。

第2因子は阻害要因の中でも学び直しコストと利用可能性の近道選びから構成されるため「現実乗り越え因子」と命名した。現実乗り越え因子は、不確実性を含む現実に対して身近な情報で判断をする質問項目がまとまっていた。現実乗り越え因子が2番目に大きなものとして検出されたことで、阻害要因が発生しているといえることに一歩近づくことができた。

第3因子は部署を越えて仕事をすることや多様性のある人間関係に関する項目から構成されていることから「越境希望因子」と命名した。越境希望因子は所属部署の関係性を超えて他の領域の人と一緒に仕事をすることや新しい仕事に取り組むことを好む傾向があることを示している。

第4因子は「組織間移動因子」と命名した。組織間移動因子の特徴の一つは、所属する組織または部署から別のそれに移動することへの抵抗感が認められたことがある。転職が一般的なものとして認知されるようになってはいるが、個人レイヤーでは外部環境とは少し異なる状況が肌触り感を持って受け取れた。その他、この因子には大学院という職場以外で学び直すことでかかる学費やスケジュール調整の問題が解決しても学び直さないという逆転の質問が含まれているので、阻害要因が存在すると言える。

最後に、因子負荷量が0・400未満の項目は因子としては小さな影響としたため、学習スタイルや年齢層は因子として検出しなかった。

仮説1への回答

「とにかく失敗したくないという損得感情が阻害要因として働くから」

第2因子である「現実乗り越え因子」と大学院での学び直しの関係について述べる。この因子は利用可能性の近道選びと学び直しコストの2つの要素から構成されている。結論から言うと、失敗したくないという損得感情は存在していた。

主な分析結果としては、大学院での学び直しに対しては「今後のキャリア形成において、どのような領域を学ぶべきか具体的にわかっている」($r=-.270^{***}$, $p<.001$)と「費用または時間をかけて大学院へ通うことは、自分が思い描いていた学び直しができる」($r=-.335^{***}$, $p<.001$)となり、阻害要因として相関があった。つまり、学ぶべき領域が明確でないことと、費用対効果が期待値を下回っているために学び直さないと言える。

一言で「失敗したくない損得感情」と言うのは簡単だが、仮説1の分析を通して、「キャリア」が誰のものであるのか考え続けるビジネスパーソンの姿が浮かぶ。ミドル世代にとって、限りある時間を何に使うかを決めるのは易しいことではないのだ。

では、費用対効果や学ぶ領域が明確になれば、私たちは学び直すのであろうか。この問いを検証するために、実は、逆の問いを設定しておいた。これは、前述の図2に示したOECDの調査であるEducaton at a Glance 2017の調査から得られた「その他[10]」に分類される内容を参考にした。

その結果は、大変興味深いものとなった。私たちは、時間が許しても、かつ経済的な事情が許しても、大学院で学び直そうとしないということに相関が見られたのだ。

失敗したくない損得感情が存在するとき、それぞれの課題を合理的に解決しても、根本的な課題は解決しない。仮説1を検証する中で見えてきたのは、まさにイドラのようにしがらみ、悶々とするビジネスパーソンの姿であった。このように、何かを両立させようとしても混乱してしまうときには原点に戻って、失われる可能性があるものよりも、むしろ得たい結果を考えることに焦点を当てたいものだ。

仮説2への回答
「周囲の情報や人間関係が阻害要因として作用するから」

やはり人間は、置かれた環境で接する情報が意思決定に影響を与えていた。周囲に雑音情報がある時にはネガティブな反応が出たのだ。

具体的には周囲の雑音があると、大学院で学び直す効果、キャリア形成への重要性、仕事中に感じる必要性を感じられなくなってしまうという関係が見られた。

つまり最近の出来事の中で、大学院で学び直す効果と必要性が自分事になっていない時には学び直そうとしないということだ。これは本人がキャリア形成をどの程度自分事として考えているかにもよるが、自分のキャリアにとって必要な要素の理解が不十分であるために正面から考えるということ自体に至らないと言える。

その結果、ある時点に緊急度をもってまで、本人が実際に学び直そうとはしないことになる。至極、当然に聞こえるかもしれない。だが、これまでモヤモヤと個別サンプルのレイヤーで語られていた阻害要因が、データ分析をもって周囲の環境が本人の学び直しに対する考え方に影響を与えていたと証明できた意味は大きい。

ミクロ視点としては理解される結果ではあるが、マクロ視点としての国際比較を考えると周囲の環境によって、結果として学ばない組織が醸成されてしまうことは、日本にとって損失でしかない。

仮説3への回答
「年齢層や業種による影響が大きくて抗えないから」

大学院での学び直しと年齢層および業種との相関関係はどうだろうか。実は、年齢層または業種と大学院での学び直しについて調べたところ、どちらの要因も大学院で学び直しをする・しないとは関係がないことが判明した。

この結果は、ミドル世代にとって何を意味するのだろうか。

大学院レベルの学び直しは年齢に関係なくするものであり、さらに業種特性は学ばない理由にはならないということである。前述した世界経済フォーラムのレポートから読み取ったように、あるスキルがパフォーマンスを発揮できる期間を重ね合わせて考えてみると、業種の変化を前提にスキル自体をアップデートさせるだけではすぐに自分が陳腐化してしまう恐怖と戦い続けなければならないことになる。その恐怖に勝てる確率は低い。もはや、冒頭で紹介したしがらみにあった「オレオレ世代論」や「根拠不明の逃げ切り論」は正しいとは言えない。

筆者は、仕事をする時間が仮に60年に及ぶことを念頭に置くならば、業種特性に関係なくリベラルアーツを含んだ知の入れ替えは健康診断のように定期的に行われて当然と考えている。

以上、仮説1から3までの分析結果を見ると、いかに私たちが思い込みを持って学び直しを捉えているかが明確になった。「人生二度なし」と考えると、誰かのせいにばかりしてもいられない。短い時間で正解に到達することの価値が低くなった世界だからこそ、学び直すことで自分の個性を作っていきたいものだ。

仮説4への回答
「小学校から高等学校までの学習スタイルが成人後のキャリア観に影響を与えるから」

ビジネスパーソンにとって朗報がある。

仮説4に対しての直接的な結果は、学生時代の学習スタイルはキャリア志向にも、阻害要因に対しても有意な影響はなかった。図7に、調査モデル全体について共分散構造分析をした結果を示す。

分析の結果をみると、受動的学習スタイルに対しては正の影響、そして能動的学習スタイルに対しては負の影響があった。回答者の年齢構成を考慮すると、工場労働を前提にした社会環境の影響もあるためか、当時の教育スタイルは受動的に学ぶ傾向にあったことを顕著に示している。小学校から高等学校までの12年間に受けた学びのスタイルは成人してからの学び方に影響を与えていると考えたくなる気持ちは理解できる。

しかし、図7に見るように、学習スタイルの違いはあるが、プロティアン・キャリアとバウンダリレス・キャリアからなる2つのキャリア概念に対しては有意な影響は与えていなかった。さらに、学習スタイルは学び直しコスト、そして利用可能性の近道選びにも有意な影響は認められなかった。

したがって、小学校から高等学校までに経験した学習スタイルは、キャリア観に影響を与えているとは言えない。言い換えると、それはビジネスパーソンになってから大学院での学び直ししないエクスキューズにはならない。

学び直しを考えるとき、一般的にいう知識詰め込み教育など過去の学習スタイルが学び直すかどうかの理由にするようなことは、個人の思い込みの1つであったのだ。

また、先述のように学び直しに対し

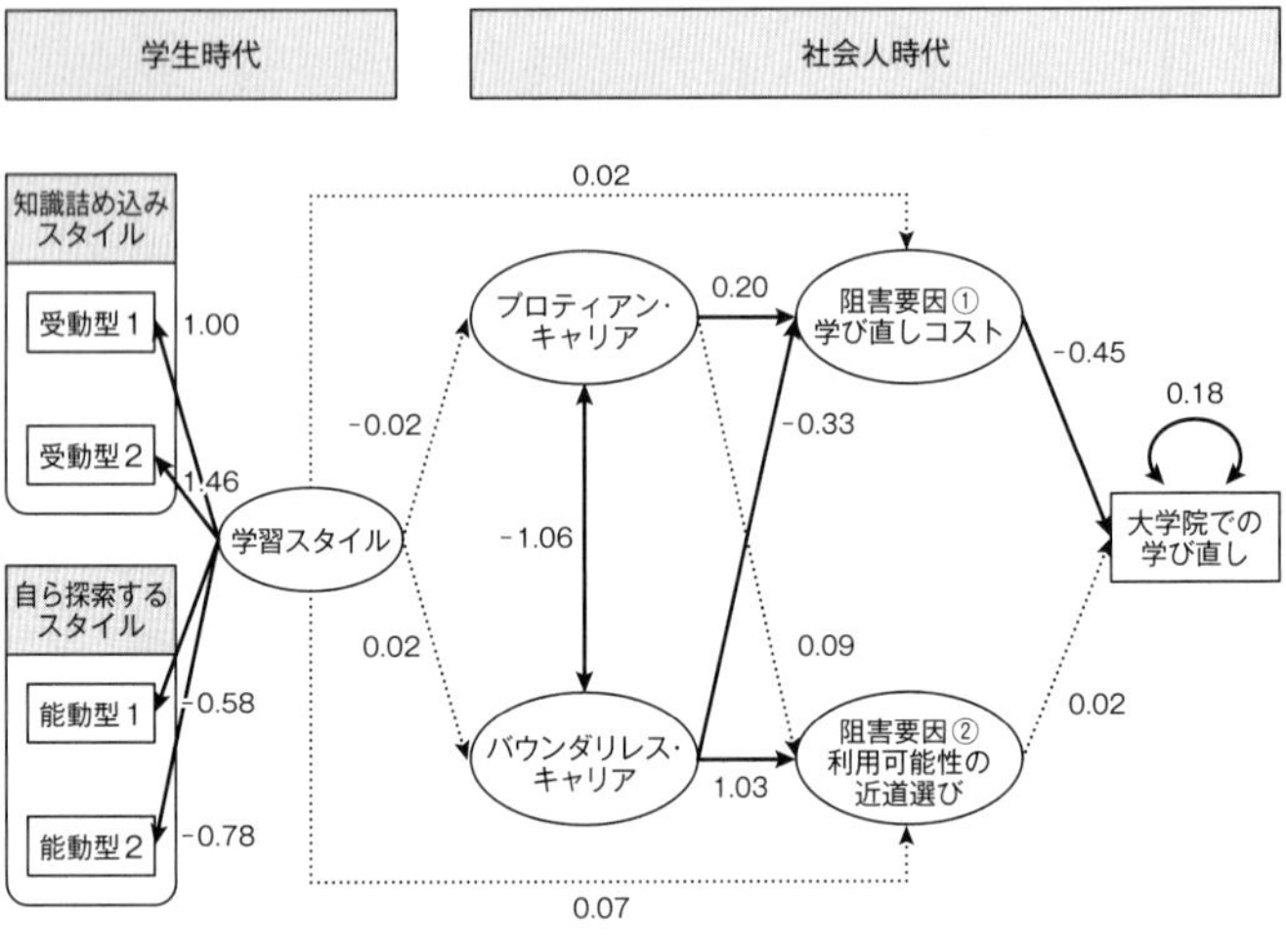

図7　共分散構造分析の結果

て、年齢にも業種にも相関関係は認められないということを重ね合わせると、世代、職業、学習スタイルにかかわらず、ビジネス経験を通して「学ぶ人は学び直す」ということが言える。

どのようなビジネス経験が学び直しに寄与するのかは、後述するシミュレーション結果の中で筆者の考えを述べる。

仮説5への回答
「結局は、本人自身のキャリア観（キャリア・オーナーシップ）によるところが大きい」

もう1つ、調査モデル全体の結果から考えられることがある。それはプロティアン・キャリアとバウンダリレス・キャリアのどちらかは個人の中で選択されているということだ。

プロティアン・キャリアは「自分のキャリアを自律的に考え、自らの価値観を大切にキャリア選択する」という概念であった。図7を見ると、プロティアン・キャリアからのびた矢印は、学び直しコストに対して正に強い影響を与えるが、大学院での学び直しをしないという経路をたどる。これは、キャリアを自分の責任として考えながらも、学び直しコストが阻害要因となることということである。

一方で、バウンダリレス・キャリアは「社内外の人と仕事をすることや新しい仕事にワクワクする」という特徴がある。このキャリアでは、学び直しコストには負の強い影響を与える。同時に周囲の情報で判断をするという利用可能性の近道選びには正に強い影響があることは興味深い。つまり、バウンダリレス・キャリアの考え方で学び直しをするという意思決定においては、学び直しコストよりも周囲の情報による影響が強いことが阻害要因になっていたのだ。

このようなことから、大学院で学び直しをするかどうかは、個人のキャリア観だけが大きく作用するのではなく、学び直しコストと利用可能性の近道選びの両方または片方が阻害要因となっていることがわかった。したがって、大学院で学び直す人は単に学ぶのが好きだから学び直しているのではなく、葛藤を乗り越えていたのだ。

6 分析結果からの解放　～知の武装は投資である～

ここまでの5つの分析結果を見ると、1つ疑問が浮かぶと思う。

その問いとは、「個人が持つキャリア観と学び直しの関係は分かったが、どうしたらミドル世代は実際に大学院で学び直すことに近づけるのか」というものだ。

筆者は提案を含めて、3つのシミュレーションをした。


ここまで、個人の阻害要因に焦点を当てたので、読者の皆さんは八方塞がりのような感覚になっているかもしれない。

実は、ホールは著書『Careers In and Out of Organizations』[11]の中で、「多くの人々がプロティアン・キャリアの自律を望んでも、自由になることを恐れとして感じたり孤独な経験（外部者の支援がないままの経験）と認識する」という現実的な側面があることを指摘している。つまり、キャリアを自律的に考えるのは個人の力だけでは現実的に困難ということになる。そこで、筆者は3つの改善事例に整理をして、反応予測として統計的にシミュレーションした。そして、個人でできることとチームのような周囲の人間関係ができることを交えながら提案したい。

学び直しの改善シミュレーション1
「他の勤め先を探すよりも、今いる組織にいたい人」へ

大学院での学び直しを促進させるための事例として、組織間移動因子が優位な場合を考える。つまり、バウンダリレス・キャリアの文脈で「他の勤め先を探すよりも、今いる組織にいたい」と考える気持ちが強い場合だ。

相関分析[12]の結果から、今回の調査対象者であった日本のビジネスパーソンにとっては転職のように組織間を移動することが選択肢として考えられていない場合が多いことが分かった。今回の回答者の傾向として、企業に対して長期かつ安定的な雇用を望む傾向にあった。

この状況下において、大学院での学び直しに対してより前向きな意識を持たせるために、

個人と組織はどのような施策が考えられるだろうか。

個人が現状を認識し未来を考えるためには、誰にも提出しない「履歴書」と「職務経歴書」を本気で完成させてみることを勧めたい。どれくらいの内容が自信をもって書き出せるだろうか。もしかすると、その組織特有の知識（Firm specific knowledge）が多く蓄積され、自分の市場価値や他の仕事につながるような応用可能な知識（Transitionable general knowledge）がほとんどないことに気がつくかもしれない。このようにして、自分の過去を棚卸しして、未来の可能性を考えることに真剣に向き合う時間を持つのだ。

外部環境の変化スピードが速くなり、企業の寿命は短くなる一方である。個人として、所属組織で経験値を積むときに、社内にいる意味やリスクを確認し、40代以降の人生について複数のシナリオを考えておく。思い描くシナリオに近づくために、逆算思考で「今、何を学ばなければならないか」についてリスクテイクをしながら選定しなければならない。

このように、組織間のバウンダリーが低くなる環境では、組織ができることの1つとして、パラレルキャリアを普及させていくことが重要になる。それにより社員から選ばれる企業になるだろう。ビジネスパーソンにとって時間は有限である。一定時間で高い水準で知を体系的に学び直してもらい、「学習する組織」に近づくためには、組織は学び直す場をパラレルに組み合わせる自由をメンバーに与えるのだ。

前述のように過去の棚卸しをしながら、大学院レベルでの知の再武装をするにはライフシフト大学は最適な環境である。社内での実務を通して自分を磨き上げたい場合は、社内複業制度を推進しているサイバーエージェント、ライオン、ロート製薬などの企業の取り組みは興味深い。筆者の理解として、だれもが多様な経験を積める環境作りとして、厚生労働省から発表される副業に関するルールも徐々にではあるが変化していることも追い風になるだろう。

社外においては、現在の企業に在籍しながらもベンチャー企業などに一時的に出向して多様な業務経験を蓄積するローンディールとの提携は、移籍をさせなくても実務レベルの知が行き交うことになる。また、人事と採用領域のマッチングに特化したコーナーのようにパラレルワークとして兼業をするケースは今後、普及すると考えている。人事部からの発信でも個人からの投げかけでも構わないが、これからの組織の形について企業文化の醸成と合わせて大いに議論をする必要が生まれるだろう。

現在の組織にいながらも誰にでもすぐにできることは、終業後に居酒屋ではなく自分と向き合う場に時間を投資することである。中年の危機の最中において、高みを目指して活動するときにはいつか経験ではカバーできない壁が現れる。その時に、自分にとって最適なパラレルキャリアの選択肢を複数持っておきたい。

学び直しの改善シミュレーション2
「自分のキャリアは自分のものと分かっているが、自信がない人」へ

大学院での学び直しに対してプロティアン因子が負の相関を持っている場合の改善シミュレーションを考えてみよう。

プロティアン因子に含まれている「全般的にいって、私は自立したキャリアを歩んでいる」が大学院での学び直しに対して負の相関（r=-.242***, p<.001）を示した。つまり、プロティアン・キャリアの概念を持っていても、大学院への学び直しに対しては前向きとは言い切れない迷いが見える。この項目と相関が見られた「キャリアを決めているのは自分自身の価値観である」という内容と関係がある項目と関連づけてシミュレーションをした。そこから得られた結果に基づいて考えた具体策を提案する。

まず、プロティアン因子を前向きに改善するには、個人にできることは2つあると考えている。

1つ目は就業環境をめぐる外部環境の変化を自分事として認識しなければならないことだ。先行研究の振り返りでも言及したが、企業などの組織は個人のキャリア形成を支援しきれないという現実がある。さらに、2016年4月1日には職業能力開発促進法の改正が行われた。同法第3条の3には「労働者は職業生活設計を行い、その職業生活設計に即して自発的な職業能力の開発および向上に努めるものとする」と明記されたことから、事実上いかなる就業環境においてもキャリア自律は労働者の責任となったことをビジネスパーソンは認識しなくてはならない。

2つ目は、キャリア自律を業務の中で訓練する方法の1つとして、「越境」をキーワードにした経験からの内省（Reflection in action）はどうだろうか。これを通して社内外を問わず自分の役割認識から「キャリアとは自ら開発するもの」という認識に変化するきっかけとなる。業務分掌に記載されるような公式的な業務のみならず、非公式として自ら部署を越境する業務に関わる経験をすることで、求められる多様な役割を重層的に経験できる。

例えば、NGO、NPO活動に参画したり、他社の副業受入枠に応募して実践の中で他流試合を深めることは、より一般的な事例になっていくだろう。営利セクター（Private sector）としてのビジネスという領域を超えて、NPOなどの非営利セクター（Non-profit sector）、公的セクター（Public sector）というトライセクターで活動し、内省をすることとは、本人にとって十分な要素と不十分な要素が明らかにすることにつながる。このギャップを埋めるために、経験に先立つという意味での学び直しをした方がより貢献できるのではないだろうか。

周囲の関係者ができることにどのようなことがあるだろうか。

1つ目に、上司や同僚は個人ができることを支援するためにその心理的側面から環境作りをすることが重要となる。個人が自分自身のキャリアについて変幻自在なものとして認識できるようになるために、上司や同僚は心理的安全性を高めることが新たに基本的な要件に加わると感じさせる潮流が見える。この研究で有名なハーバード大学のエイミー・エドモンドソンの研究によると、心理的安全性を高めると組織の学習効果が高まることが確認されている。ホールは職場における心理的安全性の効果とプロティアン・キャリアの関係について、心の安全基地や内省をすること、ストレスに対処するための「安息地」を設けることを述べている。このように内省のトピックを社外に求めることとは、より大切なことになっていくだろう。

2つ目は、上司が業務を配分するときには複数の階層を持つ中央集権的な組織ではなく、自律分散型組織とそれを評価する評価システムを構築することが有効になっていくだろう。端的にいうと、自分の役割を認識した上で貢献すると同時に、他者を助けることが報われる評価基準にし、プロセス評価に比重を移すのだ。ギブすることで自分が何者であるかということが見えてくることで、自己の心理的成功と肯定感が高まると考えられる。

変化の激しい時代には、すべての業務に対して自分だけで常に十分な貢献ができるとは限らないため、他者と協力をしなければならない。結果として、自分の「弱さ」を認識することは自分よりも高度な他者の協力を得る関係作りにつながるだろう。自分が他者に貢献しようとするとき、他者との関係性から磨くべき知の方向性が示されるという意味でプロティアンな変化が期待できるのではないだろうか。

学び直しの改善シミュレーション3
2つのシミュレーションに共通する壁を乗り越える

残された課題は、改善シミュレーション1と2に共通して阻害要因となっていた「学び直しコスト」と「利用可能性の近道選び」である。この2つが改善される可能性がなければ、大学院での学び直すことにはつながらない。

シミュレーションの結果、次のような数値が算出できた。さて、どのように解釈すべきか。改善シミュレーション1において、大学院への学びの直しは、学び直しコストを改善すると12・6％、利用可能性の近道選びを改善すると32・2％の上昇となった。同様に、改善シミュレーション2では、11・6％と31・1％の上昇となった。目には見えないが、これらの阻害要因が改善できる割合をどのように考えたら良いのだろうか。

ここで、未来からの逆算思考として、ビジネスパーソンの競争戦略と成長戦略という切り口で考えてみたい。中期的な時間軸として、この数値はポジティブな投資と考えられると思っている。

競争戦略では、マクロ視点で周囲の環境を見て、これからの自分のポジショニングを探って自分の時間など資源を投下することになる。その結果、他者との違いが生まれて競争優位に立てる。

「学び直し」で考えると、架空の平均的なビジネスパーソンと「違う行動」をすることが自分の競争優位性につながる。当然ながら、大学院で学び直した人が持つ情報では、費用対効果や意義は入学検討する人のそれよりも大きい。周囲の雑音から抜け出し、情報の質と量の差を自ら埋める時間を作ることが小さな違いの一歩となっていく。例えば、情報収集をしたり、週に一度3時間程度、単科履修で学び直す機会にすることから始めるのだ。この積み重ねは結果として自分を競争優位することになる。

もう1つ重要な戦略として成長戦略がある。個々人は自分のウェル・ビーイングを3年から5年くらいで実現するために、自分の成長ストーリーを持つことが重要だ。投資として成長戦略に値するストーリーには知の再体系化が必須要件になる。公式教育としての大学院には、一般的なセミナーでは得られないチャレンジする価値と達成感がある。自分が描いた成長ストーリーに向き合い続ける中で、本気で考え抜きたくなる「問い」に出会えるかもしれない。

その問いに答えるには、スキル自体よりも、むしろリベラルアーツを合わせて学び直すことが鍵になるのは言うまでもない。
オプションは常に自分で探し出していたいものである。

7 プロティアンな成長欲求

継続学習のあり方をリセットする

大学院での学び直しを促進するためにできることを3つのシミュレーションを交えて述べた。ミドル世代の一人として、筆者は大学院のような高い水準で「学び直し方を学ぶ」ことがより重要になると考えている。企業側の意図と資本が入った企業内教育ではなく、ミドル世代にとっての大学院は、中立的な立場として残された貴重な思考実験の場になるからだ。

コロナ禍の流れもあり、個人から見た組織のあり方が揺れ動いているという言論が増えている。「可処分時間」という言葉が生まれたように、ビジネスパーソン個人にとっては、自分の時間が持つ可能性を自分のために振り向ける良い機会になる。

同時に、環境の変化として、兼業または副業に関する規制が緩和され以前よりも個人の責任に応じて自由に対処できるようになってきている。このように個人と組織の関係が溶け始めている状況だからこそ、学び直しのあり方をリセットする良い時期なのだ。

多動するからつながりが起きる

ＶＵＣＡの時代と言われてしばらく時間が経った。

さらに新型コロナウイルスの感染拡大を契機にしてパラダイムシフトしたことの一つに「安定」という概念があると考えている。終身雇用は溶解が進み、雇用の形も種類も多様化している。

「盤石」という言葉があるように、強固な地盤に何かが建っている状態は「どっしり構えて揺れ動かない」という意味で「かつての安定」であった。翻って、私たちが新型コロナウイルスの影響を経験した後はどうか。ダボス会議２０２０のテーマがGREAT RESETになったように、これまで何かをよりどころにしていた「安定」という概念には戻らないのだ。

筆者は「これからの安定」を「常に揺れ動く帆船」のようなものと捉えている。かつての終身雇用や年功序列に近い環境であると、環境変化は組織から与えられることが多かった。

これからは、プロティアン・キャリアの概念に見るように、その心理的成功の主軸は個人にシフトしつつある。つまり、個人が揺れ動くように多動することこそが、他者とのコネクションを豊かにして、結果としての安定を作り出すことになる。

ミドル世代は独りでキャリアを考えてはならない

個人がキャリア自律をするために、就業環境をめぐる外部環境を個人は自分事として認識しなければならない。大切なことなので、先行研究の振り返りでも言及したが、会社などの組織が個人のキャリア形成を支援しきれない現実があることを強調したい。

勘の鋭い読者の中には、コロナ禍の経験を通して個人と組織の関係について既に考え直し始めている方がおられるのではないだろうか。すでに、単一の価値観が強い力を持っていた時代は終わったのだ。

ここでもう一度、ホールがプロティアン・キャリアを個人が自分の力だけで作ることは難しいということを指摘したことを思い出してほしい。逆から考えると、信頼できる関係性であるネットワークの力を手繰り寄せることが解決になるかもしれないということではないだろうか。

　一般的に会社のようなタテ社会ではなく、ヨコのつながりとしてのネットワーク社会において学び直しを考えてみる価値は大いにある。強くなるために学び直すのではない。発想を逆転させ、学び直しによって得手不得手を改めて認識した上で、弱さを出し、他者とつながれる方が結果として強くなるという考え方ができるのである。

　さらに、ヨコのつながりという意味で、コミュニティの力を借りてはいかがだろうか。思考家である山口揚平が著書『1日3時間だけ働いて、おだやかに暮らすための思考法』の中で「マルチ・コミュニティ」について述べている。同調圧力を気にせずに、最低3つのコミュニティに属するというものだ。山口によれば、その例として、セーフティネットとしての家族、趣味や関心のグループとなる価値観コミュニティ、そして、お金を稼ぎだすインセンティブとしての会社などがある。

　キャリアは自ら作るものという視点に立った時、自分のコミュニティ・ポートフォリオを書き直すと、しがらみは解決に近づきそうだ。

常に座組みを考えながら、知を紡ぐ

これまで、会社組織や学校教育は「強い階層型組織になるため」にいろいろな制度を構築してきたのが筆者の率直な印象である。それはその時点における最善解であったのだ。しかし、今は自らが強くなることには限界が見えつつある。何を学ぶかはもちろん大切なのだが、それよりも今は「誰とどのように学ぶか」の方が強い連帯を作り出して強みになる。

知の全体地図を「リベラルアーツ」と捉えるならば、自分自身や社会課題に学術的に向き合う時間は、自分と社会にとって意味のあるものを見つける最高のエンターテインメントになると信じている。別の表現をすると、「終身知創」そのものである。ＶＵＣＡ時代だからこそ、知のコミュニティの中で、たいまつを片手に生涯をかけて学び続けるのだ。「意味あるもの」につながる「問い」を見つけるために、ミドル世代は大学院で学び直しをする際に発生する阻害要因に対して、中期的な時間軸でじっくりと自己との対話を重ねるべきである。それは、架空のビジネスパーソン像として囚われがちな「平均思考」ではなく、自らが目指すプロティアンな「個性」に向けて一歩前進することになるからだ。

■注釈

1　成人の学習志向性について、ＣＤＥＦＯＰの調査をもとに「成人が学習に興味を示さない」実態を深く就労形態や性格から分析したもの。ＣＤＥＦＯＰとは、Lifelong learning: Citizens' views. Office for official publications of the European Communities,Luxembourg. の研究を指す。

2　ＯＥＣＤ（２０１７）のFigure C6.2 Barriers to participating in formal and/or non-formal education (2012 or 2015), Survey of Adult Skills（ＰＩＡＡＣ）, 25－64 year-oldsを元にしている。

3　新しく組織に加わったメンバーが、組織の目標を達成するために求められる役割や知識、規範、価値観などを獲得して、組織に適応していくプロセス。

4　報告書の中で日経連はキャリア形成の方向性を「継続的に企業主導のキャリア形成」から「主体的なキャリア形成」と言及している。

5　「労働移動のさらなる活発化が予想される中で労働者に求められる職業能力として企業内で通用する能力から、企業を超えて通用する能力が問われるようになってきた」としている。

6　日本経済新聞　https://www.nikkei.com/article/DGKKZO60470540X10C20A6MM8000/

7　Skill, re-skill and re-skill again. How to keep up with the future of work
https://www.weforum.org/agenda/2017/07/skill-reskill-prepare-for-future-of-work/

8　Briscoe, Hall & Demuch（２００６）の研究を武石ら（２０１４）が日本版として改めて調査した結果を指す。

9　社会人時代における大学院での学び直しに対する阻害要因を調査する質問項目はＯＥＣＤ（２０１７）の調査結果の中で学習の阻害要因となっていた3つの要因を「学び直しコスト」と「利用可能性の近道選び」に当てはめた質問項目を筆者が作成した。

10　図2で示した「その他」の詳細を質問項目として追加した。

11　自分がキャリア形成の主体となり、自分自身でキャリアを構築できる自由を意味する。

12　「大学院での学び直し」に対して、組織間移動因子の「他の勤め先を探すよりも、馴染みのある会社に所属していた方がいいと思う（逆転の質問）」が1％水準で正に有意な結果を示している。この結果をさらに促進させるためには「他の勤め先を探すよりも、なじみのある会社に所属している方が良いと思う」（$r=.609^{***}$, $p<.001$）だけでは不十分であるので、これと相関が認められた「ひとつの勤め先にずっと働き続けられるという見込みが欲しい」（$r=.585^{***}$, $p<.001$）および「もし、今の勤め先に働き続けることができないとしたら、私は途方にくれるだろう（逆転の質問）」（$r=.516^{***}$, $p<.001$）とを関連づけて考察を進めた。

■引用文献

Arthur, M. B.（1994）*The boudaryless career: A new perspective for organizational inquiry*. Jounal of Organizational Behavior.

Briscoe, J. P., Hall, D. T., & Demuch, R. L.（2006）*Protean and boundaryless careers: An empirical exploration*. Journal of Vocational Behavior 69 pp.30-47.

Edmondson, A. (1999) *Psychological Safety and Learning Behavior in Work Teams*. Administrative Science Quarterly.

Hall, D. T. (2002) *Careers In and Out of Organizations*. Sage Publications, Inc.

OECD. (2017) *Education at a Glance 2017: OECD Indicators*. Retrieved from http://oe.cd/disclaimer

トッド・ローズ（２０１７）『平均思考は捨てなさい――出る杭を伸ばす個の科学』早川書房

ドラッカー・F・ピーター（２００７）『ポスト資本主義社会』ダイヤモンド社

ホール・T・ダグラス（２０１５）『プロティアン・キャリア、障害を通じて生き続けるキャリア――キャリアへの関係性アプローチ』株式会社プロセス・コンサルテーション

一般社団法人　日本経済団体連合会（２００６・６・20）Retrieved from 主体的なキャリア形成の必要性と支援のあり方～組織と個人の視点のマッチング～：https://www.keidanren.or.jp/japanese/policy/2006/044/honbun.html

下村英雄（２０１３）成人の学習志向と意識構造～社会観・職業観・パーソナリティとの関連～、国立教育政策研究所報告書

花田光世（２０１３）『「働く居場所」の作り方』日本経済新聞出版社

関口礼子、西岡正子、鈴木志元、堀薫夫、神部純一、柳田雅明（２０１８）『新しい時代の生涯学習　第3版』有斐閣アルマ

岩崎久美子（２０１３）就労形態別属性の特徴と学習成熟度、国立教育政策研究所調査研究報告書

厚生労働省（２０００・７・12）エンプロイアビリティの判断基準等に関する調査研究報告書について Retrieved from https://www.mhlw.go.jp/houdou/0107/h0712-2.html

厚生労働省、雇用仲介事業者等の現状、Retrieved from https://www.mhlw.go.jp/file/05-Shingikai-12602000-Seisakutoukatsukan-Sanjikanshitsu_Roudouseisakutantou/0000136928.pdf

国立教育政策研究所　生涯学習政策研究部総括研究官（２０１３・３）生涯学習の学習需要の実態とその長期的変化に関する調査研究、Retrieved from https://www.nier.go.jp/05_kenkyu_seika/pdf_seika/h24/5_2_all.pdf

山口周（２０１９）『ニュータイプの時代 新時代を生き抜く24の思考・行動様式』ダイヤモンド社

山口揚平（２０１９）『1日3時間だけ働いておだやかに暮らすための思考法』プレジデント社

酒井博司（２０１８・８）ＩＭＤ「世界競争力年鑑」から見る日本の競争力 第１回〜第３回、Retrieved from 三菱総合研究所 ＭＲＩトレンドレビュー：https://www.mri.co.jp/opinion/column/trend/trend_20180802.html

多田洋介（２００３）『行動経済学入門』日本経済新聞社

武石恵美子、梅崎修＆林絵美子（２０１４）『A社における従業員のキャリア自律の現状』生涯学習とキャリアデザイン　12巻1号

文部科学省　中央教育審議会（２００８・２・19）Retrieved from 新しい時代を切り拓く生涯学習の振興方策について〜知の循環型社会の構築を目指して〜（答申）：http://www.mext.go.jp/b_menu/shingi/chukyo/chukyo0/toushin/1216131_1424.html

文部省　中央教育審議会（1981・6・11）生涯教育について（答申）、Retrieved from 生涯教育について（答申）（第26回答申（昭和56年6月11日））：http://www.mext.go.jp/b_menu/shingi/chuou/toushin/810601.htm

木根原良樹（2018・10・24）大ミスマッチ時代を乗り越える人材戦略　第8回　学び続ける力が弱い日本人、リカレント教育への期待、Retrieved from 三菱総合研究所 トレンドビュー：https://www.mri.co.jp/opinion/column/trend/trend_20181024.html

第2章

大人偏差値

荒井千恵

●組織変革に個人の変容でアプローチしよう
●個人がサステイナブルであり続けるために必要な3つの能力とは
●大人偏差値を11問で診断できる簡易チェックシート付き
●タイプ別の傾向とアドバイスを基に、より良い未来へ向かおう

1 はじめに

大学院には人それぞれ思惑を持って望む。共通するのは、「今向き合っている仕事にプラスαを加えたいという情熱のようなもの」ではないだろうか。私の場合は、独学で積み重ねてきたものを系統立てたい、キャリアが弱いので補いたい、学びのレベルを上げたい、の3つが大きかった。その上で、現在の会社が私の経歴史上いちばんのホワイト企業であり、通うためのまとまった時間が取れるのは、今しかないように思ったことが最後のひと押しだった。大学院へは平日ほぼ毎日通っていた時期もあり、貪欲に学ぶ日々は暑苦しくも楽しかった。「無知の知」とは本当であり、大学院でのいちばんの収穫は、謙虚になれたことだろう。まず一度受け止める、その上で少し離して考えるといったようなことがうまくなったように思う。

そんな大学院生活の中で集大成となるのが論文である。今思えば運良くという話ではあるが、論文指導開始後、2回目に参加したゼミがたまたま3人しかおらず、自分の構想案を発表する機会を頂いた。5つあったうちの1つを育て続け出来上ったのが、本稿で解説する「大人偏差値」をテーマにした論文となる。教授陣、並びに4つのゼミ参加生の多数のフィードバックを得た上で、研究を重ね、何度か諦めそうになりながらも、なんとか走り抜けることができた。早めにテーマが決まっていた分、常に論文が頭から離れない1年半ではあった。

論文完成に向けて最後まで走りきれたのは、この研究に命を吹き込むのは私しかいないという気持ち。そして、数多のアドバイスや想いをいただいたのだから、形にしないのはありえないという、使命感だった。その多くは一人の孤独な作業であるはずなのに、誰かを感じながら奮い立たせることができた。あの夏は何物にも変えがたい経験であった。

2 積年の悩みを晴らすべし

私は国立大学卒業後、フリーターからエンジニアになった。会社員として働き、少しずつ余裕が出てきたころ、開発者のコミュニティに出入りするようになった。圧倒的な能力を持った人たちが多く、普段見ている世界とは景色が違った。こんなすごい世界もあるのだなと開眼し、将来に改めて希望のようなものが生まれた。けれど残念ながら、そこに集まる人々に「社内に尊敬する人はいますか?」と聞いても渋い顔をする人が多かったのも印象的だった。なぜ意欲的な人たちが会社を離れ、社外で交流しなければいけないのだろう。

その後、何社か転職を経る中で、様々な人達と仕事をしてきた。中には残念ながらイマイチだと感じる上司もいた。過去の成功体験に縛られたまま成長せずに定年まで居残ろうとする人、部下を持ったことがないことを隠してでたらめなマネジメントをする人、やたら叱責して精神的に相手を追い詰め辞めさせる人、長い所属年数の末に昇進したため、パフォーマー気取りのままリーダーシップの低い人、新入社員から入社していただけで学習意欲も低く説明責任も果たさない人……と、散々だった。悪い上司の属性を簡単に振り返ると、性別も年齢ではなく、所属年数や転職経験にヒントがありそうだった。「老害」という言葉がある。広辞苑によると「硬直した考え方の高齢者が指導的立場を占め、組織の活力が失われること」だ。固定観念、つまりフィックス・マインドセット（Fixed mindset）が高いことを、精神的な高齢者と例えるならば、悪い上司らは、全て当てはまるだろう。そう気づく頃には私の当初の疑問もとっくに日常に溶けていた。

彼らのような老害になるべきではない。しかし自発的に気付けるのか？　本人たちも望んでそうなったわけではないのではないか。「その状態」が自然と陥ってしまうような類のものであれば、事前に気づく仕組みを作れないだろうか。恥ずかしながら、これが私の研究の原点だった。ゼミでもこうした原体験を自由に発言させていただき、私の発表のときは盛り上がることが多かった。しかし、身近だからこそ、逆に学問に落とす難しさも実感することになった。

変化が求められる組織

元来、組織は利益達成のために目標設定やコンピテンシーによる人事管理を行ってきた。ヒトを1つの指標で計測することで、組織によるヒトの操作性は高まり、機能的にヒトを処理できるようになる。ソート可能でとても便利だ。しかしこれこそが、いわゆる操作主義に陥る要因であり、ヒトを取り替え可能な部品として扱う風潮の一端を担ってきた。昨今注目されている「ジョブ型採用」も使われ方が歪まないか注視したほうが良いだろう。

また、操作主義的な管理には限界があり、右肩上がりの成長が見込めなくなったここ20〜30年では、いじめや暴言、ネグレクトなど、職場不作法を生み出すだけで、足かせにさえなってきている。私が先程述べたような上司像の一部は、スタンフォード大学のロバート・サットンの『チーム内の低劣人間をデリートせよ』にも登場している。職場不作用をもたらす「クソ野郎」は構造的に生み出されてきたのだ。

厚生労働省の「平成29年　雇用動向調査結果の概況」によると、前職を辞めた理由の多くは給料、福利厚生、人間関係だそうだ。これらを根本的に解決する鍵を握るのは組織のマネジメントであり、トップダウンでの変革だろう。一方でソーシャルメディアの台頭により誰しもが発言しやすくなった中、組織の良し悪しはさらに可視化されている。さらには、組織の内部情報や給料などを可視化するような転職者向けサービスもどんどん生まれている。諸外国のように株主の声がより強まることになれば更に加速されるだろう。コンプライアンスやソーシャルジャスティスも、さらに意識され、個人も組織も、単なる企業利益のためのパフォーマンスではなく、より根源的なレベルで「善くあること」が求められているのだ。

個の成長を考慮しない人事制度

「ゴールドカラー」をご存知だろうか？　ブルーカラー、ホワイトカラーの上位とされ、彼らは、仕事を通しての自己実現を重視する。仕事の中で技術や知識を高め、自己の能力開花を狙うことで、自身の可能性を最大限に追求していくという。仕事内容そのものに意義を見出そうとするため、精神的充足も求める。個としての成長機会が最優先事項なのだ。日本ではいまだに転職経験やその回数はネガティブに取られがちだが、アメリカではジョブホッピングする中で自分の可能性を見出すことが定石である。しかし、日本では、中途社員を即戦力とみなすため、彼らへの研修は二の次だ。吉澤・宮地は、『転職経験と転職ルートが組織コミットメントに与える影響』にて、『転職者はまた転職する』というのは先入観であり、転職後の勤続年数や人事、上司、職場から支援や教育を受けているかどうかが残留意識の違いとして現れる」と述べた。厚生労働省の「労働統計要覧」によると、中途採用者に、「教育訓練を実施した」事業所割合は74・4%もある。これだけ見ると過半数を占めるものの、実施内容を見ると「計画的なOJT」が80・1%と大半を締める。だが、OJTは、聞こえの良いだけの実質を伴わないただのパフォーマンスであって、研修制度と呼ぶには不十分だろう。企業の研修支援への意識の低さが伺える。

もちろん、会社に研修制度がなかったとしても、自発的に学ぶことは可能だ。コロナ禍でリモートワークが導入されたことで、余暇時間が増えた人も多いだろう。地方に移住するなど選択の幅自体も拡がっている。時間の取り合いゆえに「学び直し」などの言葉も乱立している。

そもそも独学のメリットは何だろうか？　仮に勉学をひとり深めたとしても年収には反映されにくい。MRIが調査した「職業別の「ノンルーティン度」と平均年収との関係」によると、米国はノンルーティン、つまり仕事の難易度が高いほど年収も比例して高くなるが、日本では、年収との比例関係はなく横ばいである。いまだに能力平等主義に基づいた給料レンジのままなのだ。「その人にしかできないような仕事」とAIに代わられそうな仕事の市場価値が変わらないわけだ。給料分布の広がりのなさは、能力を高めることに経済効果がないと示唆しているようなものだ。

以上をまとめると、現在の日本は、会社による外発的な支援は期待できない上に、内発的な学習は評価されず、個の教育がおろそかのようだ。ハーバード・ビジネス・レビューの２０２０年5月号の『変革型ＣＬＯが学習の未来を拓く』では、ＣＬＯが紹介された。これからは変革的なＣＬＯ（Chief Learning Officer：最高人材・組織開発責任者）が必要であるとし、ただスキルを磨かせるだけではなく心のあり方にも注目していた。海外では２００３年からＣＬＯを表彰する仕組みとしてthe Chief Learning Officer Learning In Practice awardsも始まっている。日本は個の成長を犠牲に、目先の目標利益達成が優先されてきたというのが実態なのだ。将来的な投資を削減した結果、自ら閉塞感を生み出し、国際競争の最前線から遠のき、失われた30年が今もなお、継続している。

個がより重視される時代へ

所属組織に依存するわけにはいかないようだ。リンダ・グラットンの『ライフシフト』や

『ワークシフト』に大きな影響を受けた方もいるだろう。私も大学院の入試面接で自分の経験と目的を語る中、面接官だった宇佐美教授に「君はインディペントプロデューサーを目指しているのかもしれないね」とアドバイスを頂いたのも懐かしい思い出だ。

既にＩＴ革新やＡＩ技術の発展の中で、一部の仕事は気づかないうちに消滅している。何年後かに迫るシンギュラリティに対して、人が優位に立てるのは、曖昧性への対応など、より人としての素質やあり方に関する部分だ。大震災や感染症など不測の事態への対応力によって、その産業のサステナビリティは容易に判別できる。所属企業や目前のタスクから意識的に目をそらし、未来を見据えるたくましさを失ってはならない。自分自身にとって必要なものを自ら選び取るのも必須な能力だ。常に自分の新たな可能性を探し、転社、転職、起業、国外移住も積極的に検討すべきだ。

会社はいつ潰れるかわからないし、守ってくれない。

今の職種も急になくなるかもしれない。

自分自身で廃れないスキルや経験を選び取っていく必要がある。できれば、会社の名前でなく、自分自身の名前で生きていけるような伏線を複数ストックしておくべきだ。厳しい時代である。しかも人生１００年時代。長い戦いは始まったばかりだ。

研究の目的

個の時代といえども、多くの人は企業に所属し続けるだろう。組織人を変えるには組織改革や、トップ主導の意識改革も不可欠だ。しかし、けっして容易ではない。コロナぐらいの社会的インパクトがなければ、喫緊の課題とはみなされず取り入れないだろう。また、一過性の事象としてすぐに元に戻る可能性も高い。

一方で誰もがチェンジエージェントになり、強いコミットメントを持って、ボトムアップ型で理想の組織を求めるように仕向けるのも、非現実的だ。でも、少しでいいから現実を良い方向に変えたい。つまり、いきなり組織変革を目指すのではなく、個人一人ひとりの変容に着目していこう。主体を自分が唯一変えられる「個」に置いた上で、サステイナブルな社会に必要な能力とその方法を考えていきたい。

セルフチェックツールの提案

スタート地点を自分に置いた場合、まずはいまのポジションの確認が大事だろう。その上で、次にどうするかを自己診断できるような仕組みは作れないだろうか？　また、診断結果は流動的であり、受診時の職位やプロジェクトの状況、メンバー構成などの環境や精神状態、ライフステージによっても変わるだろう。過去と今、未来において時代だけでなく人も、無意識に良い方向へ、または悪い方向へ日々絶え間なく変化する。ダイナミックスキル理論でも、能力は環境によって変化しうるものとされている。たとえ今が良いとしても、何かがきっかけで大きく変わってしまうこともある。世の中自体が日々変化しているのだから当たり前だ。

全てが変動し合う中で、自分を意識的に見返せるようなツールは作れないだろうか。そのためには、何を測ればよいのか、そもそも、あるべき姿とは何か？

3 個がサステイナブルであり続けるために必要な3つの能力

個を引き出す組織の研究

これから個の時代に差し掛かるに当たり、先行して取り入れ成功しているケースとして、いくつかの組織を調査し、その特徴から求められる資質を紐解いていくことにした。

プロフェッショナル・サービス・ファーム

デービッド・マイスターは、『プロフェッショナル・サービス・ファーム』にて、知識創造企業におけるプロを養成する文化のメカニズムを解明するために、高いパフォーマンスを出すチームが持つ要素を挙げている。

●入社条件は、きわめて厳しい。
●その後に集中的な業務関連のトレーニング、チームトレーニングが続く。
●チャレンジングでハイリスクなチーム課題が、個々人のキャリアの初期に与えられる。
●個々人は、常に、「エリート」の基準に達しているかをテストされる。
●個々人、およびグループは、他のファームでは認められないようなリスクを取る権利が与えられている。
●トレーニングは継続的で、仕事に関連したものとみなされる。
●個人の報酬は、直接的に集団の成果に結び付いている。
●マネジャーは、管理者というよりは、プロフェッショナルであり、セッターであり、良きコーチと見なされている。

一般的な企業も、このうちのいくつかは取り入れているだろう。そうであれば、重要なのは全てを並行して行うことになる。

組織目標を達成するために、個に求めるべきレベルをバックキャスティングした上で、互いが成長できる仕組みを整える。もちろん、事前選別の上ではあるが、初期からハイリスクな課題を個人に付与する姿勢の裏には、一定の信頼も必要だ。まずは与えること。それは上長を含む職場環境に対しても同様であり、マネジャーは、個の能力発揮を促す機能として存在し、力を発揮し合うためのフォロワーシップグループとして作用するのだ。

ハイアール

中国に拠点を置く家電のグローバルブランドであるハイアール社は、中国およびアジアにとってかつて日本が手本だったころに、特に京セラ稲盛氏のアメーバ経営に倣って独自の経営手法を展開した。その上で、「全員ＣＥＯ」を掲げ、企業を複数の小さな組織の集まりとすることで、個の最大限の力の発揮を促す。日本式との最大の違いは、やりがいなどの精神的報酬だけでなく、個への利益還元もきちんと行うことのようだった。日本は感謝を金銭など物的な対価で支払う慣習が元から弱いように感じる。

徐・國藤は、『ハイアールの人的資源開発（研究人材・人材育成）』において他に2つの特徴を述べている。従業員全員の意欲喚起と創造性開発を行うために、すべての従業員が人材であるという方針を定めること。そして、人材を選別するのではなく、人材が生まれる環境を作ることだ。たとえば、凡庸な人が管理職に就くことを防ぐために、管理職の就任には期限を設け、三公原則「公平、公正、公開」に基づいた選出を行う。日本のエスカレータ式な昇進とは異なり、社員総選挙により「選ばれる存在」であるかどうかが常にジャッジされるのだ。

本来の意味での「公平性」の担保や、個人に利益還元をする姿勢により、個人一人ひとりに納得感が生まれ、責任や期待を体感することこそが、会社へのコミットメントを高める効果がある。

グーグル

GAFAの一角として名を馳せるGoogle社は最新の技術力だけではなく、re:Workという特設サイトでの働き方向上を目的とする啓蒙活動や、OKRといった独自のマネジメント手法でも有名である。Googleで人事を統括していたボックの『ワークルールズ！ 君の生き方とリーダーシップを変える』によると、2009年から様々な人事改革の取り組みは始まっていた。たとえば、リーダーに求めたい性質を8つの属性で示したプロジェクト・オキシジェン、互いを高めるためのフィードバック制度、感謝を伝え合うためのgThanks、仕事とプライベートの効率向上のための福利厚生の自主的導入制度などがある。

チームでの働きや社員同士の健全な交流を注視し、リーダーに課すコンピテンシーと相互評価の仕組みが整っているのが最も特徴的であり、スピリチュアル・リーダーシップが発揮されているといえよう。グーグル自体も、初めはリーダーを官僚主義の名残と考え、不要なものと懸念していた。しかし、独自の調査により「有能なマネジャーがいるチームは、満足度も生産性も他に比べて高い」という結果を導きだし、制度に反映していった。それでいて、リーダーの意見を絶対とはせず、意思決定にデータを活用させる姿勢からは、権力の偏りを排除し、メンバーの自律や自己判断も尊重しているといえるだろう。もしかしたら、そのバランス感覚こそが、先端を走り続ける秘訣かもしれない。

ネットフリックス

サブスクリプションモデルが流行ったのはこの会社から、といっても過言ではない。レンタルサービスを根本的に変えてしまったネットフリックス社。元社員であるマッコードは『ＮＥＴＦＬＩＸの最強人事戦略――自由と責任の文化を築く――』にて、次のように述べた。

「破壊的変化の荒波のなかで最も成功できる組織とは、すべてのチームのすべてのメンバーが、「この先何が起こるかはわからず、何もかもが変化している」と考え、それに心を躍らせるような組織だ」

それらを満たすための独自の5つのカルチャー指針は、同社の公式サイトにも掲げられている。

●従業員による独立した意思決定の奨励
●オープンに広く意図的な情報共有
●非常に率直的な交流
●生涯プロフェッショナル
●ルール回避

ネットフリックス社には、人事部がない。変化を好機と捉えられるように個の力を解放させることを目指しているからだそうだ。時には不要なマネジメントになりかねない機関を省き、率直なフィードバックを優先する。むきだしの言葉は耳も心も痛く、衝突することもあるそうだが、その効果は、時を経て定着し、プラスの効力を発揮する。本音を隠さないことを推奨する姿勢は、昨今日本で見られるコンプライアンスを回避するためだけに作られた上辺だけのエンゲージメント向上施策とは真反対ではないか。過ちは、犯したときにその場で言われたほうが直しやすいことが多い。大体において、他人のほうが他者を冷静に捉えられるものだ。文化として推奨するからこそ、心理的安全性も保たれる。指摘することによって関係性が崩壊することもなければ、嫉妬などで歪められた指摘がくることも少ないだろう。第三の目を通した緩やかな監視体制の元で、自身の能力は自ずと開花するのだ。

ユニリーバ・ジャパン

最後に、イギリスに本社を置くユニリーバ社を取り上げたい。島田・田邉の『ワクワクがパフォーマンスを最大化する働き方改革とは「生き方を決める」こと』によると、何よりも「自分らしさ」を大事にさせているそうだ。“Be Yourself”をスローガンに、自分らしくいることができて、心が満たされている時に、最もパフォーマンスを発揮できるという。また、“What is Your Life Purpose?”と名付けられたワークショップでは、「会社の中での個」にフォーカスするのではなく、自分らしい働き方、生き方を決めることを個々人に求める。マネジャーにも、同様に自分らしさを求めた上で、メンバーへの束縛を禁じるといった教育が行なわれている。

「自分らしさ」と急に言われた社員は最初はもちろん戸惑うらしいが、個の自律・尊重を示すには充分だ。なぜならば、職場不作法は、本来の自分と職場での自分との乖離から生じており、自分らしさを尊重することこそが、相手を尊重することと連鎖し、職場にポジティブな効果がもたらされると期待できるからだ。相手の問題を指摘する際は原因をパーソナル領域に置かずに仕事領域に止めよ、は定石のはずだが、実践できているかといえば怪しい。であれば、いまから一緒にしてしまうほうが、却って健全だ。

5つの組織からの考察

前述した5つの企業の特徴をまとめたのが、表1である。

5つの組織の共通点は、個には自律を求め、リーダーには管理ではなくプロとしての有能さを求めていることだ。さらに、連動して信頼やフィードバックなど人を成長させ、連携し、活かす能力も求められる。個人に特化した取り組みのようでいて、結果的にチーム力全体の向上につながる好循環を生むのだ。

日本では、あうんの呼吸や無粋といった、空気を読み摩擦を避ける風習がある。しかし、プロとして、個として、高め合う際には、弊害にもなりうる。今あらためて見直されているウェルビーイングや、働き方改革によって、まず自分自身を大切にすること自体は促されている。それだけではなく、本音を言い合える組織文化の構築こそが、次への打開の一歩を担っているのかもしれない。それこそが、人とチームの能力を最大に引き出す鍵なのではないか。

個人が生き生きとし、自ら柔軟に組織や環境に応じて学び、成長し、活躍し続ける姿こそが、これからの組織には必要なのである。同じテーマを李・狩俣は「スピリチュアル組織」として論じており、このスピリチュアル組織論に依拠して以下議論を進めていく。

表1．5つの組織環境のキーワード比較

企業名ほか	個	リーダー／マネジャー
プロフェッショナルサービスファーム	成長、自律、信頼	プロフェッショナル、ペースセッター、良きコーチ
ハイアール	権限、成果報酬、公平・公正・公開、信頼、期待、自律	
グーグル	相乗効果、フィードバック、自主性、自律	有能であること
ネットフリックス	高い自律、素直、フィードバック	オープン、ハイパフォーマー
ユニリーバ・ジャパン	自分らしさ、自律・自主性	自分らしさ、束縛厳禁

スピリチュアル組織

李・狩俣の『経営者の意識の発達と最高の組織作り』によると「人々は意識が発達するにつれて働きがいのある最高の組織、理想的な組織を求め、その実現のために努力する」。このスピリチュアル組織へ変革を遂げるには、以下の要素が必要だと指摘する。

1. 経営者自身が高いレベルへ成長すること。そのために自ら高い発達段階を求めて研鑽し、成長を続ける努力をすること
2. 組織の現状やレベルなどを把握し、組織の望ましい状態やレベル（目標）を設定し、その達成のために努力すること
3. 経営者が少なくともラインとしてのスピリチュアリティの存在を認め、組織成員をスピリチュアルな存在として扱うこと
4. 利害関係者から信頼される組織を構築すること（スピリチュアル組織に限らず、どのような組織でも、その存続発展の最低限の条件は組織に関わる人々から信頼されることにある）

マズローやセンスメイキング理論等で指摘されるように、成熟した社会においては、働くことだけではなく、労働による見返りや価値といった精神面の報酬も求められる。「今日が最後の日だとして、会社に行きたいと思えるかどうか」というスティーブ・ジョブズの名言もある。会社の利益だけを優先するのではなく、その構成員の成長や幸福の先に組織の成長があるのだと思える気概が求められていく。確固たる信頼のもとに、互いを指摘し高め合う集団であることが、働くことを通じて得られる最高の対価なのだ。

この関係を図示したのが図2である。これこそが私の論文の骨格だ。これからの

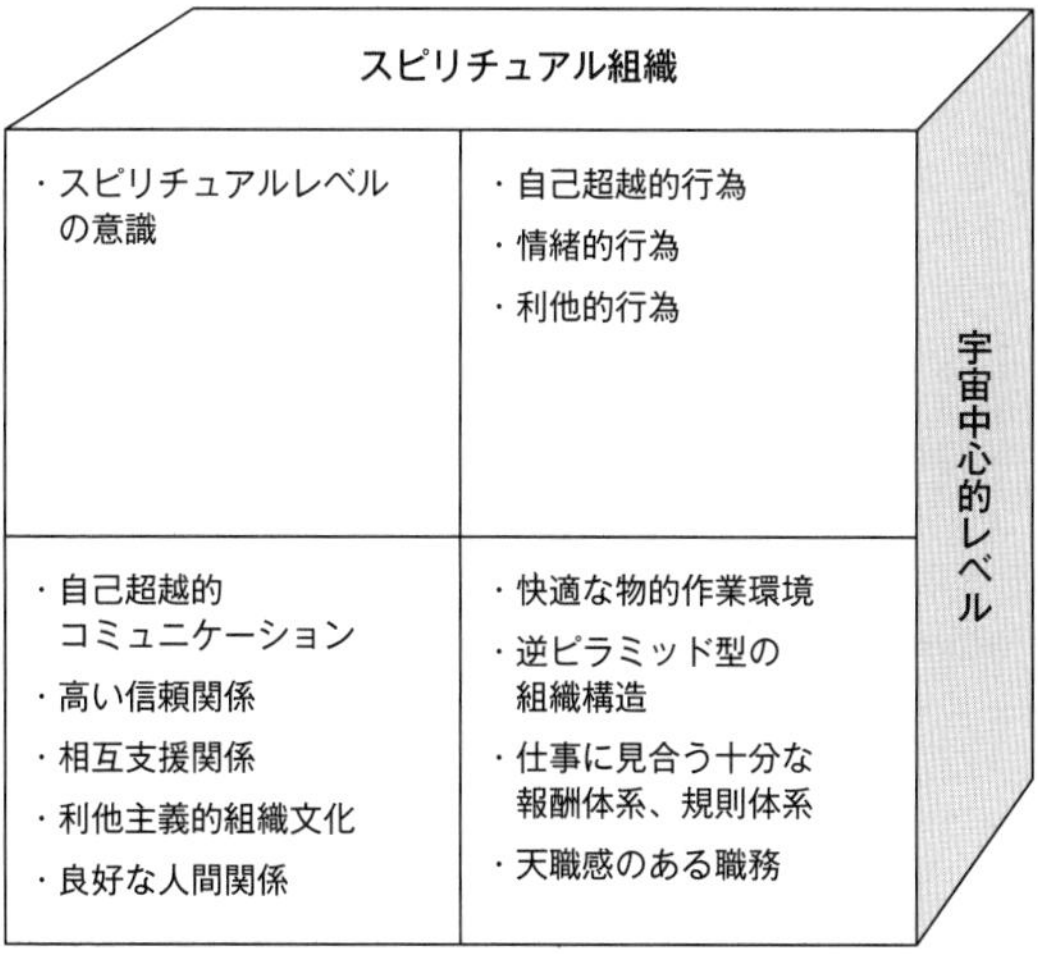

図1　スピリチュアル経営のリーダーシップ

組織で求められる人材として自分自身を磨くことが、個にサステナビリティをもたらすはずだ。

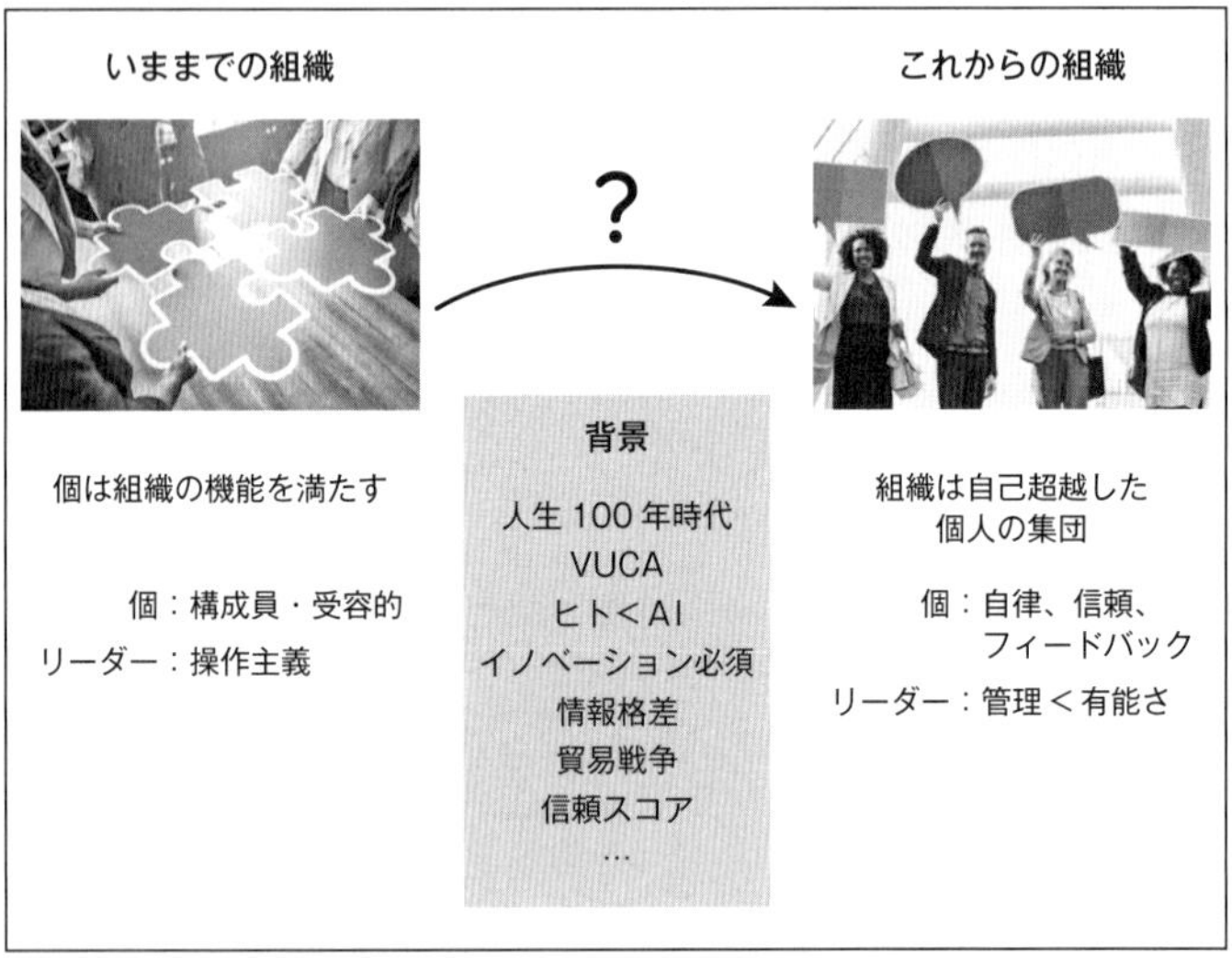
いままでの組織
これからの組織
?
個は組織の機能を満たす
個：構成員・受容的
リーダー：操作主義
背景
人生 100 年時代
VUCA
ヒト＜AI
イノベーション必須
情報格差
貿易戦争
信頼スコア
…
組織は自己超越した
個人の集団
個：自律、信頼、
フィードバック
リーダー：管理＜有能さ

図2　論文の骨格

個が変わるために必要なものは？

近未来の理想の組織像から、個人に求められる能力を抽出できたとして、だれもがすぐに取り入れられるのであれば問題はない。しかし年間多くのビジネス書が新たに発刊され続けるように、人は簡単には変われないし、どんなに素晴らしいナレッジだとしても、その情報の多くは気化されてしまう。世の中の情報は一人のヒトが処理するには多すぎるため、必要な情報にアクセスすること自体を困難にさせている。逆に、情報取得自体を楽しみ、ナレッジホッパーを繰り返す人もいるだろう。多すぎる情報は、行動を変える際の障壁になりうるのだ。

つまり、ただ情報を与えるだけで個が変わることを期待するのは難しい。また、誤った方向に進んでしまう可能性もある。「千里の道も一歩から」は、まずは始めよ、という意味ではなく、「一つひとつのステップが正しい場合にのみ大目的は完遂される」ことを指すそうだ。

2つをつなぐために必要なのが、「個人が変われる仕組み（自己変容）」だと考えた。情報は多くの場合、一人で受け止めることが多いだろう。それが個人の内部で解釈・吸収され行動というアウトプットになる。そのプロセスの中に、変化を起こさせるメカニズムを組み込む必要があるのだ。そこで私の論文では、このメカニズムを組み込んだツールの開発を目指すことにした。

まずは、気づくこと

行動変容を促すロジックである多理論統合モデル（transtheoretical model, ＴＴＭ）に注目する。行動変容における第一歩は、意識下の高揚（気づき）だそうだ。「気づき」を一段階高いレベルでの自己認識と捉えれば、メタ認知とも近しいだろう。ちなみに、メタ認知を計測する既存の方法を利活用できないか検討したが、残念ながら、意図と合致するものはなかった。

「気づき」はまた自己認識にも近い。ユーリックは、『insight―― いまの自分を正しく知り、仕事と人生を劇的に変える自己認識の力』の中で、「最も能力のない人びとが、自分の能力に最も自信を持っている場合が多い」と述べた。現実と自己認識のズレは、能力開発への意識を背けさせ、エゴが強まるばかりか、職場無作法の一因になる可能性もある。また、サットン＆フェファーは『ＨＡＲＤ ＦＡＣＴＳ　事実に基づいた経営』にて、「知性ではなく知恵が組織の業績の継続的な向上のために最も重要な才能だ」とした上で、「自分の知識の限界を知り、必要なときに助けを求め、支援し合うことの大切さを知っている人間が重要である」と述べた。

「気づき」によって、行動変容が促される。副次的に得られる謙虚さは、エゴを減らし、他者への認識をも変える。既出の「老害化」を防ぐにも必要だそうだ。

そして、フィードバックを得ること

「気づき」が自己変容の第一歩であることは、当たり前に感じる人もいるかもしれない。たとえば、ある知見を得て、納得し、実行に移そうとする。「できる人とできない人の見分け方」のような書籍を読んで、自分はイケてない奴だなと思い込む。それらは自分自身で主観的に動いた結果のため、自発的である分、抵抗なく受け止められるはずだ。だが、客観的な視点で見たときの変容すべき項目の優先順位と一致しているのか？　第三者視点の意見が介在しないため、肝心なところが抜け落ちてしまったり、すでにできているのに細部で極めようとしているかもしれない。たしかに、仕事ですぐに役立つスキルよりも、知見を得ることで自身の世界観の広がりを感じることが楽しいことも多い。このズレは大なり小なり発生し、蓄積されていく。

それにも理由がある。松本は、『社会的自己制御及び組織風土と職場における本音の表出不能経験の関連：世代別の検討』の中で、組織自体の問題として、本音は「表出できない」と述べた。組織風土が本音の表出不能経験蓄積を招く場合、社会的自己制御がかかるのだ。つまり、滅私奉公のような、個人の見解を捨て、ただ従うことが求められるような経験が積み重なった結果として、個々人は本音を出すことにメリットを感じなくなってしまう。抵抗するストレスのほうが、順応してごまかすストレスよりも労力は高いものだ。そのため、個人の中にマイナスの感情・欲求は存在していたとしても、主張まで至らず抑えられてしまう。空気や風潮によって、敢えて表出しないのではなく、

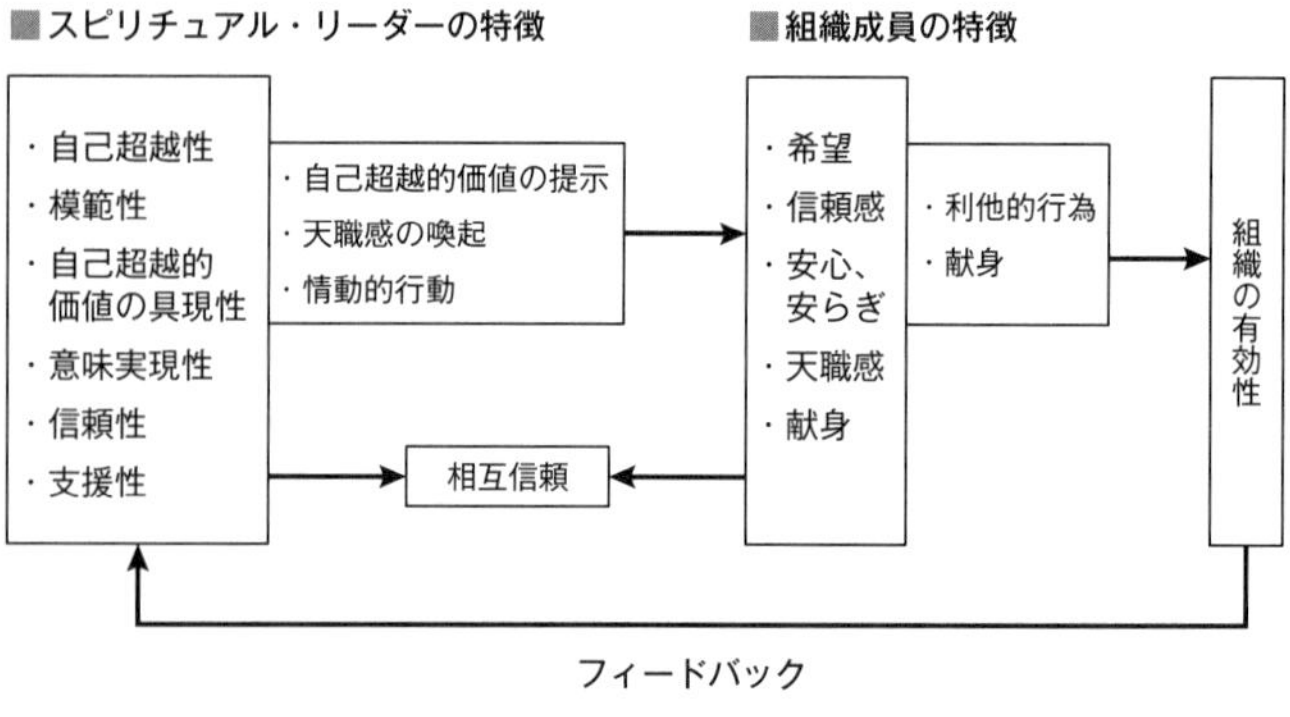

■スピリチュアル・リーダーの特徴
・自己超越性
・模範性
・自己超越的価値の具現性
・意味実現性
・信頼性
・支援性
・自己超越的価値の提示
・天職感の喚起
・情動的行動
相互信頼
■組織成員の特徴
・希望
・信頼感
・安心、安らぎ
・天職感
・献身
・利他的行為
・献身
組織の有効性
フィードバック

図3　スピリチュアル・リーダーシップモデル

積み重ねによって表出できなくなるのだ。また莫は『世界シェアNo.1を獲得した顧客戦略』にて、日本企業の終身雇用制自体が、問題社員がいても解雇できない事由として挙げた。制度により、関係の維持のほうが優先され、社員を褒めたり役職を上げることが優先事項となり、当人の問題性は二の次となるのだ。これが結果的に、社員本人の大きな進歩の機会を逃していることも指摘した。

フィードバックの重要性は、理想のリーダーシップでも求められている。李・狩俣は『経営者の意識の発達と最高の組織作り』にて、スピリチュアル・リーダーシップの根幹に「リーダーのスピリチュアリティ[1]によって組織成員に天職感や使命感を与え、成員の意味実現（福利）を支援して組織の有効性を達成する過程」を置き、リーダーが従業員をスピリチュアリティの存在として捉え、意味付けするためのフィードバックを与え続ける重要性を説いた。図3にあるように、リーダーと組織成員や組織への橋渡しには、「フィードバック」が欠かせないのだ。その結果、互いに信頼しあい、自ら天職だと思えるような使命感が得られ、利他的行為や献身さえもたらし、ポジティブリインテンションにつながるという。

もちろん、能力発揮の面でもフィードバックは重要となる。ダイナミックスキル理論[2]によると、能力には5つの評価側面がある。

●「発達の網の目」：能力は網の目上に成長する
●能力の「環境依存性」：能力の発揮は環境によって左右される
●能力の「課題依存性」：能力の発揮は課題によって左右される
●能力の「変動性」：いつも同じ能力を発揮できるとは限らない
●「発達範囲」：他者からの支援により能力は割増される

このうち、他者とのコラボレーションによって能力増強がもたらされる「発達範囲」に注目したい。本人の最大能力レベルは、本人だけで

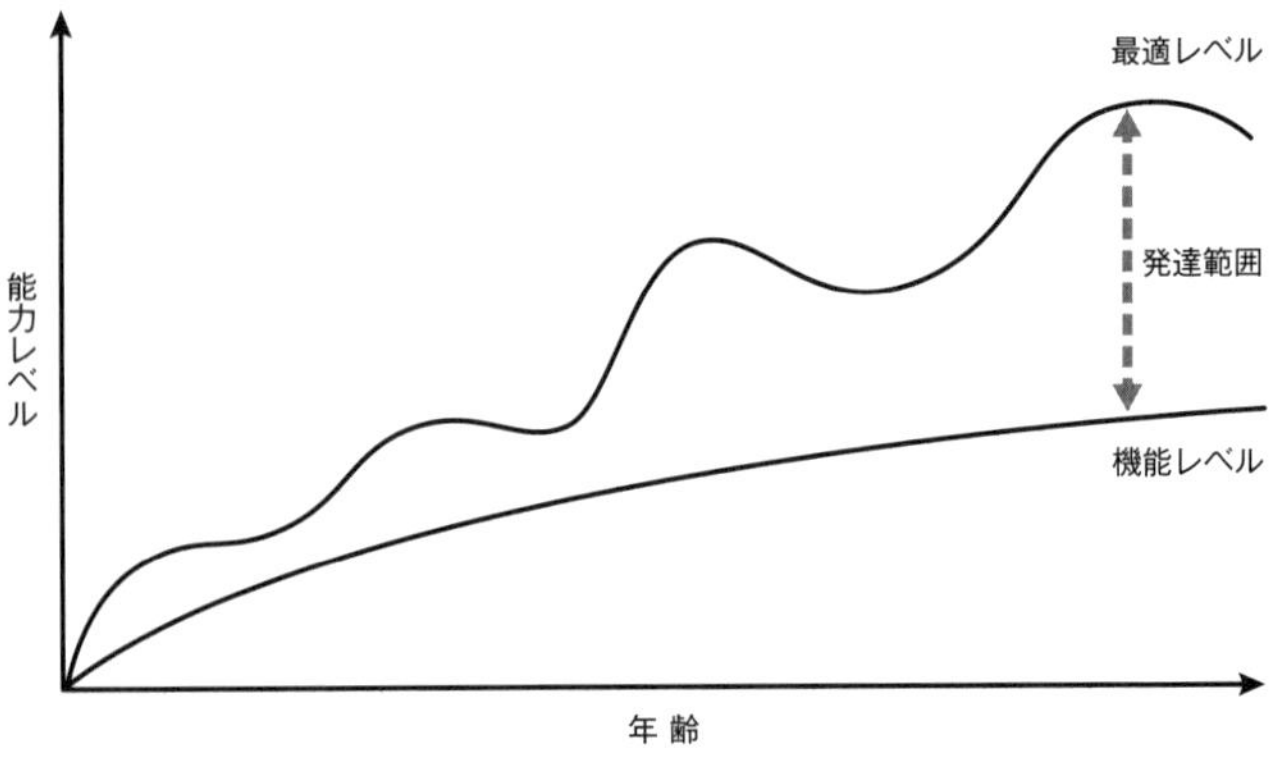

図4　ダイナミックスキル理論「発達範囲」

は一定の機能レベルまでしか発揮できない。最大値である「最適レベル」を引き出すには、他者との連携が必須なのだ。その距離を「発達範囲」と呼ぶ。図４のように、ステージによって変動はあるが、年齢を経るにつれてより発達範囲は広がる。逆に見れば、他者との関わりがなければ、個人の能力は一定レベルに留まるのだ。

計測対象の資質と変換

ここまでの内容を簡単にまとめた上で、個がサステイナブルであるために、自ら行動を促し見直すためのツール（セルフチェックツール）の作成の議論へと進めていく。

まず計測対象の資質を抽出する。成功企業が取り入れている「スピリチュアル組織」では、個は自律し、働きがいのある最高の組織、理想的な組織を求め、その実現のために自己努力する。その組織が個に求めるのは、自律、信頼、フィードバックである。個人が変わるには気づきとフィードバックが重要になるが、普段の会社生活では得づらいようだ。

これらを踏まえ、セルフチェックツールとして使用する資質として、互いの依存性が低く、計測しやすさを考慮して抽出したのが、次の３つの要素である。

1「気づき」

本論文では、あくまでも個人が変わることで、組織自体にもポジティブな変化を促すことが目的となるため、自己変容のキーワードとなる「気づき」をそのまま踏襲する。また、「気づく」ためには相対的な対象や目標が必要だろう。フィーリング領域のため、計測し難くはあるが、主観性は外しきれないため、自己評価などの曖昧性もそのまま利用していく。

2「フィードバック受容」

「フィードバック」自体は、個人変容、組織、リーダーシップのいずれにおいても共通して求められる資質であった。その上で、フィードバックには第三者が欠かせないことから「他者受容」を組み合わせた。フィードバックループが回っているのかどうかを客観的に捉えるような手法は私が調査した範囲では見受けられなかったこともあり、自身がフィードバックを受けられる環境を構築できているか、という観点で検討する。

３「自発性」

これからの組織に求められる自律した個。新しいアイデアが既存の要素の組み合わせでできるように、行動の幅によってセンスも磨かれる。エプスタインの『ＲＡＮＧＥ』でも、認知的定着、パターン認知を避けることが重要であるとし、それには幅広い経験や専門性がキーだとした。そこで、普段の生活で、実際に何か新しいことに取り組んでいるかどうかに着目した。

これら３つの要素を測定するツールを作成することで、いま、気づきやフィードバックが得られる環境を構築できているか、クイックにチェックできる仕組みを検討していく。

どのように測るべきか

今回挙げた３つの資質は、既存の方法では計測できないのだろうか？　論文の体裁としても欠くことのできない議論ではあるが、結論から述べると存在しなかった。たとえば、資質自体は多重知能理論（ＭＩ）に近い。しかし、ＭＩは性質として、質問紙での計測は不可能とされており、簡易的に利用することは難しかった。ガートナーも、『MI：個性を生かす多重知能の理論』にて、純粋な測定尺度知能と、実際に世の中で尊重されるスキル（数理問題解決や上手な文章のような）のあいだに見いだされた相関は、あまりに低くて役に立たない、と述べていた。他にも調査はしたが、ここでは割愛する。どうやら、世の中で信頼され尊重される簡易的なスキル測定方法は、現状存在しないようだ。よって、新たに作成することにした。

また、資質を測っただけではその良し悪しの判別がつかない。そこで、企業と個の関係において必要とされる「信頼」を対価に据えようとした。しかし、信頼の量を測るのは一般的ではない。被験者が想像しにくいと回答にブレが生じる恐れがあるため、満足度に置き換えた。小玉・戸梶は『組織同一視の概念研究――組織同一視と組織コミットメントの統合――』にて、「組織同一視および組織コミットメントと職務満足との間には正の有意な相関がある。また、この満足度とは、職務満足ではなく、組織への所属から得られる安心感や誇りから得られる」と述べていたことから、組織への信頼を会社や上司への満足度として換算していく。

「大人偏差値」の提唱

今述べた３つの要素を合わせて「大人偏差値」と命名した。これからのビジネスマンがサステイナブルに生きていくために求められる「多面的で計測可能な能力値」という意味合いだ。いわゆる「偏差値」の文脈で捉えられると、集団に適用することで、ある１つの方向に誘導を促す意味合いとしても取れるだろう。そうではない。大人偏差値はあくまでアナロジーである。指標という意味合いでいえば、自身の定点観測が限度だ。そもそもこういったテストの大半が、本当に必要な人には

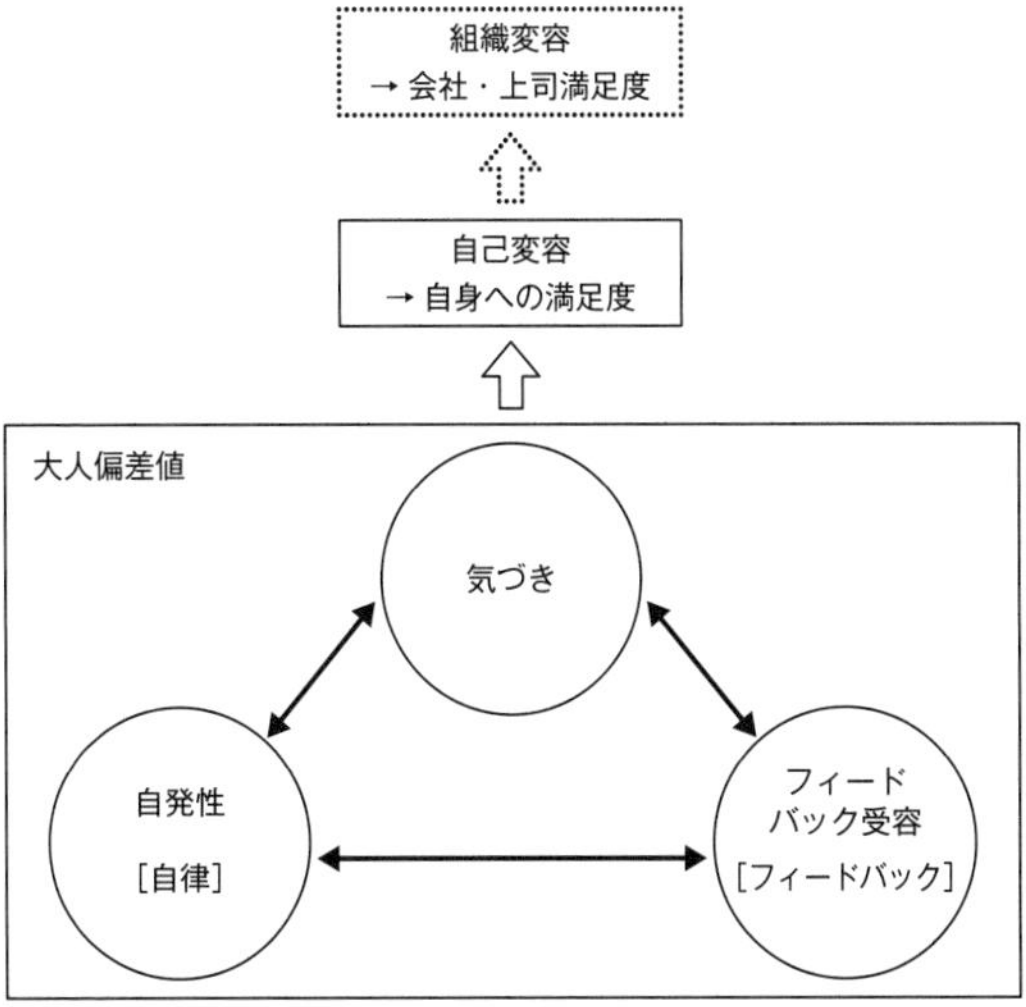

図5　大人偏差値全体図

届かないという矛盾をはらんでいる。それを解消する期待も含めてキャッチーな名称を採用した。

4　調査方法と分析

少し脱線するが、論文を書く際にいちばん困ったのは、書き上げるまでの具体的な道筋が示されていないことだった。ゼミを通したテーマ検討期間と、実際の論文執筆期間では、注視すべき内容も大きく異なった。効果的なのは、修士論文を早めに手に入れて詳細なイメージを深めることであり、ＰＤＦなどですぐに参照できる形で保有しておくのが良いのだなと気づいたのは論文を提出した後だった。論文を書く際のヒントになることを願い、研究方法は、少し詳しく書き記しておきたいと思う。早く結論を知りたい方はこの章は飛ばして頂いても構わない。

まず、検証をする前に予備調査として、プレアンケートとインタビューを行った。

予備調査

今回提唱したい3つの要素「気づき」、「フィードバック受容」、「自発性」を計測するため、以下の4つの先行事例を参考に独自に作成した。

- マイスターの著書『プロフェッショナル・サービス・ファーム』より「エンゲージメント評価表」
- サットン「Asshole Rating Self-Exam」[3]
- ユーリック「INSIGHT QUIZ」[4]
- ブラッドベリー「measure of emotional intelligence (EQ)」[5]

正確な指標を作るには、質問項目は多いほど良いとされているが、実践的な観点でいうと、多ければテキトウに回答される確率も高まる。少ない項目数でいかに一定の質や精度を担保することも重要だった。また、回答はリモートで行われるため、細かな表記の揺れひとつでも回答と意図はズレてしまう。そのため、質問紙作成における有識者2名の意見も取り入れた。また、質問紙の精緻化と、問題数の適正化を目的とし、16名へのウェブ調査（ランダムサンプリング）と2名へのインタビューを行い、質問紙の精度を検証した。その結果、文意の揺れの修正や設問の削除、追加等に成功し、個人情報項目は10、質問項目数は39から26に削減することができた。

本調査

対象を職業を保有する人に限定し、Ｗｅｂフォームを用いた質問紙調査を行った。回答所要時間はおよそ5分で、個人に関する情報は任意項目として実施した。回答の精度を優先し半分は友人、また標本の偏りを防ぐために、残の半分はクラウドソーシングサービスの個人情報認証済みの会員に対してそれぞれ１００票のアンケートを依頼した。

個人情報では、年齢、性別、経験社数、[6]半年以内の転職・異動の有無、[7]社員の人数（会社の規模）、業種、勤続年数、マネジメントしている人数、会社の満足度、上司との関係の満足度を尋ねた。満足度は10件法（1とても不満〜10とても満足）を用い、内容の信憑性を検証するために自由回答欄も併設した。

質問項目は、気づき、フィードバック受容、自発性の3因子が固まらないようにランダムに配置した。自己評価に関しては10件法（1とても不満〜10とても満足）、それ以外の項目は6件法（1かなりあてはまらない〜6かなりあてはまる）を用いた。

156件の回答（有効回答は138件）があり、うち、85件（60・7%）がクラウドソーシングサービス経由だった。それぞれの母集団にデータの偏りがないか検証したところ、大きな違いは見られなかったため、後続の検証に進むことにした。

分析方法

まず仮説である「大人偏差値」の有効性を検証していく。個人単位での採点ができるか検討した上で、属性や項目との関連性を解いていく。以下、3つのステップで進行した。

1　3つの要素（因子）「気づき」、「フィードバック受容」、「自発性」の各6の設問を確認的因子分析を用いて、関連性が高く、回答に幅がある設問を抽出する。

2　各因子で抽出した項目を用いて得点を算出し、クラスター分析を行いグループでの傾向の有無を調べる。

3　満足度向上に寄与した因子や要因を抽出するために媒介分析を行う。

なお、これらの統計解析にはjamoviとRを利用した。

分析結果1

大人偏差値の抽出

3つの因子を確認的因子分析と因子共分散にかけ、個人毎の因子の得点を算出した。今回は、分析結果の差異を際立たせ、分析の容易さを優先するために、p値が0・05以下の質問項目のみを利用した。関連がある設問には係数を乗算し、最大値が1になるようにした。因子間で利用する質問項目数にはばらつきがあったため、項目数の数で除算し、規準化した。

次に、この算出された値、すなわち「大人偏差値」を使って、個人ごとの特徴を掴んでいく。まず、有効回答データのうち、欠損値のないデータを、三角ダイアグラムにマッピングしたのが図6となる。中央を中心に分散し、特定の因子への偏りはなかった。

分析結果2
グルーピング

大人偏差値を具体的な値で見た場合、測定可能な値としてスケールのように使われるリスクが高まるため、グループでの傾向として捉えることにした。クラスター分析（ウォード法、平方距離）を行い、グループの人数が著しく少なくならないように5つのグループに分けた。次に、大人偏差値の代替対価である、満足度との関連性を検証した。その結果、グループごとの特徴や大人偏差値と満足度の比例関係が見られた。念の為クラスターごとに

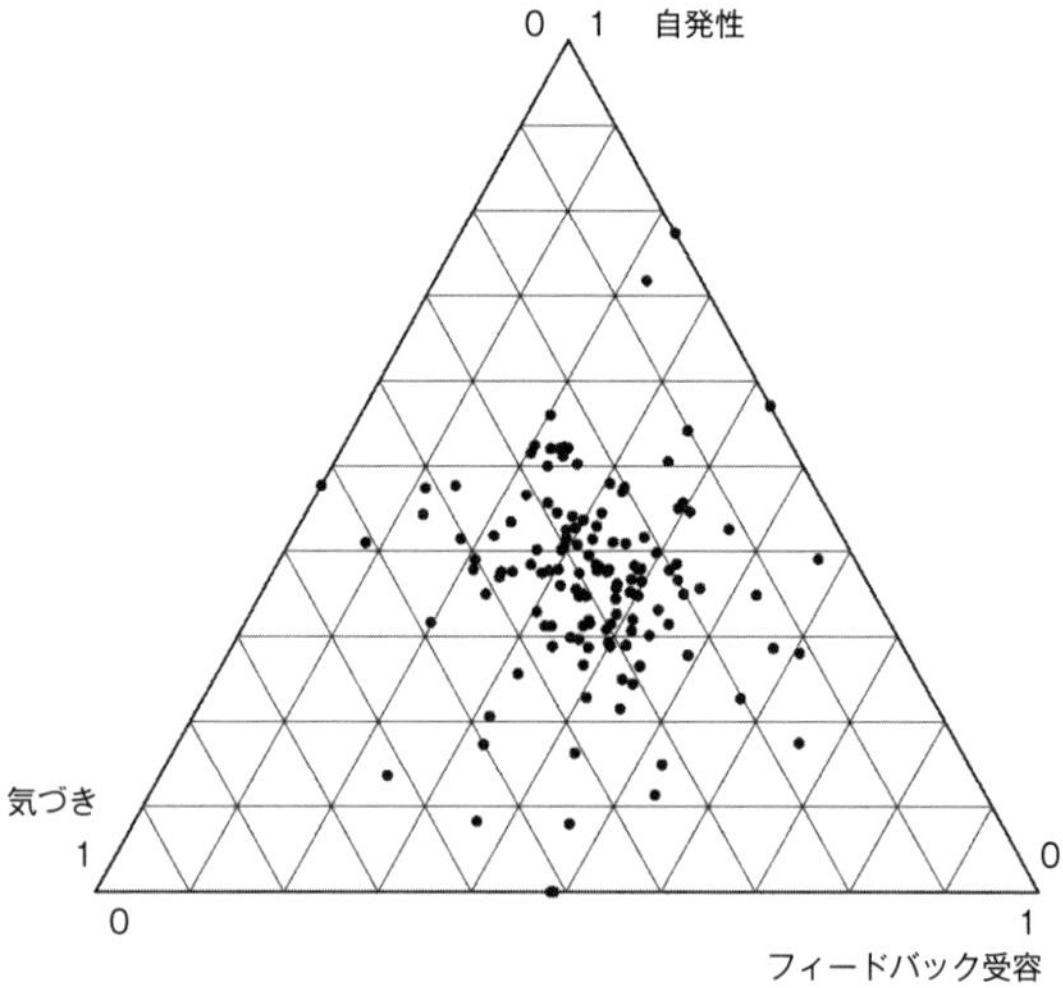

図6　大人偏差値の三角ダイアグラム

個人情報の属性が著しく偏っていないか調べたが、特異点も見受けられなかった。

さらに、今後大人偏差値をツールとして活用するためのわかりやすさの工夫として、グループをペルソナのように具体化することにした。ここからは回答者の属性や大人偏差値の各設問の差異を細かく検証していく。また、その特徴を元にネーミングを付け、ユーモアとタグ効果を図ることにした。

各グループの特徴

グループ１：ヒーロー

大人偏差値の３つの要素である、「気づき」、「自発性」、「フィードバック受容」は全て高く、会社満足度、上司満足度、自己評価も他のグループより秀でている。最高位のグループであり、全体の15％が該当している。人が最ものびのびと働ける状態といっていいだろう。

他グループと属性を比較すると、転職回数（同一社内での部署異動は含まない）は多く、現在の企業での勤続年数は長くはなかった。大企業または中堅企業に勤める人が多く、多数の部下を抱えている傾向も見られた。本調査において、唯一女性が過半数を占めている。

設問項目における他グループとの特異点は3つあった。まず、親しみやすいこと。他に、社内外問わず、「ありのまま」を話し合える強い関係性があること、同僚や上司からの自分への批判をまず受け止めるという姿勢があること。話しやすくて謙虚で人間味のあふれるその様子に人々は自然と惹かれるのだ。憧れの意味合いをもたせて「ヒーロー」とする。

グループ2：一匹狼

大人偏差値のうち、自発性と気づきはヒーローと同じく秀でていた。しかし、フィードバック受容が低い。上司満足度が著しく低く、他の満足度も釣られて下がっていた。全体の約1／4を占める。

属性では、ヒーローと同じく部下を持っている人が多い。また、半年以内に現在の会社に入社した人が多かった。

自発性も気づきも高い一方で、同僚や上司からの批判を不適切に感じてしまうところがある。かつ、親しみやすさに欠けている点で、「一匹狼」と名付けた。一般的な企業では、上司に逆らうことでメリットを得られることはまずない。にも関わらず、自分の心意気を信じてやまない不器用さが垣間見られる。

グループ３：モブ

最も該当者が多いグループで、全体の30％を占めた。上司満足度が高く、それ以外の会社満足度、自己評価も高めだった。フィードバック受容だけがやや高い傾向が見られた。

年齢のばらつきは少なく、30代前半で構成され、半年以内に転職してきた人が多かった。多方面からの評価を求め、非があれば謝る姿勢が見られる。一方で、人に語れるこだわりや趣味を持つ人は最も少なかった。

今はまだ仕事を吸収する段階であり、どちらに転ぶにせよ伸びしろがあるといえるだろう。名前を持たない存在として「モブ（群衆）」と名付けることにした。

グループ４：ナルシスト

大人偏差値のうち、フィードバック受容、自発性ともに低めの中で、自分への自信だけが高く、周りからの批判を不適切だと考える傾向にある。満足度も自己評価だけが高く、全体の15％が該当した。

他のグループよりも平均年齢（42・１歳）、平均所属年数（６・47年）と、ともに高めであり、その長さが自信の裏付けになっているようだ。他に、企業規模は中小で、部下は持たず、経験してきた会社の数も多い傾向が見られた。

ヒーロー、一匹狼と特に異なるのは自発性である。新しく始めたこともなく、新しい場所にも行かない。目標を持って取り組んでいることもない。フィードバック受容では、多方面からの評価は不要と感じたり、ありのままを話せる関係もなかった。これでは無意識に周りの意見を遮断しているのと同じである。自意識と周りの評価が離れているように感じられることから、「ナルシスト」と命名した。

グループ5：傍観者

最後の15％は、ヒーローとは真逆で、会社満足度、上司満足度、自己評価、大人偏差値の全ての要素において、低いグループとなった。

属性を見ると、最も年齢が低く（平均31・8歳）、経験してきた会社の数も少ない（平均1・74社）。部下を持たない管理される側だった。

細かく見ると、半分は、過去に尊敬する上司がいたり、趣味の世界を持っているようだ。その世界と現在を比べてしまうのか、行動範囲や経験が少ないからなのか、期待がそもそも存在しないようだ。その距離感から「傍観者」と名付けた。

グループの特徴まとめ

以上で述べたグループの特徴をまとめたのが表2である。大人偏差値と満足度については、グループ間で相対的に見た時の順位を記号で示している。

まとめ

私の研究の目的は、個人の大人偏差値を構成する「気づき」「フィードバック受容」「自発性」を測定することで、個人にサステナビリティの高い人材への変容を促し、間接的に組織改革の一手になりえないかどうか検討することだった。

大人偏差値の高低のアウトカムには、会社満足度、上司満足度を置いていた。大人偏差値の

表2　グループの特徴とネーミング一覧

グループ	人数	属性	因子・下位因子	大人偏差値		結果		名前
1	19	経験会社数：多 所属年数：短 メンバー数：多	気づき、フィードバック受容、自発性いずれも高い。	気づき フィードバック受容 自発性	◎ ◎ ◎	会社満足度 上司満足度 自己評価	◎ ◎ ◎	ヒーロー
2	33	メンバー数：多 半年の転職有無：多	気づき、自発性は優れるが、フィードバック不要な態度を示す。	気づき フィードバック受容 自発性	― ― ◎	会社満足度 上司満足度 自己評価	△ × ○	一匹狼
3	39	年齢：平均33.7歳 （平均誤差：少） 半年の転職有無：多	多方面の評価を好み、非があれば謝る。こだわりはない。	気づき フィードバック受容 自発性	△ ○ ―	会社満足度 上司満足度 自己評価	○ ◎ ○	モブ
4	19	年齢：高(平均42.1) 所属年数：長 経験社数：多	自身のスキルが優れ、人の批判は不適切と感じる。フィードバック受容、自発性で劣る。	気づき フィードバック受容 自発性	○ ― ―	会社満足度 上司満足度 自己評価	― ― ◎	ナルシスト
5	19	年齢：低(平均31.8) 経験会社数：少 メンバー数：少	理想像やこだわりはあるが、スキル、フィードバック受容、自発性に劣る。	気づき フィードバック受容 自発性	× × ×	会社満足度 上司満足度 自己評価	× △ ×	傍観者

【凡例】◎：上位20%、○：上位21～40%、―：上位41：60%、△：上位61：80%、×：上位81：100%

高いグループは満足度が高く、低いグループは満足度が低かったことを考えれば、大人偏差値と満足度との関連を示すことはできたといえるだろう。定量調査とその分析によって、大人偏差値の有用性を示すことができた。大人偏差値が高いことは、会社への信頼の高さの現れでもあり、組織コミットメントも高いことが予想される。組織を自己同一化することで、自身のポジティブ化にも繋がるため、正のスパイラルが回りやすい。さらに、ポジティブな雰囲気のほうが周囲に伝染しやすいことも加味すれば、個の「ポジティブな逸脱」に根ざした組織改革の可能性もありうるのではないか。

5 大人偏差値の活かし方

ここからは、大人偏差値の活用について提言していく。なお、繰り返しにはなるが大人偏差値は、各要素の数値が低いことを証拠に、退職を促したり偏見を助長したりするためのツールではない。ちなみに、退職勧告やリストラを行った場合、その組織の利益は短期的には回復したように見えるが、長期的に見ると落ちてしまうと聞く。場はポジティブになるどころか、個人にとっては「明日は我が身」と、強いストレスや脅しのような効果にしかならないそうだ。

診断することで、ポジションが把握できる

Ｇ・Ｗ・オルポートは、ある人の人格が一定の社会基準に到達したとみなすための６つの

基準を提唱し、その5段階目は、「自己客観化」、つまり、「等身大の自分自身を客観的に分析し理解できるユーモアのある洞察力をもてるようになる」ことと述べた。自分が都度、どの状態であるかを把握することは、人格の成長につながりうるのだ。

そこで、本書では簡易的なチェックシートを用意した。ただし、実際の調査においては、相対的に統計分析をかけたので、あくまで参考値としてご利用いただきたい。

チェックシート

以下の11の項目で当てはまる番号を書き留めてください。総数よりもどれについたかが重要です。迷ったときは、直感を信じよう。

1　自身の仕事のスキルは、同世代の中では優れているように感じる
2　同僚や上司からの自分への批判を、不適切に感じることがある
3　尊敬できる上司や同僚がいる、いた
4　評価を受けるなら、上司からだけではなく、部下や同僚など多方向でほしい

5　指摘されたとき、自分に非があればすぐに謝れる方だ

6　どちらかというと親しみやすく、人から構われる方だ

7　社内外問わず「ありのまま」を話し合える関係がある

8　半年前に新たに始めたことの中で、続いているものがある

9　この半年で、今まで行ったことのない場所に行った

10　(会社以外で) 目的や目標を持って取り組んでいることがある

11　人に語れる趣味やこだわりを持っている

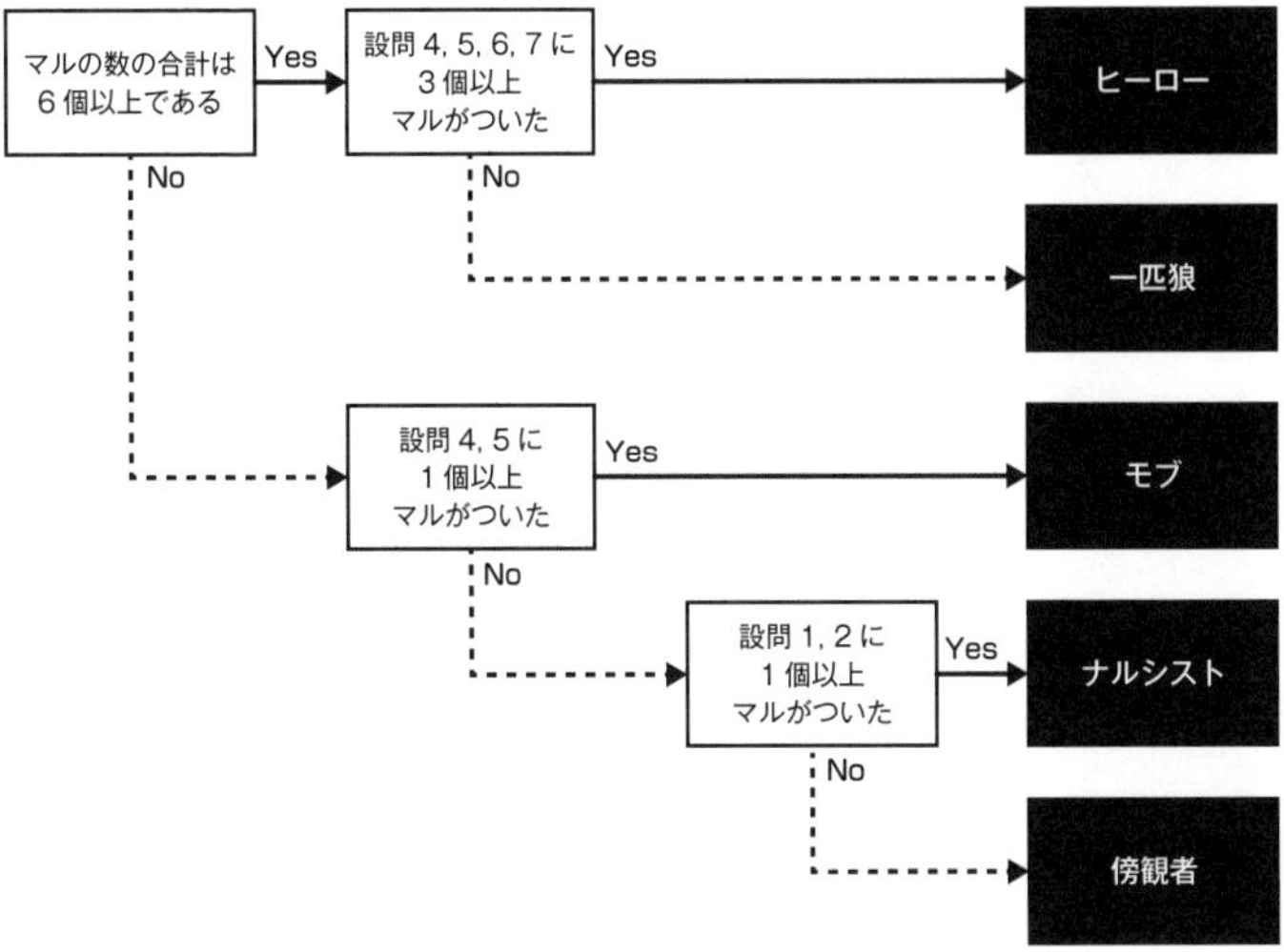

図7　簡易版計測用フローチャート

回答結果を元に、フローチャートから所属するグループ（図7の黒いボックス）を探してください。ここから先は、各グループごとに特徴やアドバイスを紹介していくので、ご自身のグループを優先的にご覧ください。

①ヒーローグループ診断

自分自身はもちろん、会社や上司への満足度が総じて高い状況で働いているだろう。大人偏差値においては、何の問題もなく、心身ともに快調であると推測される。ただもしかしたら、過去のある時点に計測していたら、たどり着いていなかったかもしれない。環境やライフステージ等で変化しうるため、何か不調を感じた時に、ぜひまた受けてみて欲しい。何かヒントがあるはずだ。

強みと弱み

大人偏差値の「気づき」「自発性」「フィードバック受容」全てを満たす。理想像を持った上で、多方面からの評価も柔軟に取り入れられる。自己評価も高く適度な自信を持つ。相手に壁を感じさせないため、良いフィードバックが早めに得られる。まずは受け止め、必要があれば非礼を詫びる柔軟性もある。信頼の置ける関係を大切にし、ときには本音で語り合う。社外の交流関係も厚く、向学心も高いので新しい知見はすぐに取り入れる。仕事ばかりではなく、打ち込んでいる趣味もある。

弱点は見られないが、さらなる高みを目指すために、マルのつかなかった項目があれば意識的に取り入れてみてほしい。

今後へのアドバイス

日常の業務に集中するうちに、新しいことを行うのがおろそかになったり、友人関係が会社内だけに閉じてしまったりすることもあるだろう。それが人の常である。受け止めた上で、未然に防ぐ環境を築いておくことが、ヒーローであり続けるための工夫といえよう。そのため逆説的ではあるが、何も言われないときこそ自身を疑ってみてもいいのかもしれない。心理的安全性を自ら提供していく姿勢こそが、他者との壁を取り払う効果をもたらす。結果として、自らの新しい可能性が開花していくだろう。

②一匹狼グループ診断

自ら猪突猛進できるところは、情報過多の現代社会において必須の能力ではある。背中を見せるタイプだ。しかし、いわゆる「意識高い系」というレッテルを貼られているかもしれない。その行動の多さがときには周りに暑苦しく見え、「親しみやすい態度」から遠ざけていないだろうか。優秀ではあるが、なんとなく親しみにくい人物であり、ちょっと損している存在でもある。一歩間違えば便利な道具として使い捨てされかねないことには注意したほうが良いだろう。

強みと弱み

仕事以外でも、好奇心旺盛で、自発的に行動するのが好きだ。良いものはそのまま取り入れる実行力があり、より高い場所を自ら目指すパッションもある。行動の幅も広く、理想の姿を描いている。情報量の多さから客観的に判断することに長け、自身の能力にも自信を持つ。

一方で、フィードバックを受ける素養は低い。自らを高めたいという意欲が先に走り、周りを物足りなく感じる節がある。指摘されたことを素直に受け止められないこともあり、周りと少し壁があるようなコミュニケーションを取っているかもしれない。「惜しい存在」というのはストレスが高い状態でもあるため、一歩間違うと「ナルシスト」グループにもなりかねないことは注意すべきだ。

今後へのアドバイス

自ら気づき、行動できるのだから、さらに意識的にメンタルモデル（経験則・ヒューリスティックス）の見直しと更新を行うのが効果的だ。『問こそが答えだ』にて、アマゾンの最高幹部を務めるジェフ・ウィルキーの話が引用されている。「そもそも、メンタルモデルそのものに有効期限がある」と。それを更新するためには、主に2通りの方法があるそうだ。1つは、「試練」を経験するということ。人間は、きびしい試練にぶつかると、それまでの自分の考え方を見つめ直し、自分にとって本当に大切なことは何かをはっきりさせなくてはいけなくなる。もう1つは、自分のメンタルモデルに意識的に疑問を持つことだ。そして、後者をサポートするのが、フィードバック受容なのである。

そもそも日本人はフィードバックをするのも受けるのも下手である。日本文化は空気が強く、言葉にすること自体が無粋なので、明確に伝えてこなかった。島国ゆえに同質性が高く、居心地の良い人だけで集団は形成され、なんとなく「こいつ合わんなぁ」と思う人に対しては、雰囲気で排除することもできた。しかし、世界は確実に変わってきている。成長の停滞をもたらしているのは、指摘してこなかった文化が一因ではないか。

たとえば、元NETFLIX最高人事責任者で、NETFLIX CULTURE DECKの共同執筆者であるマッコードは、旧来の会社文化から、ネットフリックス社に転職したときの心境を書籍の中で語っている。同社の「率直にフィードバックし合う」という文化に、初めは戸惑っていたそうだ。誰でもフィードバックされたことを即座に取り入れるのは難しいのだ。指摘が本質に近いほど反発も強い。しかし、「いわれたことを思い返すうちに、相手の視点に立って考え、改善する方法がわかってきた。率直さに助けられた」とも述べた。その時々のプライドを守ることを諦めて、未来の自分のために行動する実直な気持ちが大事なのだ。

また、セールスフォース社では、苦情放送という仕組みを取り入れているそうだ。社内での自社に対する苦情や仕事上の苦悩など多岐にわたるネガティブ寄りの意見がチャット上で飛び交う。ゾッとするような内容もあるそうだが、リーダー自身が「貴重な意見だ」と受け止め、社外への訪問営業の際に紹介することさえあるという。耳の痛い意見への反応で、次の自分の成長の可能性は知らぬ間にジャッジされるのだ。
現在潤沢に持っている強い好奇心を仕事に効果的に活かすための突破口は、主観だけではなく第三者視点を取り入れることなのではないだろうか。まずは知識が多いからこそ生まれてしまうズレを指摘してくれるような関係を、築いてみるのが良いだろう。

③モブグループ診断

上司への満足度が高く、フィードバックを受けるのが得意である。上司が有能であれば、今を信じて突き進めば、能力も自然と高まっていく可能性はある。

強みと弱み

上司はもちろん、部下や同僚など、多方面の評価を得たいと考える面では、ひとつの考えに依らずに柔軟に成長できる素質を持ち合わせていると考えられる。欠点は他人の物は見えやすいが、自分のものは気づきにくい。意識していなかった欠点であれば、受け止めにくさはさらに増す。しかし、１人ではなく、複数人に言われれば、集合の力が働き、適切な真実味を持って受け止められるのではないか。今後もより多くのフィードバックを得て受け止め、改善し続けることが未来のキャリアにもつながるだろう。

一方で、こだわりや哲学といったものはないかもしれない。また、自発性は低めのため、もしかしたら周りの評価が気になりすぎているだけかもしれない。今後、自分の軸のような目指すべき理想像を据えた上で、柔軟に指摘を受け止めたり受け流したりする態度も必要になっていくだろう。

今後へのアドバイス

そうはいっても、フィードバックを活かし切るのもまた難しい。何か新しいことを始めるときには、必ずといっていいぐらい敵が存在するのもまた事実だ。普段ネガティブな人が少しでもポジティブな行動をしようとしているのを見て、無意識に「なぜあなたが?」と思ったことはないだろうか。一度築いたキャラ設定を変えるのは難しく、周囲の目によって引き戻されてしまう場合もある。あなたのポジティブな変化に対するネガティブな反応の大半は、相手側の居心地の良さが奪われるだけなので、本来は無視するのがいちばんではあるのだが。

つまり、フィードバックの内容を全て受け入れる必要はないのだ。特に知識や経験、交流の幅が少ないのであれば、なおのことである。最近は、ＳＮＳによって発言しやすくなり、結論や意見をすぐに述べたくなる病にかかっている人も多いと聞く。一方で、意識的に意見を持たないことも必要だと言われている。たくさんの意見が消化しきれずに、変なバイアス形成につながってないだろうか。

また、人はどうしても、経験したものの価値を重視するので、一度持った見解を放棄するのが苦手である。中島みゆきの「宙船」にある「おまえが消えて喜ぶ者におまえのオールを任せるな」の通り、自分に対して少しでもネガティブな印象を持っているような人にフィードバックを乞うべきではない。それが上司であっても、親であっても、友人であっても、同様だ。相手の自分への評価を敏感に判断しながら、これだと思う人にフィードバックをもらい、その内容が本当に自分を想っていると感じられるのであれば、実行する。その積み重ねの中で、理想とする像を見つけ出し、到達するにはどうあるべきか、相手に聞いてしまうのも早いだろう。難しければ、ヒーローグループに少しでも当てはまりそうな人を探したり、信頼のおける人に、紹介してもらうのも良い。この活動の中で、自分の目標や目指すべき人物像などが少しずつ形成されていくだろう。

ある意味、最も伸びしろがあるともいえる。ただし、現状のままであれば、操作主義の罠にかかり、オールドな資本主義に巻き取られるかもしれない。自分を軽んじて歩兵的役回りに閉じる必要はない。本研究において、「フィードバック受容」は「気づき」よりも「自発性」への影響が高いことが確認されている。微妙なフィードバックは無視して、良いフィードバックをどんどん吸収していく中で、自然と行動の幅は広がる。それこそが、より満足度の高い状態で働くための鍵になるのだ。

④ナルシストグループ診断

仕事にのめり込みやすいタイプといえる。しかし自分への高い評価に対して、行動の幅は狭く、周囲の意見を柔軟に取り入れる姿勢も少なく、昔ながらのモーレツサラリーマンというところだ。短絡的に考えると、バカンスを楽しめない日本人、燃え尽き症候群、定年退職したら友達ゼロ、熟年離婚といった老後の不安がちらつくような言葉が連想される。また、自己評価と、会社満足度、上司満足度が伴わない点においては、理想と現実のズレにストレスを感じている可能性がある。

強みと弱み

過去に経験してきた会社の数が多く、現在の社歴は長い方だろう。その豊富な経験ゆえに、自分と周りを比べると物足りなく感じたり、自分のほうがスキルがあると感じられないだろうか。

多方面からの評価を避けることや、ありのままを話し合えるような深い関係がない状態は、自分自身の評価だけを独り歩きさせる危険性を高めてしまう。指摘自体を不適切だと感じることが多いため、成長のしやすさという面では少し遠いところにあるといえるだろう。

今後へのアドバイス

ここで、参考となるのは、玉木が『「学習する組織」へ対話の中から社員と組織の成長を育む：民間企業における実践・省察の試み』で述べた個の成長についての言及である。特に着目したいのは30代後半～40代前半で得るべきとされる「自己革新能力」だ。この時に「守・破・離」における「破」が出来るかどうかが、その後の独自能力の涵養に必要なキーとなる。しかし、「破」に必要な壁を突破すること自体は難しく、（突破できていない割合が多いとした時に）中堅年齢層が先輩層を構成する組織は革新への道のりが遠くなる、と述べた。

ある1つの会社に居続けると、その分居心地は良くなるのが通常である。現状維持バイアスは強まり、あえて挑戦して立場を揺らがせる必要がない。日常的に新たな努力も求められないし、大学デビューのような「新たな自分の一面を開示する」場もない。結果として、適切なときに適切な学びを得られなかった代償は、致命的な遅延を持って良くない形で訪れる。ある時点で「破」に到達できなかった自分に気づいたとしても、不都合な真実だからこそ、自分を守るためにより強固に無視せざるをえない。行動しなければ、気づくこと自体を回避できるのだ。よって、さらに「行動しない」という選択自体が自分を守る手段として、より正当化されていく。

このような負のサイクルを断ち切るための第一歩は、勇気を持って、正直に伝えてくれそうな人にフィードバックを乞うことだ。かなりの労力が求められるが『スタンフォードの教授が教える職場のアホと戦わない技術』にこんな記述がある。

「自分が人にいやなことをしているせいで、まわりもいやな態度で返してくるという事実を理解できないまま、人生を送っていたのだ。（中略）ありのままの自分の姿を知りたいなら、あなたという人間をよく知っている人が事実を告げてくれた時、ちゃんと耳を傾けなければいけない。その忠告を受け入れることが大切になる。たとえ思っていた自分の姿と違って傷ついても」

現在の意固地ともいえる状態を、仮に「プラトー」、つまり、キャリア理論において成長曲線を停滞させると言われる状態にあると仮定した場合、フィードバックにしか道はない。なぜなら、フィードバックによって、「プラトー」の「一人では乗り越えにくいとされる」性質に対抗できると考えられるからだ。

その際は、冷静に話を聞くことが大切だ。慣れていない分、辛いだろうが、的外れだなと思えばセカンドオピニオンを探せばよいだけだ。相手には感謝し、けっして攻撃はしないこと。社内ネットワークや居心地の良い空間においては、親しみやすい人と認識されているはずだ。まずは軽い気持ちで、笑い話のように話を振るのも良いだろう。直接仕事に関わる話でなくても、「趣味」や得意なことを話題にする中に、自分がどのように相手に受け止められているのか知るヒントが、言葉や動作の節々に現れているはずだ。または、過去に会った尊敬できる人物にコンタクトを取ったり、勉強会などで交流を広げてみてもいいかもしれない。縁を作ること自体は、ソーシャルメディアやオンラインツールの普及により、以前よりも容易になっている。

⑤傍観者グループ診断

残念ながら、すべての要素において低い傾向が見られた。ただし、現在の職種が合っていないだけの可能性もある。そもそもこの本を自ら手に取った人であれば、このグループには該当しないはずだ。

強みと弱み

大人偏差値においては、残念ながら強みは見受けられなかった。

何よりも、フィードバックされることが弱いようだ。上司はもちろん、部下や同僚からの指摘も「違う気がする」と感じ、受け止めることが難しい。親しみやすさもなく、本音を語り合えるような関係性も持ち合わせていない。そもそも行動範囲が狭いので、相対的な評価をするのも難しく、自分に自信を持つような根拠も得にくい。個の成長という面で考えると、悪循環している状態ともいえるだろう。

今後へのアドバイス

入社当初は持っていたはずのモチベーションにフォーカスすることが始めの一歩ではないだろうか。いきなり何かを始めるのではなく、当時と現状の差をまず考えてみるのが大事である。何を得て、何を失ってしまったのか。

また、現在から一度距離を置いても良い。ダイナミックスキル理論の能力の「環境依存性」（能力の発揮は環境によって左右される）や、能力の「課題依存性」（能力の発揮は課題によって左右される）がヒントになるだろう。たまたま現状が合わないだけと気軽に捉えるのも時には重要なのだ。人材会社エン・ジャパンが調査した転職の本当の理由のトップは「報酬を上げたい」（57％）、次点は「職場の人間関係が合わない」「評価に納得できない」「上司と合わない」（いずれも40％）であった。報酬が低かったり人間関係が折り合わなければ、本来のモチベーションなど発揮されないのは当然だ。

成功者がよく口にするのは、「私は運が良かっただけだ」だという。（本人が無意識に積み重ねた努力によって）様々な偶然が折り重なり、導かれるようにしてそこにたどり着く。現状がそのルートから外れている場合、抜け出す方法の1つとして、より本来性を発揮できる仕事への転職を選ぶのもまた1つの有効な手段だ。

また、『「いつも誰かに振り回される」が一瞬で変わる方法』には、2：6：2の法則の「下」の「2」は、環境によって生み出されることが示されていた。「仕事ができる上の2割の人」のストレスは、「脳のネットワーク」（ミラーニューロン）を通じて、間の6割の人を経由し、下の2割の人を「まったく仕事ができないダメ人間」のように扱うことで解消されるのだという。周囲にとっては、無意識下でストレスのはけ口として機能する。下の2割は「いつも、やりたくないことをやらされている」と嘆く、甘えん坊で無責任な人間だと〈暗示〉をかけられてしまう。社内のストレスを「下の2割」が背負って軽くしているから、「上の2割」は仕事ができるのに、誰もそんな構造には気がつかず、感謝されることもない。こういった構造であることを認識した上で、現状の環境を疑ってみるのは大事だ。

新たな経験は視野を広げるのにも有効だ。ある世界の常識はよその世界では非常識であることは多々ある。何かしらワクワクする経験も大事だ。興味のなかった世界にあえて触れたり、今までやってみたいと思うだけだった趣味を始めてみるなど、初心者領域にトライしてみると良い。自分の心を揺り動かすような何かは、やはり自分の行動でつかみ取る必要があるのだ。

第三者への活かし方

ここでは応用的な利用方法について言及したい。部下や同僚の状態が５つのグループのどれに当たるのかを把握するのにも役立つかもしれない。大人偏差値自体は、主観的にテストできるように設計してある分、逆に、第三者が当人のテストを代行し、判定するのは難しい。バイアスも入り込みうまく診断できない可能性が高い。一方で、自発性の低い人が自らテストを受けることはないだろうから、「最初の診断は正しくないかもしれない」と柔軟に判断した上で、１on１ミーティングや普段の行動で観察し上書きしていくのが望ましい。

まとめ　成長速度を上げるための取り組み（グループ共通）

最後に「気づき」「フィードバック受容」「自発性」の３つの能力のバランスを鑑みた上で、大人偏差値を高めていくための視点として必要な取り組みを提案したい。ここに挙げたのはその一例である。ぜひアレンジして楽しく実生活に取り入れてほしい。

フィードバックについて考える場を設ける

フィードバックは、基本的に受けるのは嫌なものだ。本調査においても上位20％以外には受け入れられていなかった。いじめやネグレクト、感情が先行した本人のためにならない悪いフィードバックも横行している。中には、そのときどきの悪い一面だけにスポットを当て、（気に食わないので意のままに）修正してやりたいというものも含まれる。また、たとえ本人に必要なスキルであっても、指摘の仕方と相手との信頼度合いで、関係性自体が崩れるだけのこともあるだろう。いたずらに1on1ミーティングを組織で取り入れたとしても、本音で話し合えなければ、思っていたような効果は得られない。普段の姿勢は自分が思っている以上に周りに見られているのだ。エンパワーメントするのだという心意気を普段から発し、かつ認知されているからこそ、相手の受け止め方も変わるのである。

そうであればフィードバックではなく、フィードフォワードから始めたほうが簡単かもしれない。過去の行動にフォーカスするフィードバックは、どうしても原因追求になりがちである。「なぜそうしたのか」ではなく、未来に対する言及が必要なのではないか。フィードフォワードでは、まず、片方が悩みを打ち明ける。聞いた側はその人の特性などのバイアスはできる限り横においた上で、聞いた内容に対して自分だったらどうするかを述べる。実際に取り入れるかは本人次第であり、受け流しても構わない。この形式であれば、ただの相談であり、日常の会話でも取り入れやすい。ここで重要なのは「誰に相談するか？」となるため、信頼の置ける誰か、尊敬する人、または大人偏差値でいうところの「ヒーロー」に一致しそうな人にまずはアクセスしてみるのが良いだろう。

新しいことを始める

リンダ・グラットンが『ライフシフト』で描いていた世界の一部が、コロナによって想定以上の速度で到達した。また、ステイホームを余儀なくされた結果、新しく何かを始めた人もいるだろう。やりたいことは、誰にも求められてなくてもつい続けてしまうことの中にあるのではないか。人々は次第に、夢中になれる時間とそうでない時間の色合いの差に気づき始める。その違和感の中に本当にやりたいことや次へのステップが隠されているはずだ。日常に注意深くありたい。

なお、新しい習慣を身につけるには3週間必要だという。あらかじめ行う時間を決め、具体的に何をするのか落とし込んでおくと、さらに習慣に落とし込みやすくなる。重要なのは、何かを続けたという成功体験なので、できる限り小さいものから始めたほうが良い。つい、あれもこれもと詰め込むと1ヶ月後には何も残っていないことも多い。我慢して1つに絞り込むのも大事だ。TED Talkの『Matt Cutts: マット・カッツの30日間チャレンジ』[8]もぜひ見て欲しい。毎日写真を撮ると決めただけで、それらはメモラブルであり、スペシャルな1日に変わるのだ。

圧倒的な人に出会うこと

本論文を書き上げる意味合いを感じた1つの理由は、私自身、ナルシストグループから一匹狼グループに変われた感覚があるからだ。それは、多摩大学大学院に入学したことも大きい。他の大学院の体験講座にも2～3年間出入りしていたが、入学しようという気持ちにまでは至らなかった。どこかゲーム感覚で現実の仕事と離れている違和感があった。そんな夏のある日、紺野登教授の体験講座を受けた。物腰やわらかくも、相手の年齢に依らず、凪のように振る舞い、引き出すように諭していく姿勢に、付いていきたいと思った。たまたまその場に居合わせた人の「僕はもう入学を決めている」と強く言う姿に背中を押され入学に至る。

大学院で得たものは多々ある。この人には一生敵わないなと思える人格者や、学問の世界の深さ・広さを垣間見たこと。ほぼＩＴ畑しか知らなかった中で、異なる業種の人々の考え方を知ったこと。取締役など上位ポジションであるにも関わらず紳士的な立ち振舞で人の器の違いのようなものを体感したこと。憧れ、嫉妬、渇望、時には焦燥もあった。でも、結局いちばん必要な姿勢は、謙虚さや素直さに尽きる。知れば知るほど己の無力さも知った。入学時の私は、知識をものさしのようにして、人を比較し裁いていた。それも田坂広志教授の温かく厳しい対話の中で一変することができた。そもそも相対的に見てしまうこと自体が一種の病理であり、多くの場合、嫉妬に近いネガティブな感情が生まれるだけで、それらは何ももたらさないのだ。「相対的」に選ぶ相手も、自分に近いと思える相手だからこそであり、引きずり下ろすこと自体をストレス解消として、ある意味楽しんでいる。だからこそ自分から遠い圧倒的な他者を知ることで、自分に足りないものに冷静に気づけ、今までとは異なる視点で考え始められるのではないか。圧倒的に打ちのめされるからこそ、自分に近い範囲に囚われる呪縛から逃れられるのだ。

コロナによって、著名人もYouTubeチャンネルを新規に開設したり、オンラインサロンを始めたりして、近距離で接せられる機会も増えた。自分の圧倒的な推しを見つけやすくなった今はチャンスだ。学問や思考領域においても推しを持つのは重要だ。

6 大人偏差値で見えたもの

改めて、大人偏差値の調査やグループごとの特徴分析を通して見えてきたこれからの未来で求められる組織のあり方を3つの観点で考察していきたい。

組織をまたいだ総合職としての自律

まずは、大人偏差値で最上位であり、会社満足度、上司満足度、自己評価が最も高かったヒーローグループに着目する。彼らの特徴を基軸において、満足度の高い人達がどういった背景を持ち、どのような傾向があったのか、抽出したい。

経験会社数はどのグループよりも多く、平均すると3・37社だった。一方、満足度等が最も低かったグループは、平均1・74社だ。約2倍の開きがあり、ここだけを取ると、満足度と会社の経験数は比例するといえる。最初に付いた上司の良し悪しで、その後の人生が変わる、と聞いたことがある。やや偶発的に発生する環境要因が、長きに渡って当人に影響しうる可能性は高い。その折、エン・ジャパンが『求められるリーダー像の変化』について」という調査をしていた。現在、求められているリーダー像はサーヴァント（支援）型に変わっており、メンバーが活躍できる環境づくりや目標達成をサポートする姿勢が重要であるという。人材を社会資本と捉え直した上で、低劣人間を上に置かずに個人の成長を促し会社全体を向上に導くような仕組みは既に求められている。

次にヒーローの所属年数は最も短く、平均４・11年だった。意外に感じる人もいるのではないだろうか。経験会社数と合わせて考えると、彼らにとっての転職は、あくまで自発的かつ永続的なキャリア構築の一環のようだ。その視点は、個人の中に多様性を持つという面でも重宝しうるだろう。一個人の中で複数の組織文化を持ち合わせるからこそ、不条理にも屈せず、偏った考えに囚われることなく柔軟な姿勢を保ち続けられるのではないか。

行動の幅も広く、経験や交流から社外のスキルホルダーを観察する中でキャリアの重要性を悟り、能力を発揮できる場を自ら選び取る思想も根付いている。さらに下につくメンバーの人数も他グループより多かった。ポジションを下げない戦略的転職が成功している証拠だろう。転職をするのであれば、彼らのように現在よりも高いポジションや、将来的に必要となるだろう経験が積める環境を選ぶべきなのだ。実際、ＭＢＡを取得した後に転職する人は多い。残念ながら、それぞれが現在所属する会社で周囲からのセルフイメージを上書きするよりも、新しい会社でゼロから始めたほうが早い場合は往々にしてある。所属企業で相手の認識を修正するような説得プロセスは、キャリアを考えた上では時間の無駄だろう。

２００９年のリーマン・ショックで多くの会社が倒産した。私はその時改めて「会社は突然倒産するものであり、個人の未来を保証してくれるわけではない。会社の都合に併せたスキル育成や目標設定を求めること自体、おかしいのではないか？」と思うようになった。当時の日本は、終身雇用が希薄化する一方で派遣切りなど不穏な言葉が目立ち、会社を存続させることが最優先課題であり、節約や短期的な目標設定が優先されていた。その補填の一部は従業員の給料を減額することであり、物価も他国に比べて低いまま、幸せを感じにくい国ができあがってしまった。しかし、当時のグローバル社会では、同じくリーマン・ショックを機にＥＳＧ投資が着目され始めていた。従来の資本主義は、オールドスタイルであり、お金以外の価値観や持続可能な事業であることの重要性が増した。日本は残念ながらその取り組み自体も致命的に遅く、２０２０年６月にやっとＥＳＧ情報開示研究会が設立されたばかりだ。この裏では世界のほうがＮＧＯなどの調査団体と企業の関係性が強く、環境問題への指摘が盛んだったことも起因している。社会自体の価値観については自国だけでなく世界に目を向けて捉えるべきである。その長期的かつ広範囲な視点の中で転職や複業を選ぶことの重要性は今後ますます重視されることだろう。シナリオプランニングを自分自身に適用するなどして、いくつかのキャリアパターンを作成し、定期的に現状の自分と比較・参照するのもまた効果的だ。

フィードバックの重要性

本調査の結果にて、会社や上司への満足度に最も影響があるとされたのは、「フィードバック受容」だった。本調査で用いた設問は、以下の４カテゴリーである。

- 感情との折り合い
- ３６０度評価の必要性
- 個の親しみやすさ

●信頼のおける関係性の有無

それぞれは微妙に関連している。フィードバックをもらったときに、怒りや動揺、焦燥、妬みなどの負の感情がすぐに出るようであれば、その人から再度指摘をもらうのは難しいだろう。自ら周りとの溝を広げるようなものである。360度評価自体が賛否あり、「あいつには言われたくない」などバイネームで相手が浮かび上がる方もいるだろう。しかし、指摘自体が自分よりも相手の方がしやすい性質上、当たり外れや粒度の差はあれど、ヒントは必ず隠されているのだ。次の親しみやすさは、ポジションのある人達が自ら鎧を脱いでいる印象を受けていたことから取り入れた。頑なで違和感のある態度は、何か隠し持っているような印象を生み出すものだ。最後、信頼のおける関係性。たとえば親友の形成過程は、意図的に友人関係を築いてきた成果というよりは、偶発的なやりとりの積み重ねだろう。そう考えると、まずは社交的に振る舞うことで、出会いの母数自体を増やし、親友の芽のようなものを同時並行で育んでいく必要がある。職場はもちろん、ビジネスパートナー、ソーシャルメディア、コミュニティ、家族、趣味のつながりなど、探せばいくらでもあるはずだ。そのたくさんの交流の中で、セルフイメージと現実がひとつに重なっていくのだ。

木村は『経験学習が心理的エンパワーメントに与える影響』にて、『『気づきの習慣化』が心理的エンパワーメントを増大させ、その従業員自身の『成長追求行動』を促進する可能性がある」と述べている。また一方で、気づきによって得られる内容が適切ではなかった場合、効果的な能力開発にはつながらないとも述べている。本調査でも同様に、気づきだけは高いが能力発揮に繋がっていないと思われる「ナルシスト」グループが摘出されている。自身の気づきに絶大な自信を持っていたとしても、その成否は結局は相対的に決定されるものである。現実と理想を沿わせて目標達成への近道を見つけるためにはなおさら、フィードバックは重要だ。

また、ユーリックは、『insight』にて、「自己認識を持たない人間がひとりいるだけでチームの成功の確率は半減し、上司がそういう人物だった場合は部下の仕事の満足度、パフォーマンス、幸福度に深刻な影響を与える」としている。一人ひとりが、常に自分の自己認識が正しいのか確認し続ける必要があるが、リーダーであればなおさら重要なのだ。自己認識の答え合わせとしてフィードバックは不可欠であるが、直接評価を乞うのには抵抗を感じる人は多いだろう。そこで、客観的にフィードバックが得られる体制があるかを判断できる大人偏差値の診断をまずは取り入れてみてほしい。

組織における個は基本的にチームに属しているだろう。フィードバックは、参加したプロジェクトの成功率も高める。忖度が強ければ、異常に気づいたとしても発されることなく、ときには重大な事故につながる。リーダーにフィードバックを受ける度量がなければ、歪みを気づかせてくれるような存在を消してしまい、問題は暗雲の中に消えるのだ。

信頼のおける企業が選ばれる時代に

最後は、大人偏差値の対価として置いていた「満足度」に触れたい。満足度を通して間接的に「信頼」を計測していたのだが、その重要性に改めて気づかされたように思う。ザックは『TRUST FACTOR』の中で、組織を率いる上で最も本質的なことは、「信頼」であり、信頼される組織には「オキシトシン」が必要であると述べた。オキシトシン（OXYTOCIN）とは、神経科学で実証されている8つの因子、強い称賛（Ovation）、期待（expectation）、委任（Yield）、委譲（Transfer）、オープン化（Openness）、思いやり（Caring）、投資（Invest）、自然体（Natural）の頭文字から構成される造語である。信頼と組織の目的となる業績との関連は図8のモデルで現される。

つまり、信頼の先に個人の喜びがあり、それを経て業績にやっと結びつくような企業がこれからは求められるという。コロナ禍において、転職する人や複業を探す人の数は伸びているそうだ。それは、この突発的な事態に会社は、上司は、どのようなリーダーシップを取ったかを肌で感じてしまったからだろう。今回を機にリモートワークに切り替え、移動に伴う感染の危険を社員から取り除いた企業もあれば、目先の利益を優先しこれまでと何ら変わらない方法を用いた企業もある。この先どちらが選ばれるだろうか。答えは明らかだ。

また、同書では、「誠実で謙虚なリーダーが居る組織は、従業員が「自然体」でいられれ

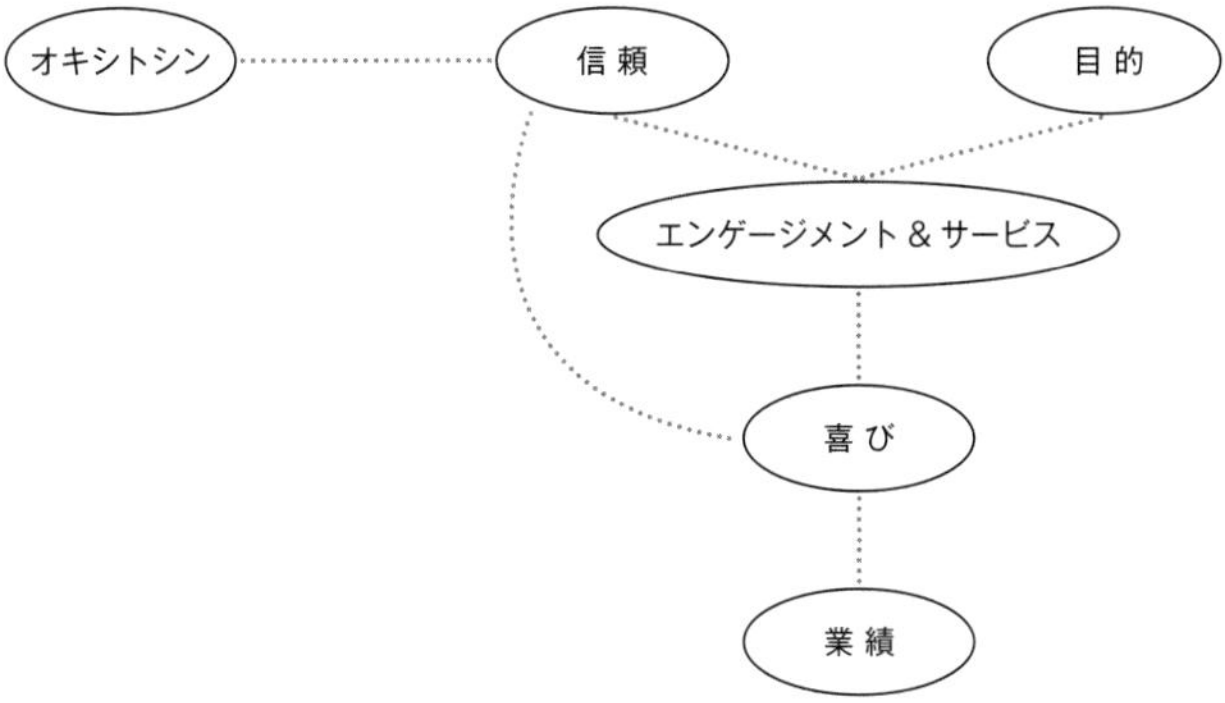

図8　組織文化と業績モデル

る組織であり、組織の信頼の82%は「自然体」で説明できる」とも述べられている。仕事における自分と普段の自分のパーソナリティを切り離すことが正しい時代もあった。今もなおそれを薦める書籍もあるだろう。しかし、偽ることがうまくなれば、自分の中の弱さを隠すこともまたうまくなる。そのバリアを剥がそうとする人を敵とみなし、攻撃してしまうかもしれない。今の自分は職場で自然体でいられているだろうか?

まとめ

個は組織内の果たすべき機能を満たす存在ではなく、自律的な存在であるべきである。しかしまた人間は、環境に順応するようにもできている。自分自身がただの部品に堕ちていないかチェックするのは渦中では判別しにくい。社会や自分が変動するからこそブレない基準が逆に必要であり、いつでもセルフチェックできるような指標が必要なのだ。

本研究における「大人」とは、客観的に自己の能力を判別し、自律的に行動するだけでなく、他者からの意見を受けられる環境を持ち、多面的なフィードバックを得ることで、自身の能力を、最大限まで引き出せる人物を指す。環境への満足度は、今の行動を少し変えるだけで得られるだろう。そのポジティブな態度は周りに自然と波及していく。個人のポジティブさを通して、組織は活性化し、いずれはイノベーションにつながるだろう。大人偏差値はこれからの社会において、重要な概念だと信じている。

7 自己を顧みて学び続けられる大人であるために

最後に私自身が大人偏差値を上げるための実践演習として、調査時に「ヒーロー」グループに属した元多摩大大学院生のＳさんにインタビューさせていただいたので、その内容をシェアして締めくくりとしたい。

インタビューより

――今の会社では満足してらっしゃると思います。それまでに所属した会社では満足度の低かったような経験はありましたか？　そこからどのように脱しましたか？

私自身、今でこそ「ヒーロー」のポジションにいるけれど、2〜3年前だったら違ったと思います。社内で重圧のかかる仕事を任される一方で、急に不遇な立場に追い込められたり、多忙ゆえに大病を患ったこともありました。それでも会社を離れるのは逃げるようで嫌でした。そんな時に、味方になってくれた人がいたんです。その人には、仕事の方針を決めるために深夜まで頭を突き合わせたことや、窮地を救ってもらったこともあります。だから、その人が独立しようとしたときは、無給でいいので役に立ちたいと思いました。その結果いるのが今の会社で、忙しいながらも充実した今があります。

――最初の上司がその後の人生を決める、という話がありますが、どう思いますか？

そのとおりだと思います。最初についた上司は、私より１回り上で、初めての部下だったそうです。彼からの一番の教えは「素直である」ことでした。できないことを下手に隠さない。おかげで、今も頭の端にその言葉があります。彼は適宜褒めてくれたし、仕事を任せてもくれた。仕事に足りない機器があれば、先回りして調達してくれるサポーティブな一面もあった。もちろん、頭も良かった。ありがたいことに今でも交流があり、折りを見て感謝の念を伝えている。「あなたのおかげで、今の私があるのだ」と。

素直であることは、たとえば、ちょっと得意でない仕事をやらなければいけないときにも役立ちます。「その仕事は苦手ですが、がんばります。」「苦手でしたが、〇〇までは対応しました。あとはすみません、助けてもらえないでしょうか?」のように伝えます。もちろん助けてもらった後は、その内容を確認し、何が原因で到達できなかったのか、チェックして次につなげます。

――フィードバックをするのもされるのも、日本人は不得意だなと感じています。何かコツのようなものはありますか?

何より大切なのは、感情のコントロールではないでしょうか。溜めない、抑えつけない、吐き出させること。たまには美味しいものを食べに行ったり、野球を見たり、映画、プール、何でもいいですが、一緒に経験することでストレスを発散するのがいいと思います。もちろん、イライラする時はあります。そんなときは、擬音で表現したり、チャットツールでパンチや怒りマークを使うようにしています。隠さないのがいいんです。たとえば、怒ってるモードを「ウニちゃん」と名付けることで、本人もいい意味で開き直れます。誰でも本当に集中したい時に横入りされるのは、イラッとするものです。でも、あくまで一時的な状態なので、自己開示することが回りへの合図になり、本人にも周りにも結果的にポジティブに

働くのです。私もたまに「ムキー状態だから！」と宣言したりします（笑）

最後に：未来の自分のために、今の私ができること

いかがだったろうか。Ｓさんへのインタビューひとつでも、もっと早くやっていればよかったと思えるぐらい、私自身も得るものがあった。取材は時節柄、オンラインでの実施となったが、普段は無機質なオンラインミーティングも、人の温かさを伝えることはできるのだなと初めて思い知った。言葉の端々で「あなたも、あとはその殻のようなものが取れれば大丈夫よ」と伝えようとしてくれる姿に心打たれ、話を聞いているだけでパワーをいただいた。私もそうでありたい。

振り返ってみれば、誰かに仕事の相談をしたことはあるが、いずれの回答もメイクセンスしなかったように思う。相手が年上であれば「お前がいけないのだ」と暗に諭される。同世代であれば、そもそも真面目な話になることが少ない上に、どこか感覚がずれているなと気づいて終わってしまう。人を他者が変えられる数少ないチャンスは、相手が弱っているときだろう。相談とは、その弱みを自ら公開するオープンイノベーションのような仕組みだ。秘

密を打ち明けたのに、突き放されたり揶揄の対象にされたりしたら、致命傷にもなる。正しいことを言うほうがたやすい。相談には、相手と心の通ったやり取りの中で、小さくすれ違いながら落としどころを探していく緻密な作業も求められる。フィードバックをもらう相手は見極めるべきだ。ぜひヒーローグループに当てはまる身近な人物との対話を試してみてほしい。長年の澱を取るのは、簡単な一言かもしれない。

■注釈

1　スピリチュアリティとは、自己と自己を超越した外部の崇高なものなどとの一体化や融合化、あるいは自己利益と他者利益の統合化であり、自己（利益）に執着せず、自己と他者の区別がなくなり、自己即他者あるいは個即全体の意識の状態である。（狩俣、２００８）

2　ダイナミックスキル理論は、発達心理学者カート・フィッシャーが提唱し、能力がどのようなプロセスとメカニズムで成長していくかを説明したものである。根幹には、「能力は、多様な要因によって影響を受けながら、ダイナミックに成長していくものである」という考えがある。（加藤、２０１７）

3　同名のウェブサイト（英語）https://www.electricpulp.com/guykawasaki/arse/ に掲載された設問を翻訳した上で利用した。

4　同名のウェブサイト（英語）http://www.insight-quiz.com/selfquiz.aspx?z=0 に掲載された設問を翻訳した上で利用した。

5　書籍『ＥＱ２・０』の特典である診断サービスで利用されていた設問

6　予備調査の質問紙のレビュー時に「社内の異動をカウントしてよいか」という質問を受けた。しかし、異動は一般的に外発的に生じるものであり、本人の意志は存在しにくいと考え、意図的に会社を変えたことを明示するために経験社数とした。

7　予備調査のインタビューにて「職場が変わったため新しいことをせざるをえない」と回答を受けた。これも同様に自発的ではなく環境要因であるため、自発性とは捉えにくく、除外するための参考値として属性に取り入れることにした。

8　https://www.ted.com/talks/matt_cutts_try_something_new_for_30_days/transcript?language=ja

■参考書籍

書籍・雑誌

Abbie Lundberg, George Westerman（2020）『変革型ＣＬＰが学習の未来を拓く』ハーバード・ビジネス・レビュー、２０２０年６月号、１０２-１１４

Bock, Laszlo（2015）"*Work Rules!: Insights from Inside Google That Will Transform How You Live and Lead*" Twelve.（鬼澤忍・矢羽野薫（訳）（２０１５）『ワークルールズ！　君の生き方とリーダーシップを変える』東洋経済新報社　P.２４１、２７４-２８０、３１４-３１６、３４６-３４７、３８７-３９０、４０２）

Bradberry, Travis & Greaves, Jean & Lencioni, Patrick（2003）*“Emotional Intelligence 2.0”* Talentsmart.（関美和（訳）（２０１９）『ＥＱ２・０』サンガ）

David Epstein（2019）*“RANGE: WHY CENERALISTS TRIUMPH IN A SPECIALIZED WORLD”*（東方雅美（訳）（２０２０）『ＲＡＮＧＥ 知識の「幅」が最強の武器になる』日経ＢＰ）

Eurich, Tasha（2017）“*Insight: Why We're Not as Self-Aware as We Think, and How Seeing Ourselves Clearly Helps Us Succeed at Work and in Life*” Crown Business.（樋口武志（訳）（２０１９）『insight―いまの自分を正しく知り、仕事と人生を劇的に変える自己認識の力』英知出版 P.３８４）

Gardner, Howard（1999）*“Intelligence Reframed: Multiple Intelligences for the 21st Century”* Basic Books.（松村暢隆（訳）（２００１）『ＭＩ：個性を生かす多重知能の理論』新曜社 P.２９３）

Goleman, Daniel（1994）*“Emotional Intelligence”* Bantam.（土屋京子（訳）（１９９６）『ＥＱこころの知能指数』講談社 P.23）

Hal Gregersen（2018）*“QUESTIONS ARE THE ANSWER”* arrangement with HarperBusiness.（黒輪篤嗣（訳）（２０２０）『問こそが答えだ』光文社）

Maister, David H.（1993）*“Managing the Professional Service Firm”* Free Press.（高橋俊介（訳）（２００２）『プロフェッショナル・サービス・ファーム』東洋経済新報社 P.60、１７０、３０８）

McCord, Patty（2018）*“Powerful: Building a Culture of Freedom and Responsibility”* Silicon Guild.（櫻井祐子（訳）（２０１８）『ＮＥＴＦＬＩＸの最強人事戦略〜自由と責任の文化を築く〜（Kindle版）』光文社）

Pfeffer, Jeffrey & Sutton, Robert I.（2006）*"Hard Facts, Dangerous Half-Truths And Total Nonsense: Profiting From Evidence-Based Management"* Harvard Business Review Press.（清水勝彦（訳）（2009）『HARD FACTS 事実に基づいた経営』東洋経済新報社　P.145、147）

Sutton, Robert I.（2010）*"The No Asshole Rule: Building a Civilized Workplace and Surviving One That Isn't"* Business Plus（片桐恵理子（訳）（2018）『チーム内の低劣人間をデリートせよ――クソ野郎撲滅法（フェニックスシリーズ）』パンローリング）

Sutton, Robert I.（2017）*"The Asshole Survival Guide: How to Deal with People Who Treat You Like Dirt"* Houghton Mifflin Harcourt.（坂田雪子（訳）（2018）・『スタンフォードの教授が教える　職場のアホと戦わない技術』SBクリエイティブ）

Zak, Paul（2017）*"Trust Factor: The Science of Creating High-Performance Companies"* AMACOM.（白川部君江（訳）（2017）『TRUST FACTOR トラスト・ファクター 最強の組織をつくる新しいマネジメント』キノブックス　P.54、269）

狩俣正雄（2008）『スピリチュアル・リーダーシップ』大阪市立大学経営学会、59（3）19–36

加藤洋平（2017）『成人発達理論による能力の成長　ダイナミックスキル理論の実践的活用法［Kindle版］』日本能率協会マネジメントセンター

加藤洋平（2018）『ダイナミックスキル理論に基づく 能力の成長プロセスとメカニズムで見直す企業内教育』人材教育：HRD magazine, 30（1）44–49

小玉一樹・戸梶亜紀彦（２０１０）『組織同一視の概念研究――組織同一視と組織コミットメントの統合――』広島大学マネジメント研究、10　51-66
島田由香・田邉泰子（２０１８）『ワクワクがパフォーマンスを最大化する 働き方改革とは「生き方を決める」こと』人材教育：HRD magazine, 30（１）28-31
徐方啓・國藤進（２００３）『ハイアールの人的資源開発（研究人材・人材育成）』北陸先端科学技術大学院大学、18　１３５-１３８
田中堅一郎（２００７）『職場における非生産的行動：最近の研究動向』産業・組織心理学研究、21（１）73-79
玉木洋（２０１３）『「学習する組織」へ 対話の中から社員と組織の成長を育む：民間企業における実践・省察の試み』教師教育研究、６　２０９-２２８
莫邦富（２０１３）『世界シェアNo.１を獲得した顧客戦略』中経出版　P.２２１
夫馬賢治（２０２０）『ＥＳＧ思考 激変資本主義１９９０-２０２０、経営者も投資家もここまで変わった』講談社
松本友一郎（２０１８）『社会的自己制御及び組織風土と職場における本音の表出不能経験の関連：世代別の検討』応用心理学研究、43（３）２４４-２５５
丸山淳市・藤桂（２０１７）『職場におけるフォロワーが表出するユーモアの循環的影響』心理学研究／日本心理学会編集委員会編、88（４）３１７-３２６

吉澤康代・宮地夕子（２００９）『転職経験と転職ルートが組織コミットメントに与える影響』産業・組織心理学研究、23（１）３–13

李超・狩俣正雄（２０１８）『経営者の意識の発達と最高の組織作り』商経学叢／近畿大学商経学会編、65（１）１３１–１５９

ネット情報

Eurich, Tasha, *INSIGHT QUIZ*.
http://www.insight-quiz.com/selfquiz.aspx?z=0（２０１９年６月30日）

Google, Google re:Work–ガイド：優れたマネージャーの要件を特定する．
https://rework.withgoogle.com/jp/guides/managers-identify-what-makes-a-great-manager/steps/introduction/（２０１９年７月４日）

Guy Kawasaki, *Asshole Rating Self-Exam* (ARSE).
https://www.electricpulp.com/guykawasaki/arse/（２０１９年６月30日）

Netflix, Netflix Culture.
https://jobs.netflix.com/culture（２０１９年７月４日）

TalentSmart Inc., *measure of emotional intelligence* (EQ).
https://www.talentsmart.com/test/（２０１９年６月30日）

厚生労働省、平成29年雇用動向調査結果の概況・
https://www.mhlw.go.jp/toukei/itiran/roudou/koyou/doukou/18-2/dl/gaikyou.pdf
（２０１９年６月30日）

厚生労働省、労働統計要覧・
https://www.mhlw.go.jp/toukei/youran/indexyr_b.html（最終閲覧日：２０２０年９月１日）

みずほ情報総研株式会社、平成27年度産業経済研究委託事業 労働移動の実態等に関する調査・
https://www.meti.go.jp/meti_lib/report/2016fy/000095.pdf（２０１９年６月30日）

リクルート、リクナビＮＥＸＴ「年代別の転職回数と採用実態」・
https://next.rikunabi.com/tenshokuknowhow/archives/5883/（２０１９年７月17日）

三菱総合研究所、大ミスマッチ時代を乗り超える人材戦略　第４回　ルーティンタスクに偏る日本の人材：国際比較から見る傾向と対策２０３０年の人材マッピング――大ミスマッチ時代を乗り超える人材戦略
https://www.mri.co.jp/knowledge/insight/20180906.html（２０２０年９月１日）

「求められるリーダー像の変化」について――エン ミドルの転職
https://mid-tenshoku.com/enquete_consultant/report_65/（最終閲覧日：２０２０年９月19日）

転職理由の「本音と建前」ランキング、それぞれ１位だったのは……？――ITmedia ビジネスオンライン
https://www.itmedia.co.jp/business/articles/1903/01/news123.html より引用
（最終閲覧日：２０２０年９月15日）

第3章

JFEスチール
新しい組織開発による
製鉄所の働く文化を変える挑戦
～鉄鋼業の未来に向けて～

上野 正之

- ●新しい組織開発こそが変革を起こす鍵
- ●バインディング・アプローチでビジョン問題「10の壁」を超えていく
- ●組織及び個人の「学びからの成長」が変革の原動力
- ●「働く文化の変革プロジェクト」は鉄鋼業界の未来のモデルケースとなり得る

1 はじめに

新しい組織開発こそが変化を起こす「鍵」

筆者は、総合鉄鋼メーカーＪＦＥスチール株式会社の人事部門で主にキャリアを歩み、現在は全社の人事制度等を企画する部署で働いている。本稿は、筆者が同社東日本製鉄所の人事課長を務めていた当時、直属の上司や同僚、現場で働く仲間と実践してきた組織開発[1]による「働く文化の変革プロジェクト[2]」をテーマに、筆者が執筆した多摩大学大学院での実践知論文を研究論文の体裁に拘らずリライトしたものである。

筆者は「働くことが人の成長や幸せにつながり、より笑顔になれる社会の実現に貢献する」ことを自身の働く上での志として抱いている。２０１７年４月に着任した製鉄所においても、人事部門として何か前向きな変化を起こして貢献したいとの思いを持ち、当社でも同時期に始まった「働き方改革」には強い期待を寄せた。自らコミットして推進したが、自身が思うような成果を得られず、「大きな変革には、従来のアプローチでは限界があるのではないだろうか」と日々思い悩むようになった。そんな時に偶然出会ったのが、(株)チェンジ・アーティスト代表で、多摩大学大学院の荻阪哲雄教授が提唱する新しい組織開発バインディング・アプローチであった。「製鉄所で進めるべき変革はこれだ！」との思いを定め、筆者は組織開発による変革の実践を決意する。そして、組織開発の参謀として荻阪教授に様々な支援を仰ぎつつ、多摩大学大学院のMBAコースにも通い、イノベーションの起こし方や企業文化論、組織変革実践論などを学びながら上司や同僚、職場管理者とともに2018年4月から草の根的に始めたのが、「働く文化の変革プロジェクト」であった。

組織開発による変革プロジェクトと聞くと、経営や企画部門がトップダウンにより従業員にやらせる活動、もしくは従業員が自発的に現場で実践するボトムアップの活動をイメージされる方も多いかもしれない。本プロジェクトは、そのどちらでもなく、経営が自ら動くトップダウンと、現場の草の根的なリーダーシップによるボトムアップの双方から生まれる変化の力を結束し、目の前の現実を変えてきた変革のストーリーである。

今回舞台となる、我が国の鉄鋼業の製造現場が置かれている状況は非常に厳しく、苦しい。これまで経験をしたことのない内外の急激な環境変化には、組織及び個人が、これまでのアプローチとは一線を画する発想によって果敢に挑戦し、大胆に変革を成し遂げていくことが求められるであろう。

今回実践した「働く文化の変革プロジェクト」は、そうした変化に対応する具体的な変革のモデルケースとなり得るのではないかと思う。その成果物として紡ぎだされた東日本製鉄所の「変革ビジョンストーリー」には鉄鋼業が目指すべき未来の目的地が語られ、その実践のノウハウやイメージを私達に余すことなく提供する。筆者は、新しい組織開発の実践こそが、厳しい環境におかれている鉄鋼業に大きな変化をもたらす「鍵」となると強く思うのである。

プロジェクトには経営トップから現場最前線の若手社員まで、多様なメンバーが参画している。そこには、それぞれの持ち場や立場において、悪戦苦闘しながらも自分自身と向き合い、仕事のやり方や周囲への働きかけ方を変え、自らが変わる挑戦をしてきた生々しくリアルな姿があった。一人ひとりが、目の前の日々の仕事から学ぶことで成長し、変化していくその積み重ねが組織に大きな変化をもたらしたのである。「学びからの成長」を変化の原動力に据えた変革の実践だったのだ。その観点で言えば、今回の実践は、組織及び個人が絶えず学び続けることで新たな「知」を生み出し、世の中に価値を創造して貢献すること、すなわち本書のテーマでもある「終身知創」の取り組みそのものであったとも言えるであろう。

本稿では、まず、プロジェクトの概要について触れ、組織開発の実践技法として採用したバインディング・アプローチについて概説する。

そして、３つの実践事例（現場部門、人事部門、経営層）において、新しい組織開発の実践によってどのような変化が起きたのかを振り返り、考察を加える。最後に、全体を振り返ってその成功要因を探りながら、バインディング・アプローチの実践が組織レベル、個人レベルにおいて何を示唆するのか、組織開発の内部実践者としての筆者の見解を述べていく。そして、なぜ本プロジェクトが鉄鋼業の未来の変革モデルとなり得るのかについて触れることとする。

プロジェクトの概要

2018年4月にプロジェクトを立ち上げた際、製鉄所全体への動き、そしてゆくゆくは全社へ展開するという青写真を描きながらも、まずはパイロット職場を定め、スモールスタートで着実に実績を積み重ねるアプローチを採用した。様々な課題を抱えていた現場部門の保全室と当時筆者が所属した人事部をパイロット職場に選定し、プロジェクトを開始した。一般的に人事部門は組織開発の企画部署であることが多いが、本プロジェクトでは「まず人事部自身から変わる！」ことから始めた新しい組織開発の実践でもあった。

プロジェクト開始から約半年後、徐々に具体的な変化や成果が出始めることになる。そうしたボトムアップの変化の動きが、鉄鋼業の未来に強い危機感を有していた製鉄所トップの製鉄所長（専務執行役員）の目にとまり共感を生む。そして、製鉄所全体において、新しい組織開発によって「働く文化の変革」を進めるという経営トップの決断を導いた。

製鉄所の執行役員5名と理事部長5名の計10名によるトップリーダーチームが組成され、2019年春から東日本製鉄所の未来の姿を示すビジョンづくりがスタートした。そしてトップリーダーチームは、約70時間もの真剣勝負の議論を重ね、２０１９年10月末に、東日本製鉄所で働く約５、０００人が目指す未来の目的地となる「変革ビジョンストーリー」と、それを実現するための「やらない戦略」の原案を策定する。

その後、トップリーダーチームは、従業員との大規模な双方向の対話を始め、社員の声を集めながら、社員参画のもとでのビジョンの策定を開始した。

全社的な構造改革計画の発表や、新型コロナウイルスの影響など、本プロジェクトはその推進に困難な時期を迎えるが、製鉄所のトップリーダーチームがぶれない意志と実行力を示した。そして、東日本製鉄所の「変革ビジョンストーリー」と「やらない戦略」は、２０２０年12月に完成し、以降実践のステージに入ったのである。

２つのパイロット職場で始めた個別部門での組織開発は、その後、製造部門やエネルギー部門にも活動の幅を広げ、現在は4部門で実践されている。

そして、現在、トップダウンとボトムアップが結合した製鉄所の自主自律による「働く文化の変革」の実践が本格的に始まっている。以上が、プロジェクトのこれまでの約３年弱の軌跡である。

2 ビジョン問題「10の壁」とバインディング・アプローチ

本プロジェクトでは、組織開発の技法として、荻阪教授が提唱する新しい組織開発バインディング・アプローチを採用した。[3] 荻阪教授はバインディング・アプローチを次のように定義する。

「企業が目指す未来の目的地へと、組織の結果を変えていく実践手法だ。仕事で役立つ、心を込めた経営の方向性を「創る」「語る」「行う」という「実践の動き」を、相手と束ねて一緒に前へ進めていくメソッドである。この組織開発のビジョン実践手法は、「人間の自発性」を重んじ、「集団の変革エネルギー」を束ねて「組織の結束（バインディング）力」を高め、ビジネスの結果を変えていく」（荻阪 2016、P.247）

また、バインディング・アプローチは組織に存在するビジョン問題「10の壁」を解決するための技法でもあり、実践にあたっては、バインディング・アプローチとビジョン問題「10の壁」の考え方と両者の関係を理解して進めることが求められる。

大切にしたフレームワーク　ビジョン問題「10の壁」

ビジョン問題「10の壁」とは、荻阪教授が提唱するフレームワークで、私達の働く組織の中には、ビジョンを創るステージの構築期に「策定の壁」「確信の壁」「伝達の壁」、語るステージの展開期に「記憶の壁」「仕事の壁」「挑戦の壁」、行うステージの定着期に「基準の壁」「援助の壁」「反省の壁」、各ステージの根底に存在する「信頼の壁」という計10個の壁が存在し、その壁によってリーダーの言葉であるビジョンが浸透していかないとするものである（荻阪２０１５、P.13－50）。

ビジョンとは、組織のリーダーが発する言葉であり、組織を動かしていく目標や実現したい未来、いわば羅針盤的ものと捉えていただくと分かり易いであろう。また、ここでの組織とは、製鉄所のような何千人規模の大組織から、二人だけのチームも含み、大小を問わない。

この「10のビジョン問題群」は循環構造にあり、ビジョンを浸透させていくには、1つひとつ地道にこの壁を超えていかなければならない。図1 企業組織で起こるビジョン問題「10の壁」はその循環構造を表現している。また、企業組織に存在する各壁の内容を表1でまとめた。

「働く文化の変革プロジェクト」を進めるにあたっては、このビジョン問題「10の壁」を変革のフレームワークとして持ち、活動のデザインの指針とした。また、活動開始後の停滞局面などではこのフレームワークに照らして課題を明らかにし、活動を立て直していったのである。

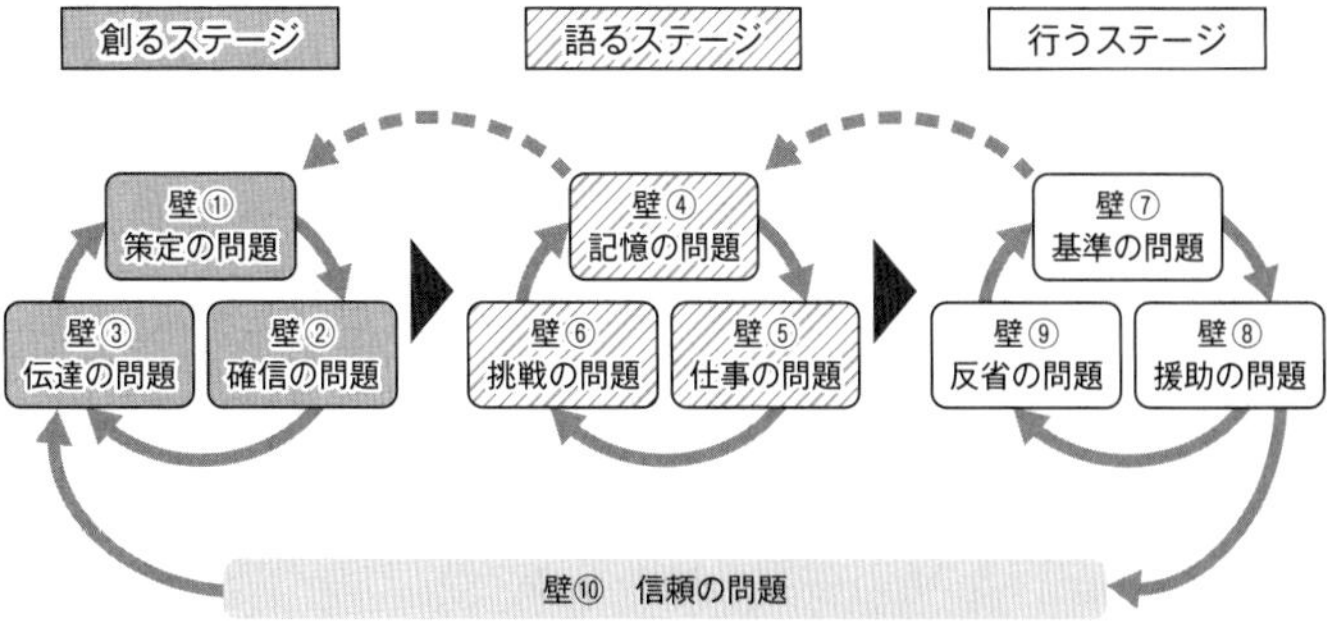

図1　企業組織で起こるビジョン問題「10の壁」
（荻阪 2015, P.45図1を基に作成）

表1　企業組織で起こるビジョン問題「10の壁」
（荻阪 2015, P.13-50から筆者が作成）

	壁と問題	壁の内容
創る	壁① 策定の問題	創ることが目的となり、それを行う人が不在のまま形だけのビジョンを創ってしまう。
	壁② 確信の問題	ビジョンを行う人が見えないなかで、出てきたビジョンが信じられない。
	壁③ 伝達の問題	当事者でない人がビジョンを創り、語り、行動させようとする。
語る	壁④ 記憶の問題	リーダーがビジョンを覚えておらず、届ける人がいない。
	壁⑤ 仕事の問題	ビジョンが日常の仕事と分離してしまっている。
	壁⑥ 挑戦の問題	ビジョンの実践と実際の評価が繋がっておらず、新たな行動・挑戦を止めてしまう。
行う	壁⑦ 基準の問題	ビジョンを仕事を決める優先基準、決断の基準としていない。
	壁⑧ 援助の問題	リーダーが働く現場との「つながり」を疎かにし、支援を行わない。
	壁⑨ 反省の問題	ビジョンの実践に関する総括が組織的に行われず、上司の反省がない。
共通	壁⑩ 信頼の問題	上司と部下の間、部門間で、ものが言えて聞ける「信頼」の関係がない。

新しい組織開発の技法　バインディング・アプローチとは

バインディング・アプローチはビジョン問題「10の壁」を解決するための具体的な組織開発の実践技法である。バインディング・アプローチを実践することで、リーダーの言葉は、ビジョン問題「10の壁」を超えてメンバーに届くことになる。

バインディング・アプローチによる新しい組織開発では、一人ひとりの仕事の可能性を、働く人の「語る言葉」と「学ぶ行動」によって開花させていく実践と、その実践を通して、新たな働く文化を創造することを目指す（荻阪 2016）。そのために、組織の職場結束力をドライビングフォースに据え、次の4つのステップを個人、チーム、組織レベルで継続的に螺旋的に実践していくことを基本的な流れとする（図2）。組織及び個人が成長によって変化を起こしていくことを基本思想として埋め込んでいることが特徴といえる。

①【実践ビジョン】全員が関与し、組織のビジョンを作る
②【やらない戦略】ビジョンを踏まえ、組織のやらないことをきめる
③【7つの役割】互いの役割を認識し、それぞれの強みを生かした支援体制を共有する

④【組織の反省】ビジョンを実務で実践し、その結果をメンバーで内省する

①～④のプロセスには、組織、チームのメンバー全員が原則参画する。このサイクルをメンバー全員で回すことで、トップとボトム、双方が変わっていく力を結束（バインディング）することを目指す。

組織として最初に目指すアウトプットは、「実践ビジョン」と「やらない戦略」の策定となる。「実践ビジョン」とは組織が目指すべき未来の目的地、

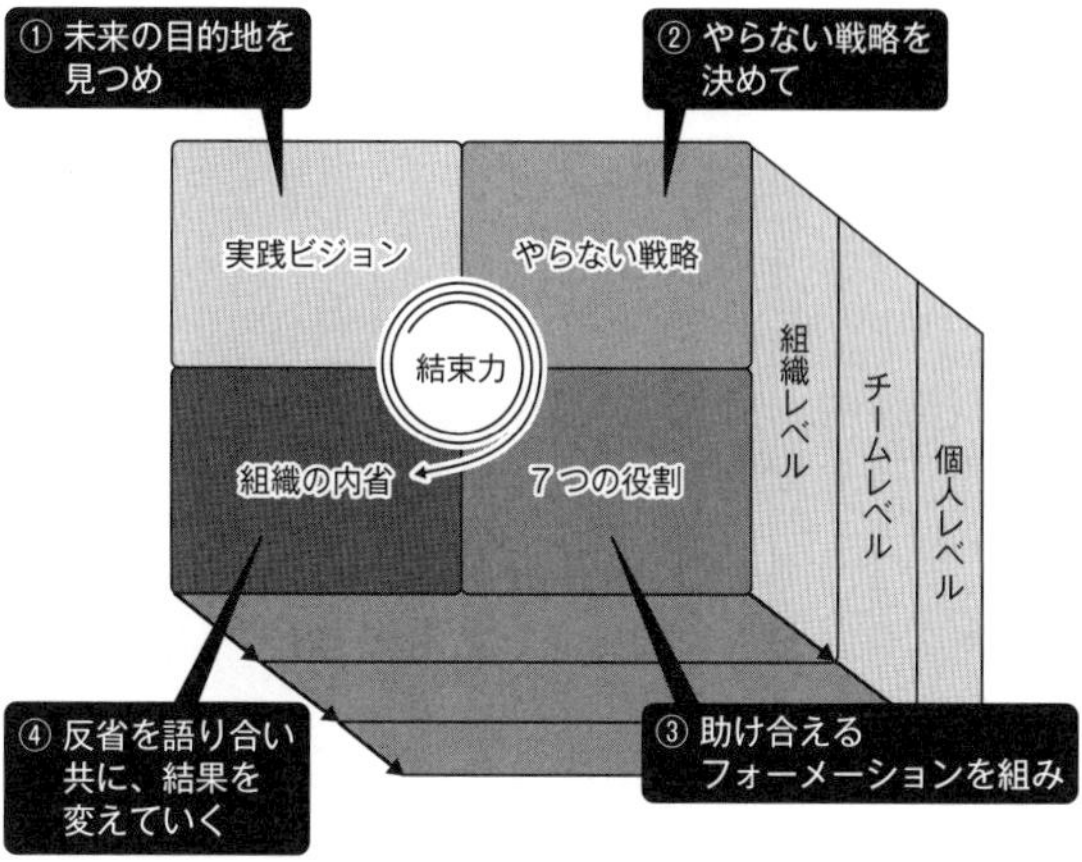
① 未来の目的地を見つめ
② やらない戦略を決めて
実践ビジョン
やらない戦略
結束力
組織の内省
7つの役割
組織レベル
チームレベル
個人レベル
④ 反省を語り合い共に、結果を変えていく
③ 助け合えるフォーメーションを組み

図2　バインディング・アプローチの全体像
（チェンジ・アーティスト社 提供）

いわば組織を船に例えるのであれば、船が行き着く到着地のようなものである。また、「やらない戦略」とは、策定した「実践ビジョン」の実現向けて、やることではなく、逆にやらないことを決めてリソース（人、モノ、時間、金）の投入を最小限にし、最短で成果を上げるための戦略である。「やらないこと」を決めることで逆にやることが浮かびあがってくる。皆が「実践ビジョン」と「やらない戦略」を仕事の判断基準にすることで、一人ひとりが自発的かつ自律的に働いても、組織としてぶれずに全員で目的地に近付くことが可能となる。なお、「実践ビジョン」と「やらない戦略」は「バインディングカード」と呼ばれるカードに記載し、メンバー全員に配布して日々の仕事における優先基準や決断基準とする。

次章以降で述べる3つの実践事例では、次の5つのステップに沿って進められ（図3）、まずは「実践ビジョン」と「やらない戦略」の策定を目指した。

第1ステップ

組織開発に対する理解の促進と個人の内省を深める

第2ステップ

当初メンバー（トップ）によるビジョンと仕事の判断基準（やらない戦略）の案を策

定する

第3ステップ

当初メンバー（トップ）とメンバー（ボトム）が参加して、全員でビジョンと仕事の判断基準（やらない戦略）を決定する（トップ×ボトムの結合）

第4ステップ

策定したビジョンを実践しながら、メンバー間の相互の役割を整理する

第5ステップ

個人の内省と、組織の内省によりビジョンの実践を評価する

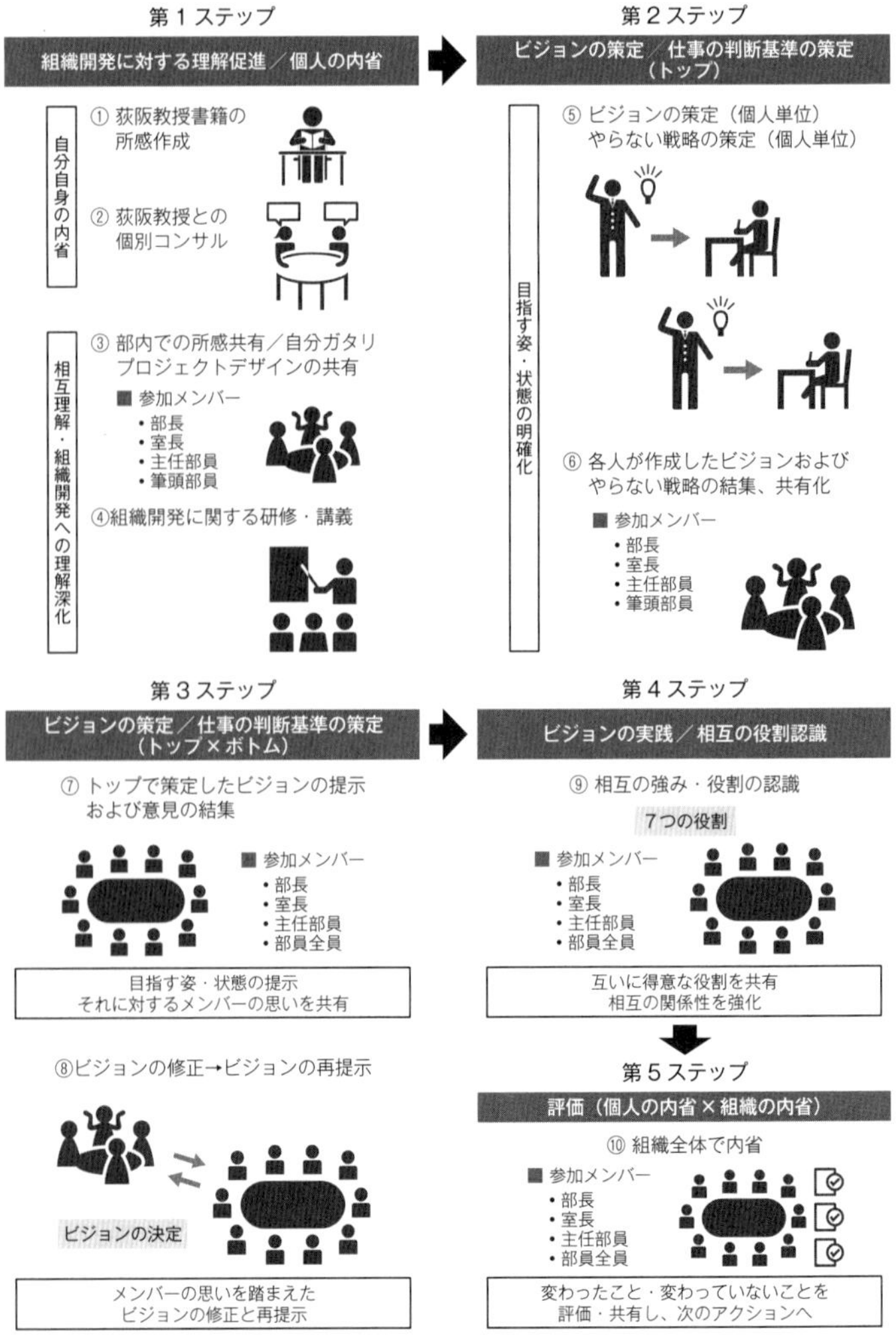
第1ステップ
組織開発に対する理解促進／個人の内省
自分自身の内省
① 荻阪教授書籍の所感作成
② 荻阪教授との個別コンサル
相互理解・組織開発への理解深化
③ 部内での所感共有／自分ガタリプロジェクトデザインの共有
■ 参加メンバー
・部長
・室長
・主任部員
・筆頭部員
④組織開発に関する研修・講義
第2ステップ
ビジョンの策定／仕事の判断基準の策定（トップ）
目指す姿・状態の明確化
⑤ ビジョンの策定（個人単位）やらない戦略の策定（個人単位）
⑥ 各人が作成したビジョンおよびやらない戦略の結集、共有化
■ 参加メンバー
・部長
・室長
・主任部員
・筆頭部員
第3ステップ
ビジョンの策定／仕事の判断基準の策定（トップ×ボトム）
⑦ トップで策定したビジョンの提示および意見の結集
■ 参加メンバー
・部長
・室長
・主任部員
・部員全員
目指す姿・状態の提示
それに対するメンバーの思いを共有
⑧ビジョンの修正→ビジョンの再提示
ビジョンの決定
メンバーの思いを踏まえたビジョンの修正と再提示
第4ステップ
ビジョンの実践／相互の役割認識
⑨ 相互の強み・役割の認識
7つの役割
■ 参加メンバー
・部長
・室長
・主任部員
・部員全員
互いに得意な役割を共有
相互の関係性を強化
第5ステップ
評価（個人の内省×組織の内省）
⑩ 組織全体で内省
■ 参加メンバー
・部長
・室長
・主任部員
・部員全員
変わったこと・変わっていないことを評価・共有し、次のアクションへ

図3　人事部における組織開発の5ステップ

3 実践事例【職場編】現場から変わる組織開発

本項ではパイロット職場として選定した2つの職場、現場部門の保全室と人事部（千葉人事室）の取り組みについて述べていく。まず、当時の職場が抱えていた課題を整理した上で、バインディング・アプローチによる新しい組織開発の実践過程を振り返る。そして、職場及び個人にどのような変化が生まれたのか、そしてその変化の要因は何であったのかをアンケートや関係者のインタビュー等から明らかにしていきたい。

保全室

①何が問題だったのか？

保全室は、主に現業系の社員で組織される室員50名弱の組織で、原料Gr、焼結Gr、高炉Grの3グループから構成され、製鉄所の中核設備である高炉及び原料設備や焼結設備の機械保全業務を担当している（図4）。近年、急激な世代交代により若返りが進んだのが特徴である。

製鉄所の中核設備の保全という高いプレッシャーがかかる職場特性に加え、生産環境の変化による繁忙感の高まりや、世代交代による技能の薄まりを受けた負荷増とトラブルの増加等が重なり、職場及び個人のストレス状態が高まっていた。これまでも、他保全部門からの配置転換による支援や業務フローの改善など、ハードな側面からの様々な改善を試みてきたが、高いストレス状態が継続し抜本的な改善には至っていなかった。

保全室でのプロジェクトを主導したのはT保全室長であるが、後日、プロジェクト開始前の状況を次のように振り返っている。

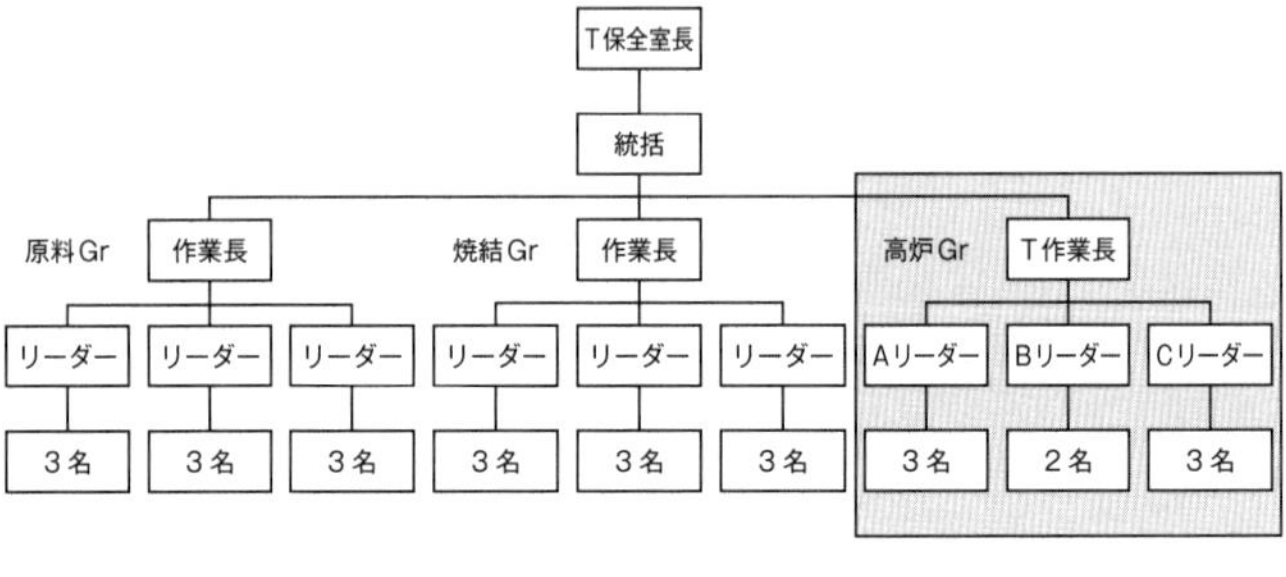

図4　保全室組織図
2018年4月当時

T保全室長

室長就任当時、仕事のやり方を変えたり、人員体制や育成の体制を強化するなど、考えうるハード的な打ち手の全てを尽くしました。その結果、職場環境は改善しはじめ、手ごたえを感じていましたが、そんな矢先に同時発生したのが複数の自己都合退職です。その時の面談で見えたのは、「強いやらされ感が蔓延し、仕事のやりがいや達成感がない」、「仕事をすることが苦しみであり、幸福を感じない」という衝撃的な実態でした。この時、中長期的なありたい姿が室内で共有されていない、そして課題解決に向けて、室員一人ひとりが果たすべき役割と目標が明確になっていない、室員を信頼しお互いに協力しあう風土がないという組織の問題があり、職場の中に働く文化の軸がないということが、根本的な問題であったと考えたのです。

そんな時に、人事から荻阪教授の著作『リーダーの言葉が届かない10の理由』を薦められ、自分の考えを所感に表し、その後先生とのコンサルティングの機会を得ました。その対話や内省を通じて、自分の「同じ思いをもつ同志を育て増やし、世代が変わっても続く職場の文化を創りたい」という思いに気がつきました。ただ、その思いが実現に向かわない理由として考えたのが、

・みんなが真剣になれて、ワクワクするビジョン（未来の目的地）があるか？
・上司が部下へ、自分の思いとともにビジョンを語り、上司が自ら実践する姿を部下へ見せているか？
・ビジョンが各自の頭のなかに常にあり、意思決定の軸になっているか？
・ビジョン実現に向けて相互に協力し、言い訳でない真の反省を、上司からできているか？

という自身への内省でした。

こうしたことは、すべてビジョン問題「10の壁」に通じていたのです。

当時の自分のマネジメントを振り返ってみると、職場を短期間で改善するため正しいと思ったことは速やかに実行に移すということでしたが、結果を急ぐあまり

・部下たちに考えてもらう、語ってもらう機会を奪ってしまっていた
・部下たちの考えに対し「それでは不十分」と突き放していた
・弱みを見せまいと間違いを認めなかった

ということを深く反省しました。

そこで、室員全員が、やりがいを感じて前向きに働けるよう、一人ひとりが役割を自覚し、協力しあう職場文化に変えるべく、バインディング・アプローチによる新しい組織開発に取り組むことを決断したのです。

このようにしてT室長は自身の変革への思いを高め、2018年5月、バインディング・アプローチによる新しい組織開発の実践を保全室で開始した。

②実践の経緯

同室の組織開発は、図3（P.224）の5つのステップに沿って進められ、室長、主任部員2名、統括、作業長3名の計7名の管理職を当初のメンバーとしてスタートした。

第1ステップでは、各人が室長になったつもりで、室の「実践ビジョン」を考えることをテーマに進められた。

第2ステップでは、各人の思いを室の「実践ビジョン」として言葉にしていくことをテーマに進め、ビジョン案を紡ぎだすことを目指した。

そして、第3ステップからは現場のリーダー[4]の9名が参加し、同年11月に室の「実践ビジョン」が、２０１９年1月には「やらない戦略」が完成する。ビジョン策定の場は、管理職である当初メンバーが時間をかけて策定した案に対し、リーダー達が意見を述べる形で進められた。その様子は、真剣勝負そのもので、当初メンバーが打ち出した案に対し、複数のリーダーから「自分たちの思いはそんな綺麗なものではない！」といった厳しい声があがるなど、その姿を大きく変えていった。そしてでき上がったのが次の「実践ビジョン」と「やらない戦略」である。

【実践ビジョン】

「不信がある職場」から、部下を信じて「上司」から変わる

そして、自分達の「将来」を、本気で語り合うチームになる

【やらない戦略】

①組織運営の「やらない戦略」

・過去を責めず、部下からの提案を否定しない

・部下からの相談を放置しない
・上司は、一方的な押しつけの指示をしない
②働き方の「やらない戦略」
・最低月1回は15時以降働かない
・NO呼出しDAYを設定した人を呼び出さない
・帰りにくい雰囲気を作らない
③会議・報告の「やらない戦略」
・1時間以上の会議はやらない
・「決めない会議」をやらない
・「報告の為だけ」の会議をやらない

職場内の不信を素直に全員で認め、その不信を克服するためには上司から変わるということを全面に打ち出すなど、上司・部下双方の決意が伝わってくる内容となった。完成した「実践ビジョン」と「やらない戦略」は、1枚のバインディングカードとして硬質で耐久性の高いカードに印刷され、室員全員に配布された（図5）。

その後、実践の第4ステップに移り、2019年1月に、リーダー以上全員が参加して、助け合う「7つの役割」[5]に照らして各人の強みを相互に言語化していく対話を実施した。そして、相互の強みを踏まえて役割を明確化し、日々の仕事で助け合うフォーメーションを組んでビジョンを実践することを目指した。

2019年3月には第5ステップとして、リーダー以上全員が参加しての反省の場を開催した。「実践ビジョン」と「やらない戦略」に対しての自分自身の行動を振り返り、うま

やらない戦略

1	組織運営のやらない戦略	•過去を責めず、部下からの提案を否定しない •部下からの相談を放置しない •上司は、一方的な押しつけの指示をしない
2	働き方のやらない戦略	•最低月1回は15時以降働かない •NO呼出しDAYを設定した人を呼び出さない •帰りにくい雰囲気を作らない
3	会議・報告のやらない戦略	•1時間以上の会議はやらない •「決めない会議」をやらない •「報告の為だけ」の会議をやらない

図5　室員全員に配布されたバインディングカード

くいったこと、うまくいかなかったことを自ら語り合う。そして、自身及び組織の内省を促し、次の改善点と打ち手を当事者間で決定したのである。こうしてプロジェクト開始から約1年でサイクルは一巡したのであった。

第5ステップ終了時に、高炉Grのリーダーからメンバー全員が腹決めした「実践ビジョン」と「やらない戦略」を策定し、実務に直結させたいという声があがる。T作業長がその動きを後押しし、結果、高炉Grではメンバー全員が参加して、3つのリーダーグループ単位それぞれで「実践ビジョン」相当の「グループの目標」と「やらない戦略」を策定した。そして、グループ間の助け合いが必

表2　高炉Gr「グループの目標」と「助け合うルール」

高炉Gr「グループの目標」	
Aリーダー Gr	仲間を信じて助け合い、千葉地区で1番会話の多いグループになる！
Bリーダー Gr	問題をグループ間のコミュニケーションで共有し、抱え込まず助け合って仕事をしよう!!
Cリーダー Gr	一人ひとりが設備を理解し、突発トラブル“0”!! プライベート時間を充実

高炉Gr「助け合うルール」	
―「1人の抱え込み」から「皆で解決へ」―	
ルール①「判断」	他のグループで大変な状態を見たら、まず、リーダーと、メンバーでバインディングカードから、判断し合う
ルール②「報告」	他のグループを『助けよう！』と、リーダーとメンバーで決めたら、リーダーは、作業長へその意思を伝えて動く
ルール③「相談」	上司、先輩は、メンバーの話を、真剣に聴き、部下は、自分で15分、考えて、わからないこと（SOS）を聞く

要という議論に至り、高炉Grの「助け合うルール」もあわせて策定することになる。

この、リーダー達が自発的に策定したメンバー全員参加の「グループの目標」と「やらない戦略」、そして「助け合うルール」は、後に高炉Grの働く文化を変える決定的な役割を果たすことになる（表2）。

③どのような変化が生まれたのか？

T室長がプロジェクト開始時に課題としてあげたのは、「中長期的な課題（ありたい姿）が室内で共有されていない」「一人ひとりが果たすべき役割と目標が明確になっていない」「信頼し、お互いに協力しあう風土がない」「職場の中に働く文化の軸がない」といったことであった。そうした課題を解決するために、「室員全員がやりがいを感じ、前向きに働けるよう、一人ひとりが役割を自覚し、協力しあう職場文化に変えていきたい」ということを目指した。では、T室長の言葉、思いは届いたのであろうか？　組織開発の実践により、同室ではどのような変化が現れたのかを見ていきたい。

(1) 職場や個人にどのような変化が生まれたのか?

表3は「自分に関すること」「上司に関すること」「職場に関すること」の切り口で、2018年4月以前と比較して実際にどのような変化を感じているのかを質問したアンケート結果である。2019年2月にリーダー以上を対象にしたものと、2019年11月に室員全員を対象とした回答結果を比較し示している。調査対象の差はあるものの、「上司に関すること」、「職場に関すること」に関し、すべての設問においてより肯定的な結果を示しており、前向きな変化が現れたことが分かる。

表3　組織開発による変化の実感（室全体）

2018年4月以前と現在を比べて変わったことについて、最も当てはまるもの1つを選んでください。
【1：以前からそう感じる　2：当てはまる　3：やや当てはまる　4：あまり当てはまらない　5：当てはまらない】

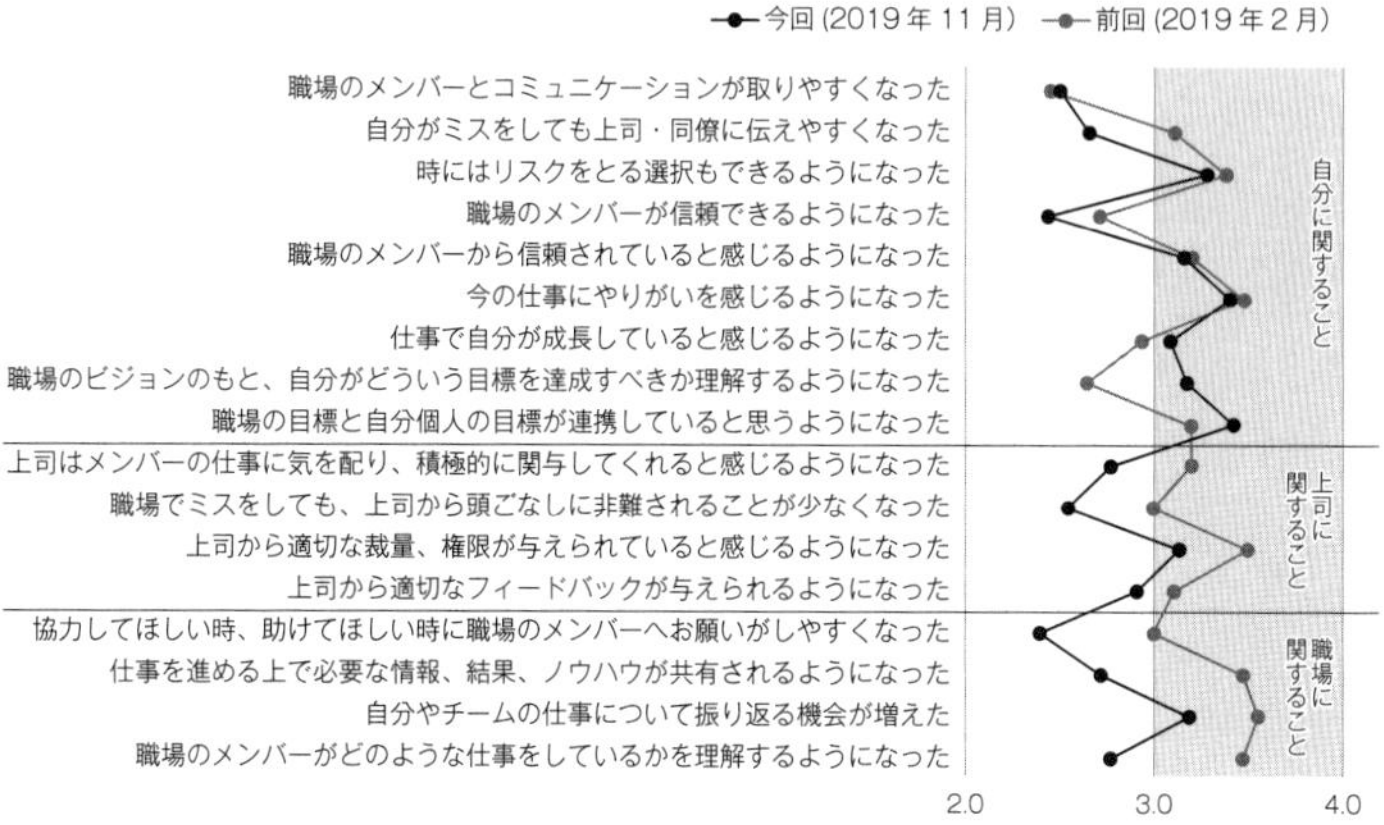
今回（2019年11月）
前回（2019年2月）
職場のメンバーとコミュニケーションが取りやすくなった
自分がミスをしても上司・同僚に伝えやすくなった
時にはリスクをとる選択もできるようになった
職場のメンバーが信頼できるようになった
職場のメンバーから信頼されていると感じるようになった
今の仕事にやりがいを感じるようになった
仕事で自分が成長していると感じるようになった
職場のビジョンのもと、自分がどういう目標を達成すべきか理解するようになった
職場の目標と自分個人の目標が連携していると思うようになった
上司はメンバーの仕事に気を配り、積極的に関与してくれると感じるようになった
職場でミスをしても、上司から頭ごなしに非難されることが少なくなった
上司から適切な裁量、権限が与えられていると感じるようになった
上司から適切なフィードバックが与えられるようになった
協力してほしい時、助けてほしい時に職場のメンバーへお願いがしやすくなった
仕事を進める上で必要な情報、結果、ノウハウが共有されるようになった
自分やチームの仕事について振り返る機会が増えた
職場のメンバーがどのような仕事をしているかを理解するようになった
自分に関すること
上司に関すること
職場に関すること
2.0
3.0
4.0

また、筆者はリーダー以上全員を対象にインタビューを実施した（2019年10月実施）。これまでは、上司が指示命令をして部下が黙々とそれに従うという一方通行の仕事のスタイルであったものが、上司が部下を気にかけて双方向のコミュニケーションをとりながら、職場全体で支援をしていくという仕事のスタイルへ変化し、それに伴って室内の雰囲気も良くなっているとの印象を強く受けたのである。これまで多くの改善施策が試みられたにも関わらず前向きな変化を起こすことができなかった職場が、短期間でこうも変わるのかという驚きと、組織開発の手応えを語られる言葉から強く感じたのであった。

また、例年実施しているストレスチェックでは組織開発実践以降、健康リスク総合値が職場全体で約15％も低下し全国平均を下回った。ピーク時の2015年頃と比較すると約3割減の水準となる。同数値は「仕事の量的荷重と仕事のコントロール」と「職場の支援」を健康リスクの変数とするが、とりわけ「職場の支援」の数値が改善したのが特徴であった。この結果からも、周囲からの支援が得られる助け合える職場へと変化したことがみえてくる。

表4は、荻阪教授が監修する「職場のバラバラ度」チェックリスト（荻阪 2011、P.3）

の結果で、職場の結束力の変化を捉える1つの指標となる。「実践ビジョン」と「やらない戦略」を策定した直後の2019年2月と、それから実践のステージに移行した2019年11月に実施した。室全体、管理職、非管理職ともに、黄信号の職場（該当数6～9）から、青信号（該当数0～5）の職場にバラバラ度が大幅に減少しており、ここからバラバラな職場から結束力のある職場へ変化している様子が伺える。

(2) 何が変化の違いを生んだのか？

ただ、こうした変化は、全てのグループで同じように起きていたわけではなかった。同じ技法で、同じタイミングで、同じように展開したのだが、そこで起きた変化はグループ間で大き

表4　組織診断「職場のバラバラ度チェック」結果
※評価の目安…0～5：青信号／6～9：黄信号／10～：赤信号（結束力弱）

「職場のバラバラ度」チェック
真剣になれて、ワクワクする　職場のビジョンがない
働く職場の、意思決定のブレが多い
働く職場で、前向きなことを、考える時間がない
働く職場で、安心して、ものが言えない雰囲気がある
働く職場で、メンバーのやっていることを把握できていない
上司の打ち出した方向性を、メンバーが信頼していない
上司は、部下の話に耳を傾けている余裕がない
上司は、部下の悩みを聞くが、解決する動きに繋げない
ビジョン達成に向けて、メンバー間で、助け合わない
メンバー同士で「支え合う役割」がハッキリしていない
アイデアを出した人に、仕事が割り振られてしまう
自分の職場では、業績や結果を向上させる提案が少ない
問題を「見ない」「聞かない」「言わない」病になっている
互いの行動に関心を持たず、無反応であることが多い
仕事ができる人ほど、さっさと辞めていく

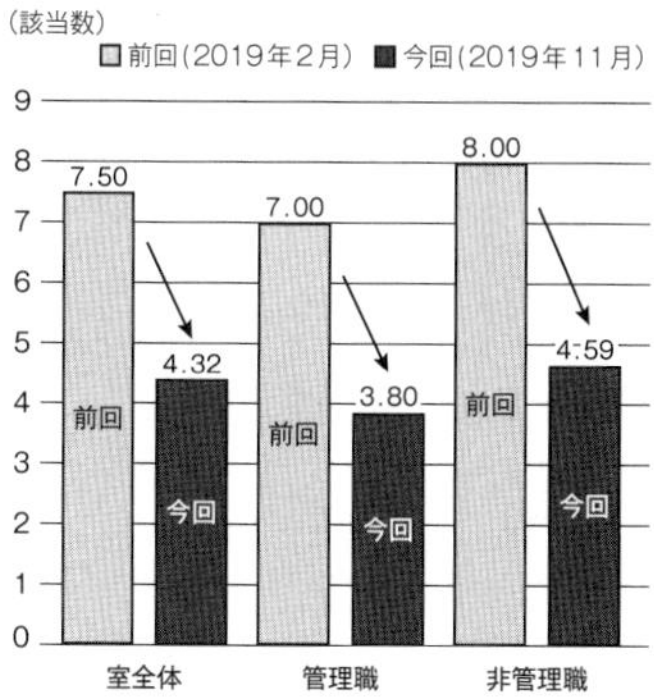

く異なったのである。

表5は、2019年11月時点でのグループ毎の変化の実感を比較したものである。高炉Grが他グループに対し、とりわけ「上司に関すること」「職場に関すること」ですべての設問に対して、大幅に肯定的な回答を示していることがわかる。この変化の差が何によって生じたのかを探ることで、バインディング・アプローチで結果を出すための鍵が見えてくる。

⑶変化の差は何から生まれたのか？

ビジョン策定から1年後に実施したビジョン浸透に関するアンケート調査によれば（表6）、室の「実践ビジョン」に対しては、理解と共感を示しつつも、上司・本人にともに仕事の判断基準として行動できていないことが明らかとなった。2018年11月に管理職とリーダー層が思いを込めた策定したビジョンは、室員には残念ながら深く浸透していなかったのである。そこにグループ間の大きな傾向差は見られなかった。

一方で、グループのビジョンとなる「グループの目標」を全員で策定した高炉Grでは、「グループの目標」が広く浸透し、上司・部下共に仕事の行動や判断の基準となっているこ

表5 組織開発による変化の実感（グループ毎）

2018年4月以前と現在を比べて変わったことについて、最も当てはまるもの1つを選んでください。
【1：以前からそう感じる 2：当てはまる 3：やや当てはまる 4：あまり当てはまらない 5：当てはまらない】

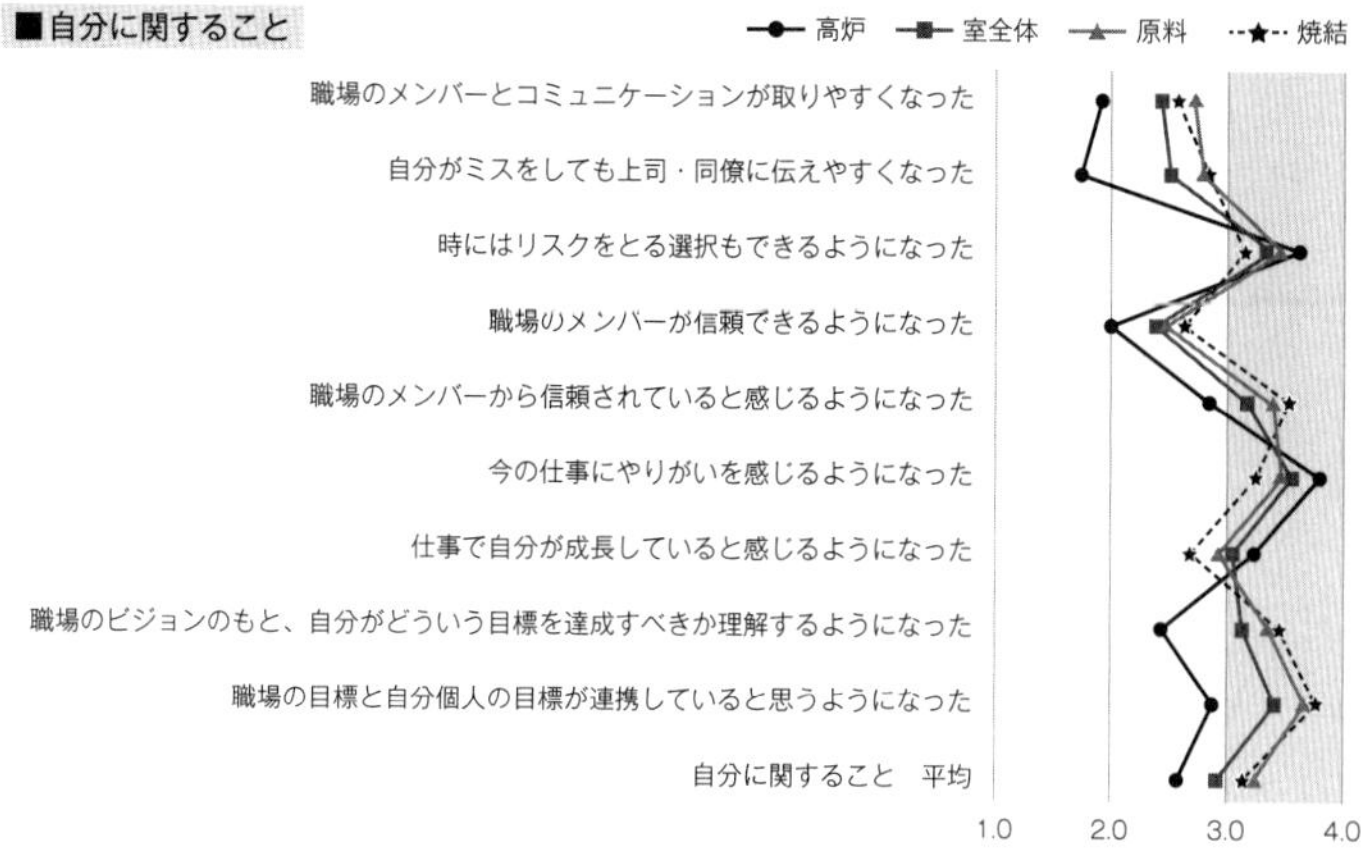
■自分に関すること
高炉
室全体
原料
焼結
職場のメンバーとコミュニケーションが取りやすくなった
自分がミスをしても上司・同僚に伝えやすくなった
時にはリスクをとる選択もできるようになった
職場のメンバーが信頼できるようになった
職場のメンバーから信頼されていると感じるようになった
今の仕事にやりがいを感じるようになった
仕事で自分が成長していると感じるようになった
職場のビジョンのもと、自分がどういう目標を達成すべきか理解するようになった
職場の目標と自分個人の目標が連携していると思うようになった
自分に関すること 平均
1.0
2.0
3.0
4.0

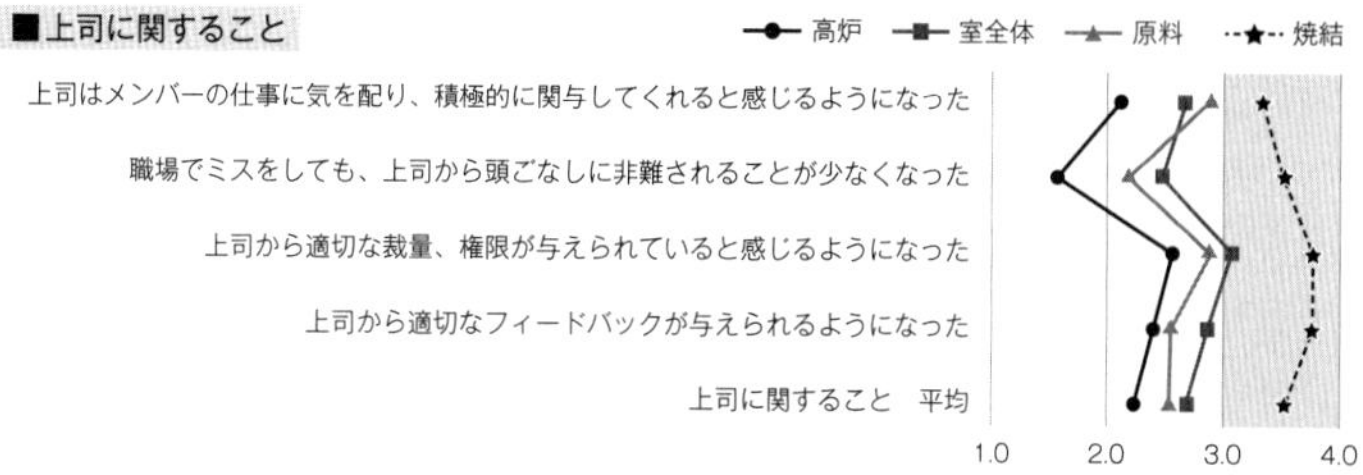
■上司に関すること
高炉
室全体
原料
焼結
上司はメンバーの仕事に気を配り、積極的に関与してくれると感じるようになった
職場でミスをしても、上司から頭ごなしに非難されることが少なくなった
上司から適切な裁量、権限が与えられていると感じるようになった
上司から適切なフィードバックが与えられるようになった
上司に関すること 平均
1.0
2.0
3.0
4.0

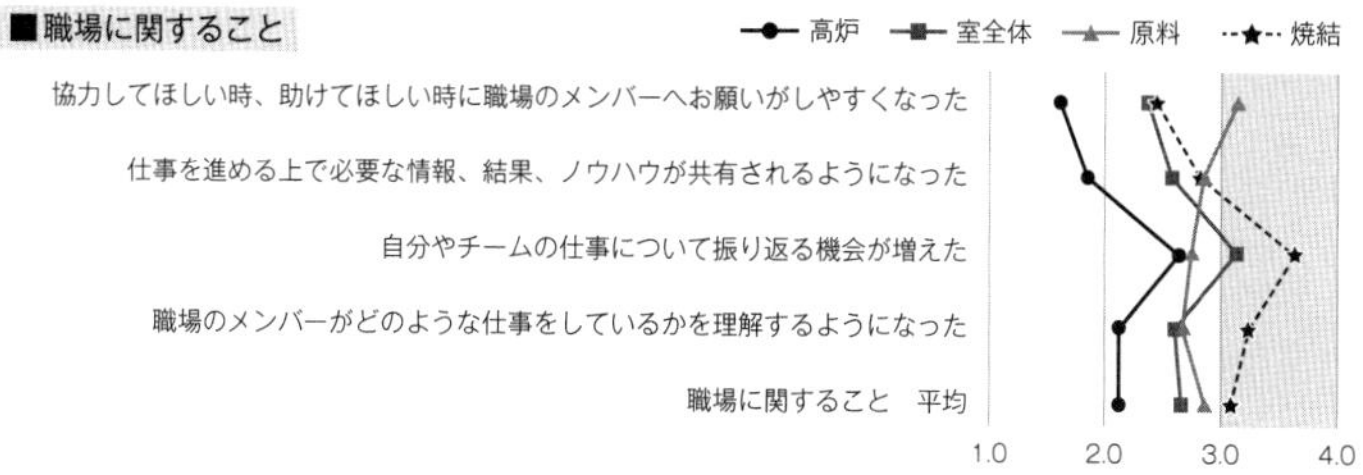
■職場に関すること
高炉
室全体
原料
焼結
協力してほしい時、助けてほしい時に職場のメンバーへお願いがしやすくなった
仕事を進める上で必要な情報、結果、ノウハウが共有されるようになった
自分やチームの仕事について振り返る機会が増えた
職場のメンバーがどのような仕事をしているかを理解するようになった
職場に関すること 平均
1.0
2.0
3.0
4.0

とが顕著に表れたのである。ここから、筆者は高炉Grでは「グループの目標」が広く浸透したことが、職場・個人に前向きな変化を生んだ大きな要因なのではないかと考えた。

(4) ビジョン問題「10の壁」を超えることができたのか？

そこで、プロジェクトで大切にしているビジョン問題「10の壁」のフレームに照らして考察を加えた。すると、ビジョンそのものが「10の壁」を乗り越えていけたかどうかが、室の「実践ビジョン」と高炉Grの「グループの目標」の浸透度の差の1つの要因となり、その浸透度の差が結果的に、「上司に関すること」「職場に関すること」についての前向きな変化の差を生んだことが見えてきたのである。

表6　ビジョンの浸透度（グループ別）

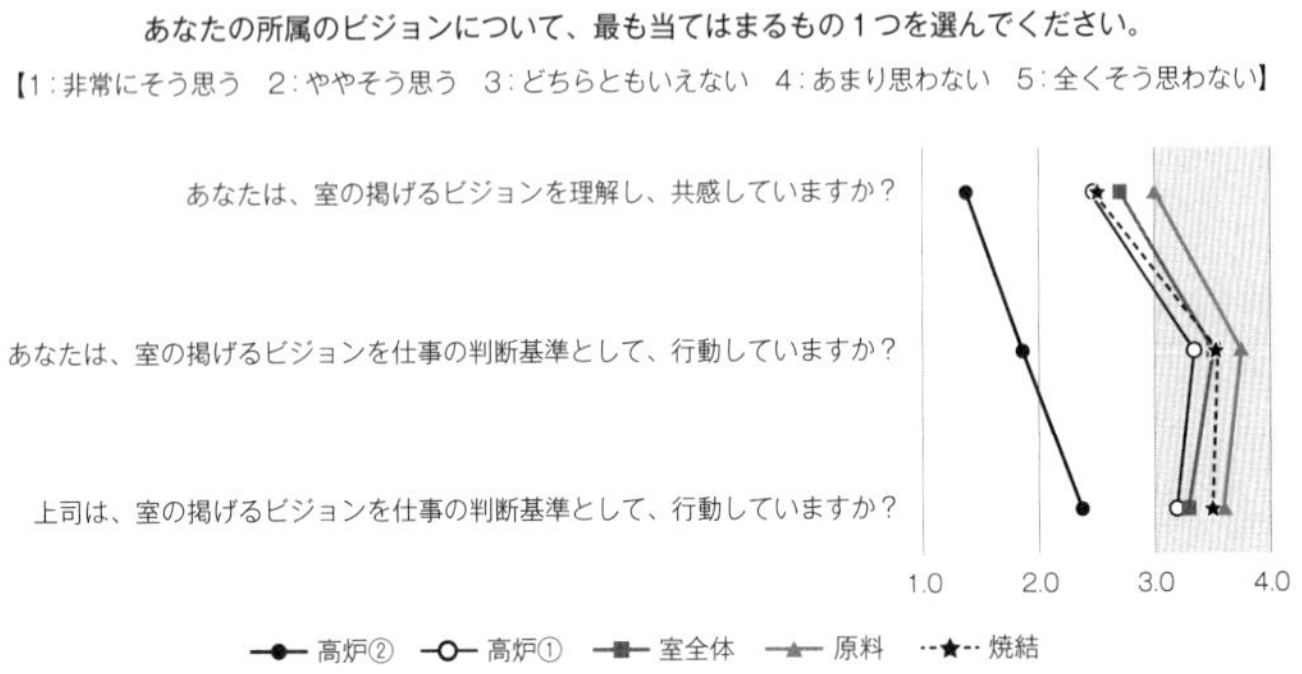

あなたの所属のビジョンについて、最も当てはまるもの１つを選んでください。

【1：非常にそう思う　2：ややそう思う　3：どちらともいえない　4：あまり思わない　5：全くそう思わない】

あなたは、室の掲げるビジョンを理解し、共感していますか？

あなたは、室の掲げるビジョンを仕事の判断基準として、行動していますか？

上司は、室の掲げるビジョンを仕事の判断基準として、行動していますか？
1.0
2.0
3.0
4.0
高炉②
高炉①
室全体
原料
焼結

高炉①は室のビジョンに対して、高炉②はグループの目標に対しての回答（以下同様）

表7は、グループ毎に、室の「実践ビジョン」の状況を、ビジョン問題「10の壁」に関する3つのステージ、すなわち「創るステージ（策定、確信、伝達の問題）」、「語るステージ（記憶、仕事、挑戦の問題）」、「行うステージ（基準、支援、反省の問題）」、と「信頼」を設問項目にして、室員にアンケートを実施したもので、表8は、それをステージ毎にまとめたものである。

高炉Grに関しては、室の「実践ビジョン」に対する回答（高炉①）と、「グループの目標」に対する回答（高炉②）の結果を示している。

表7　ビジョン問題「10の壁」に対する項目別意識調査（グループ別）

あなたの所属のビジョンについて、最も当てはまるもの1つを選んでください。

【1：非常にそう思う　2：ややそう思う　3：どちらともいえない　4：あまり思わない　5：全くそう思わない】

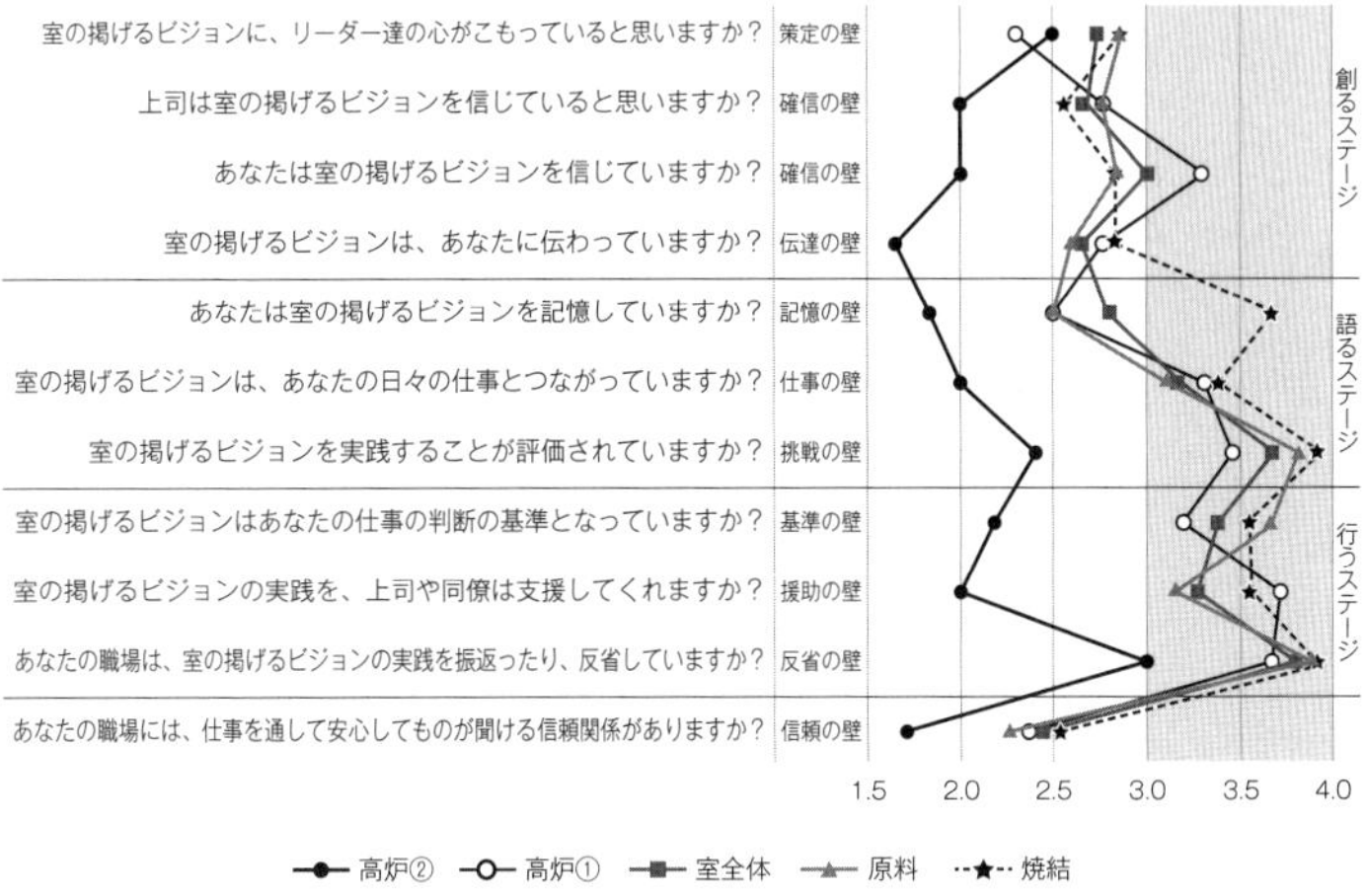
室の掲げるビジョンに、リーダー達の心がこもっていると思いますか？　策定の壁
上司は室の掲げるビジョンを信じていると思いますか？　確信の壁
あなたは室の掲げるビジョンを信じていますか？　確信の壁
室の掲げるビジョンは、あなたに伝わっていますか？　伝達の壁
あなたは室の掲げるビジョンを記憶していますか？　記憶の壁
室の掲げるビジョンは、あなたの日々の仕事とつながっていますか？　仕事の壁
室の掲げるビジョンを実践することが評価されていますか？　挑戦の壁
室の掲げるビジョンはあなたの仕事の判断の基準となっていますか？　基準の壁
室の掲げるビジョンの実践を、上司や同僚は支援してくれますか？　援助の壁
あなたの職場は、室の掲げるビジョンの実践を振返ったり、反省していますか？　反省の壁
あなたの職場には、仕事を通して安心してものが聞ける信頼関係がありますか？　信頼の壁
創るステージ
語るステージ
行うステージ
1.5　2.0　2.5　3.0　3.5　4.0
高炉②　高炉①　室全体　原料　焼結

室の「実践ビジョン」は、すべてのグループにおいて、「語るステージ」以降否定的な回答傾向（3.0以上）を示している（表8）。特に「仕事の壁：室の掲げるビジョンは、あなたの日々の仕事とつながっていますか？」以降で否定的な回答を示し、室の「実践ビジョン」が「仕事の壁」を超えられていない様子が分かる（表7）。

一方、高炉Grでは、「グループの目標」は「反省の壁」を除く全ての設問で肯定的な回答を示しており、他とは明らかに異なる波形を示している。つまり、「創るステージ」、「語るステージ」「行うステージ」、「信頼」に存在する「壁」を超え、「グループの目標」がメンバーに届いていった様子が伺えるのである。

表8　ビジョン問題「10の壁」に対するステージ別意識調査（グループ別）

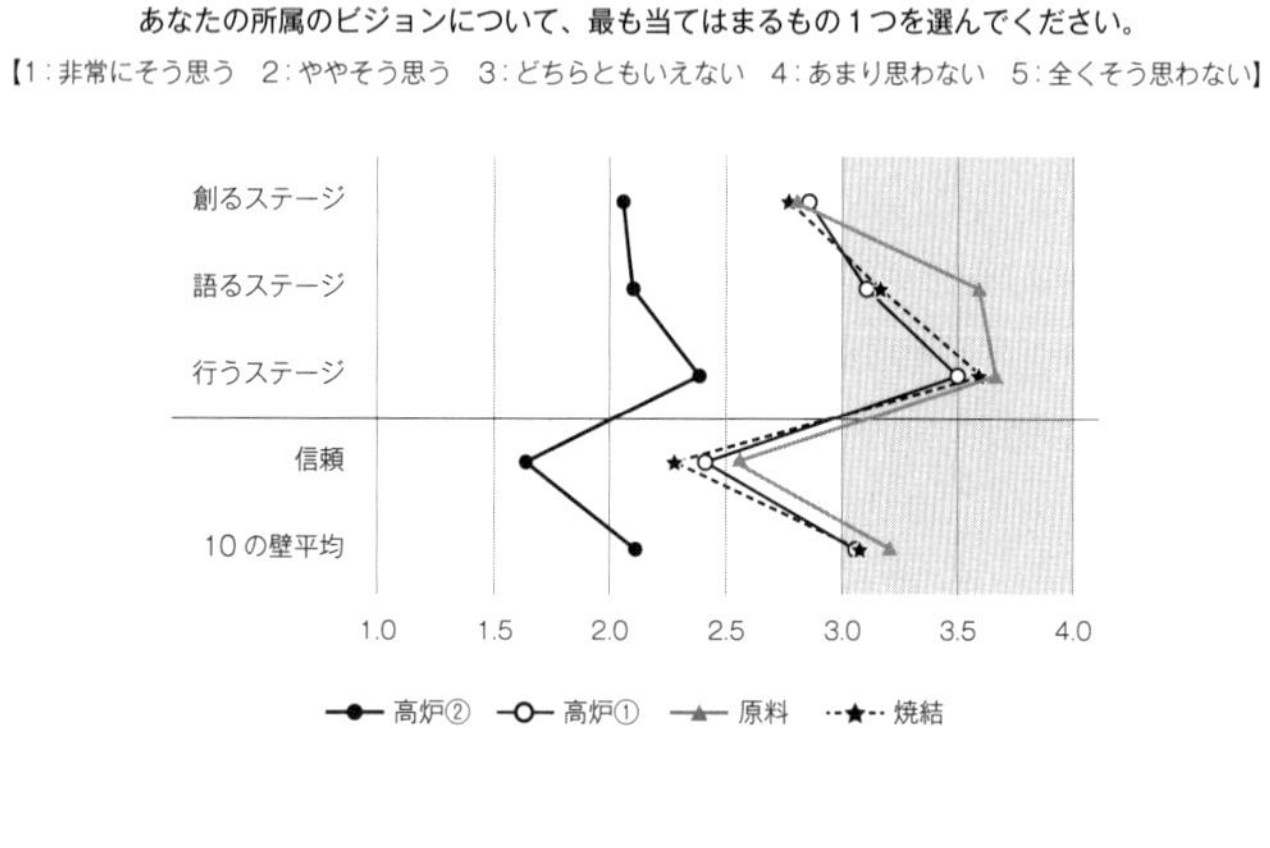
あなたの所属のビジョンについて、最も当てはまるもの1つを選んでください。
【1：非常にそう思う　2：ややそう思う　3：どちらともいえない　4：あまり思わない　5：全くそう思わない】
創るステージ
語るステージ
行うステージ
信頼
10の壁平均
1.0
1.5
2.0
2.5
3.0
3.5
4.0
高炉②
高炉①
原料
焼結

ここから、バインディング・アプローチで変化の結果を導くには、その実践においてビジョン問題「10の壁」をいかにして超えていけるかが鍵となっていたことが実際に見えてきたのである。

④ビジョン問題「10の壁」を超えるための考察

そこで、高炉Grにおいて、どのようにビジョン問題「10の壁」を超えていったのかを各ステージ毎に検証してみたところ、バインディング・アプローチによる組織開発を効果的に進めるためのヒントが明らかとなってきた。

なお、本稿では詳細には触れないが、２０１９年10月に各グループの作業長、リーダー全員に対し、組織開発に取り組んで1年半が経過した時点での振り返りのインタビューを行い、以下ではその内容に適宜触れている。高炉GrのT作業長とAリーダーのインタビューを本稿の最後に掲載した。それを読んでいただけると、当時のリアルな実践の雰囲気を感じていただけるものと思う。

「創るステージ」

階層別（管理職、リーダー、一般）に室のビジョンに対する意識をみると、表9で示す通り、大きな傾向差がみてとれる。特にメンバー構成の過半数以上を占める一般層では、創るステージから否定的な回答となっており、入り口の段階から室の「実践ビジョン」を信じず、伝わっていない様子が分かる。実際、室の「実践ビジョン」策定において、一般層は策定プロセスに参加せず、完成した室の「実践ビジョン」を上司から伝えられたのみであった。原料グループ、焼結グループの上司である作業長・リーダーに対するインタビューでは、自身が熱心にビジョンを部下に語りかけること及び実践することを積極的にしなかったと語っていた。一般層においては、室の「実践ビジョン」が「創るステージ」のとりわけ「確信の壁」「伝達の壁」を

表9　ビジョン問題「10の壁」に対するステージ別意識調査（階層別）

あなたの所属のビジョンについて、最も当てはまるもの1つを選んでください。

【1：非常にそう思う　2：ややそう思う　3：どちらともいえない　4：あまり思わない　5：全くそう思わない】

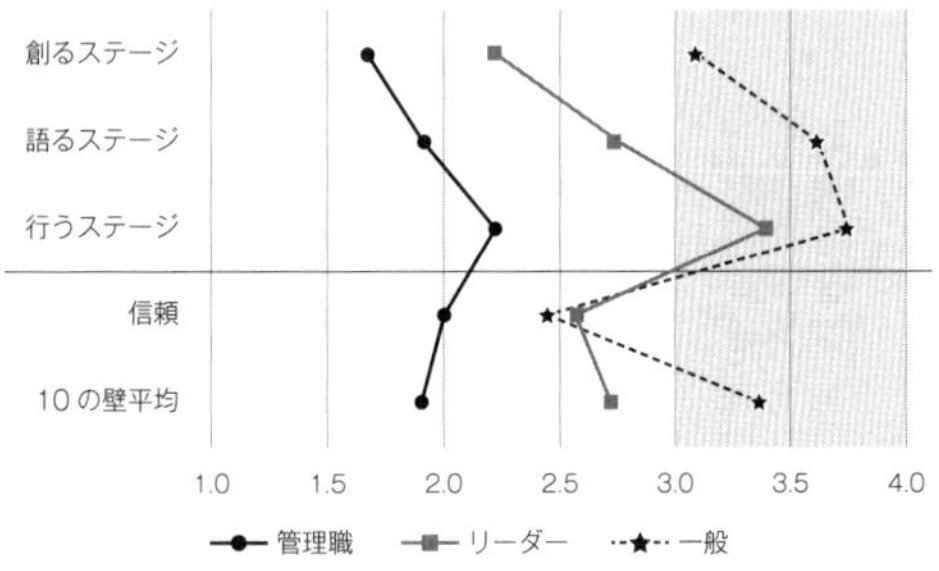

超えられずに、その後の「語るステージ」に移行できなかったのだ。

一方で、高炉Grでは、表８（P.２４２）で示すように「グループ目標」に対してすべてのステージで肯定的な回答を示している。その策定プロセスにおいてリーダーと一般層が最初から共に作り上げていったことが、「グループ目標」に対する理解と共感を生み、腹決めしながら「確信の壁」「伝達の壁」を超え、次の「語るステージ」に入れた要因となったと考えられる。T作業長は、リーダー達が「グループの目標」を自発的につくろうとした理由を「ビジョンにある不信の有無を判断するのは、リーダーだけではなくて、室のビジョンづくりに参加していないメンバーだと思ったのでしょう。だから、彼らをビジョンづくりに巻き込まないとメンバーの不信はなくならないと考え、自発的な行動を起こしたのだと思う」と述べた。また、Bリーダーは「ビジョンを作ろうと思ったら最前線のメンバーの意見まで取り入れないとダメだと思うんです。そうしないと行動の判断基準にならない」と語っている。

以上から、**（バインディング・アプローチにおいて）「創るステージ」を超えていくためにメンバー全員が策定プロセスに参加して、腹決めしたビジョンを策定することが必要**であることが分かるのである。

「語るステージ」

表10が示すように、室の「実践ビジョン」に対し、リーダー層では、「仕事の壁：室の掲げるビジョンは、あなたの日々の仕事とつながっていますか？」で急激に回答が落ち込み、「挑戦の壁：室の掲げるビジョンを実践することが評価されていますか？」から否定的な回答となっている。一般層についても、同様の傾向を示している。一方で、管理職に目を向けると、若干悪化はするものの、肯定的な回答となっており、両者の「仕事の壁」「挑戦の壁」の間に大きな認識の差があった。

ビジョンの浸透度を階層毎に示した表11が示すように、リーダー層は「上司は、室

表10　ビジョン問題「10の壁」に対する項目別意識調査（階層別）

あなたの所属のビジョンについて、最も当てはまるもの1つを選んでください。
【1：非常にそう思う　2：ややそう思う　3：どちらともいえない　4：あまり思わない　5：全くそう思わない】

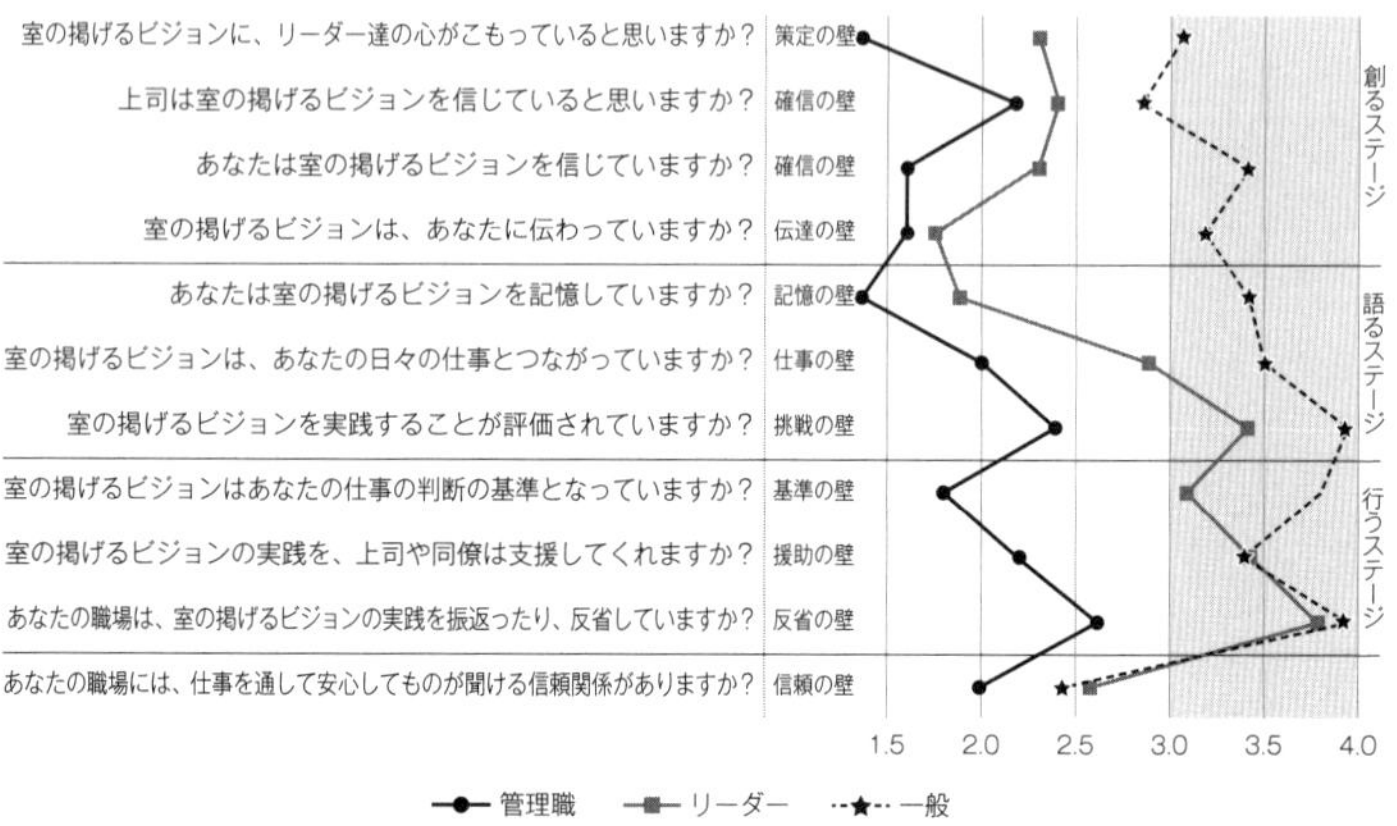

室の掲げるビジョンに、リーダー達の心がこもっていると思いますか？
策定の壁
上司は室の掲げるビジョンを信じていると思いますか？
確信の壁
あなたは室の掲げるビジョンを信じていますか？
確信の壁
室の掲げるビジョンは、あなたに伝わっていますか？
伝達の壁
あなたは室の掲げるビジョンを記憶していますか？
記憶の壁
室の掲げるビジョンは、あなたの日々の仕事とつながっていますか？
仕事の壁
室の掲げるビジョンを実践することが評価されていますか？
挑戦の壁
室の掲げるビジョンはあなたの仕事の判断の基準となっていますか？
基準の壁
室の掲げるビジョンの実践を、上司や同僚は支援してくれますか？
援助の壁
あなたの職場は、室の掲げるビジョンの実践を振返ったり、反省していますか？
反省の壁
あなたの職場には、仕事を通して安心してものが聞ける信頼関係がありますか？
信頼の壁
創るステージ
語るステージ
行うステージ
1.5
2.0
2.5
3.0
3.5
4.0
管理職
リーダー
一般

の掲げるビジョンを仕事の判断基準として、行動していますか？」に対して否定的な回答を示している。このことからも、上司である管理職が「仕事の壁」を超えられていない様子が伺える。また、一般層から見ても同様の認識であり、その上司である「管理職」「リーダー」が「仕事の壁」を超えられていない様子が見て取れる。

一方で、高炉Grでは「グループの目標」に対して、それぞれリーダー層、一般層ともに肯定的に評価し（表11）、上司が「仕事の壁」を超えている様子が伺える。

高炉Grでは、T作業長はインタビューで、T室長が本気で室を変えていこうと「実践ビジョン」を率先垂範していく姿に刺激を受け、自身もバイン

表11　ビジョンの浸透度（階層別）

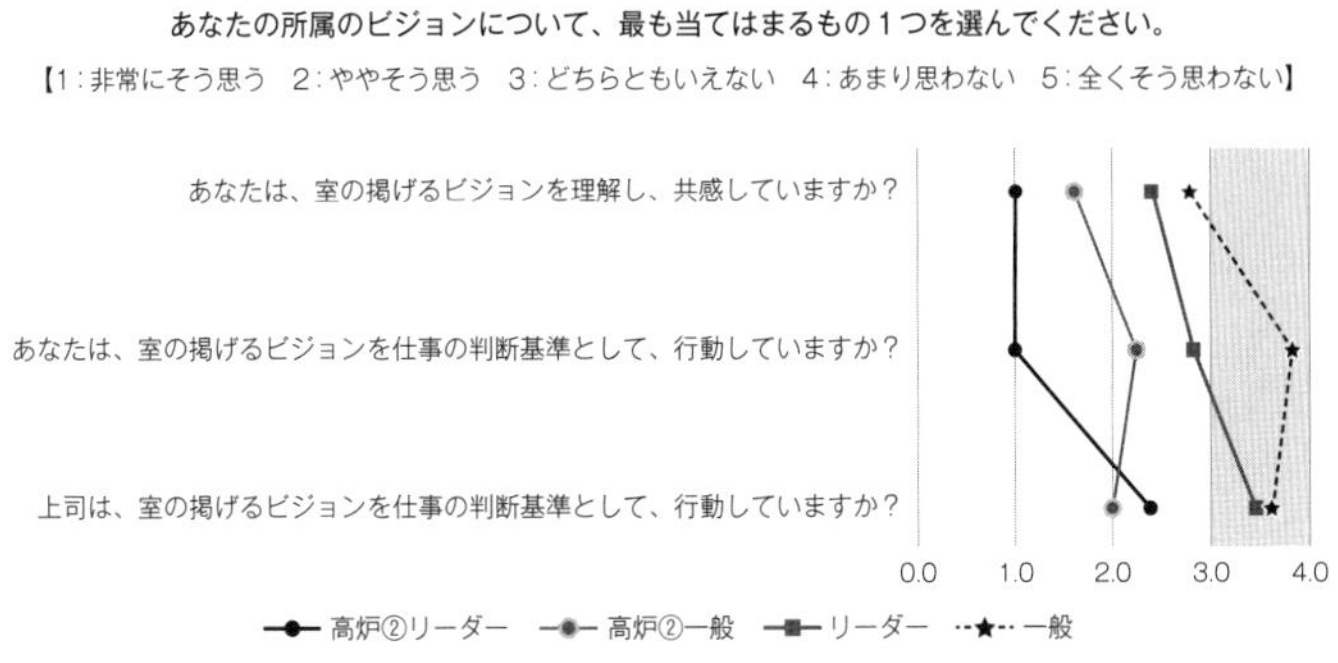
あなたの所属のビジョンについて、最も当てはまるもの１つを選んでください。

【1：非常にそう思う　2：ややそう思う　3：どちらともいえない　4：あまり思わない　5：全くそう思わない】

あなたは、室の掲げるビジョンを理解し、共感していますか？

あなたは、室の掲げるビジョンを仕事の判断基準として、行動していますか？

上司は、室の掲げるビジョンを仕事の判断基準として、行動していますか？
0.0
1.0
2.0
3.0
4.0
高炉②リーダー
高炉②一般
リーダー
一般

高炉②は「グループの目標」に対しての回答、それ以外は室の「実践ビジョン」に対する回答

ディングカードを基準にして仕事のやり方を試行錯誤し、内省と葛藤を繰り返しながらも大きく変えていった様子を語った（実録インタビュー①参照）。また、インタビューでは、リーダー全員がT作業長の変化を認め、ビジョンに沿った仕事のやり方に変化していったと発言していたのである。

リーダー自身も、こうした上司の変化に影響を受けながら、自発的に「グループの目標」と「やらない戦略」そして「助け合うルール」を策定し、それらを判断の基準にして、自身の仕事のやり方、部下の仕事のさせ方を変えていった。

一般層から見たときの上司であるリーダー自身が「仕事の壁」を超えたのであった。Aリーダーが、T作業長の葛藤する姿を自身に重ねて内省して自らを変えていった姿は印象的であった（実録インタビュー②参照）。

T作業長がリーダーシップを発揮して、自身が変化しながら仕事のやり方とさせ方を変えた。そしてリーダー達もリーダーシップを発揮して部下とともに全員が腹決めできる「グループの目標」を自発的に策定し「語るステージ」を超えていった。上司が後姿を見せることで、リーダーシップの連鎖が起きたと言えるであろう。

以上から、**「語るステージ」を超えていくためには、上司自身がビジョンを仕事の判断基準として率先して行動する背中を見せ、リーダーシップの連鎖を起こしながら部下全員を巻き込んでいくことが必要であったといえよう。**

「行うステージ」

行うステージでは、表８（P.２４２）が示すように室の「実践ビジョン」は、前段階の「創るステージ」「語るステージ」からさらに否定的な回答への落ち込みが大きくなっている。ビジョン問題「10の壁」が循環構造になっていることを踏まえれば、前の「語るステージ」を超えられていないことで、悪化につながっている様子が伺える。ここから、職場において室の実践ビジョンが、各人の仕事の判断の基準とならず、上司や同僚がそれを支えず、職場全体で内省できていない姿が見えてくるのである。

一方で、高炉Grでは、「グループの目標」に対して、前のステージと比較して若干悪化傾向にはあるものの、依然として肯定的な回答を示している。特に、リーダーに関しては、表11（P.２４７）で示すように、「あなたは、室の掲げるビジョン（グループの目標）を仕事の判断基準として、行動していますか?」に対して全員が「非常にそう思う」と回答し、実践している様子が伺える。インタビューでは、各リーダーは自身のみならず、職場全体が「グループの目標」を判断基準として行動し、お互いの支え合いや助け合いが生まれていることに言及した。BリーダーとCリーダーは次のように語っている。

Bリーダー:
「グループの目標」と「やらない戦略」、そして「助け合うルール」を策定してから、大きな変化があったと思います。グループ間の仕事の会話がとても増えました。何かあったときに、みんなで話し合って、上司の指示がなくてもグループ間で自発的に助け合う動きができるようになりました。自分のところで精一杯で助け合いどころではないという姿勢から、みんなで協力してやっていこうという雰囲気に変わった。劇的な変化だと思います。

Cリーダー:
「助け合うルール」は台風15号(2019年9月)が来た時に効果を発揮しました。自グループの担当設備は他グループより被害が大きく、「助け合うルール」を発動しました。すると、被害の少ないグループが支援の手を差し伸べてくれ、想定以上のスピードで復旧作業を終えることができたんです。高炉Gr一丸となって助け合って台風に勝ったという感じでした。それまで高炉Grは、互いに助け合う雰囲気ではなかったのですが、いまでは躊躇せずに、「困っている、助けて欲しい」と言えます。

なぜ、このように「グループの目標」や「助け合うルール」が有効に機能したのであろうか。筆者は2つの要因があると考えている。

1つは、「援助の壁」を乗り越えていく行動を、高炉Grの「助け合うルール」として、分かり易くルール化したことである。インタビューでも同室の当時の課題として「不信感がある」「協力し合えない」「人間関係がバラバラ」「コミュニケーション不足」等、援助に関する課題を上げる声が多くあがったが、「助け合う」という行為の励行が明確に宣言され、日々、「グループの目標」や「助け合うルール」を通常の仕事の中で実践していくことで、自然と「援助の壁」の問題が解決されていったのではないかと考える。

もう1つの要因として、「グループの目標」や「助け合うルール」に基づいて行動することが評価されるということをメンバー内で共有し、意思統一が図られたことを挙げたい。そこには「基準の壁」の問題を超えるための実践があった。その実践の1つとして2019年7月に、組織開発を実践しているメンバーが会社から表彰されたことを紹介する。表彰は高炉Gr全メンバー集合の場で、各リーダーから「グループの目標」と「やらない戦略」が完成披露された後に、同席した筆者が人事部長の代理としてサプライズで実施した。表彰を実施することで、組織開発の実践が評価されることを会社として明確に示したのである。はにかみながらも、表彰を受けるメンバーの笑顔が印象的であった。

以上から、「行うステージ」を超えていくにあたっては、策定したビジョンを各人の仕事の判断基準とし、その実践が励行され、上司や同僚がそれを支援をすることが求められる。そして、ビジョンの実践が評価されることを組織として明確に示し、皆がその共通認識を持つことが必要であったと言えるであろう。

表彰された保全室メンバーの様子

【まとめ】

組織開発の実践により、室全体でみると組織及び個人の前向きな変化が生まれた。ストレスチェックの結果はピーク時から約3割改善するなど、室全体がバラバラな職場から助け合える職場へと変化した。バインディング・アプローチは同室において有効に機能し、成果を上げたと言えるであろう。

しかし、その変化にはグループ毎に大きな差が生まれていた。その差は、ビジョンが「10の壁」を超えて本当にメンバーに届いたかどうかにあったのだ。変化が顕著であった高炉Grにおいて、それらの壁をどのように超えたのかを見ることで、各ステージにおいて大切にすべきことが明らかになったのである。ビジョン問題「10の壁」を超えることで、これまでの助け合えない職場から、助け合える職場に大きく変化していった。また、メンバーに目を向ければ、高炉Grを中心に、室長、作業長、リーダー達が、内省をしながら自ら変化し、自身の言葉を確実にメンバーに届けた。そして、上司が仕事のさせ方を変えて、部下の仕事のやり方が変わることで、働く文化が変わったのである。トップダウンとボトムアップの変化する力が結合し、組織に大きな変化を生んだストーリーがそこにはあった。

高炉Grにおいてはじまった「グループの目標」と「助け合いのルール」の策定は、その後、他のグループにも広がっている。高炉Grの劇的な変化に刺激を受けた他のリーダー達から自分たちもメンバー全員で腹決めした「グループの目標」を策定したいとの声があがり、現在実践を進めている。ここでもリーダーシップの連鎖が確実に起きはじめているのである。

人事部（千葉人事室）

次に2つめのパイロット職場である人事部での実践の状況を見てみたい。

①何が問題だったのか？

人事部内にある千葉人事室は、製鉄所の現業系社員の人事業務全般を所管する部署で、室員20名弱の若手の多い職場である。

過去からの働き方の文化を連綿と引き継ぎ、伝統的な労使慣行に基づくルールを踏襲し、製鉄所の現場を管理していくという思考様式に基づいた仕事の進め方をしていた。概して現場との距離は遠かったのではないかと思う。

S人事部長は、プロジェクト開始前の状況を次のように振り返る。

S人事部長

人事部門には、組織の拡大で個人の把握が難しくなり、また現場の課題が複雑化している近年の急激な環境変化に対して、従来の制度や慣行に縛られ仕事の仕方を変えらずに十分に対応しきれなくなっていたという課題がありました。過去は、経営と人事部門の信頼関係があって経営支援的なサポートができていたかもしれませんが、現状は必ずしもそうなれていませんでした。人事部門が会社に対して価値を提供できず、社員からの信頼を失い、このままでは人事はいらないと言われてしまうという強烈な危機感を抱いていました。また、若い人事スタッフに目を向けると、言われたことだけをして、つまらなさそうに仕事をしていた。何とかしてあげたいと思っていました。

そんな時に読んだのが荻阪教授の論稿「日本型『人材開発』進化論」です。ビジョンづくりで経営を支え、そしてビジョンの実践で社員を支える人事部門にシフトし、いわば社員参謀機能を有していくべきであるということが提唱されていた。これこそが今後の人事部門が目指す方向性だと強く思いました。特に職場に寄り添って一緒に課題を解決していく姿に共感したのです。会社、そして職場を変えていくために、私の権限の範囲の中で組織開発の実践を開始することを決断しましたこうした問題意識のもと人事部における、バインディング・アプローチによる新しい組織開発の実践がスタートした。組織開発の実践によって、仕事の仕方や中身を、会社及び社員にとってより価値のあるものに変えながら、メンバーが働く魅力や働き気がいが感じられるようにしていきたいという部門のトップの思いからスタートしたのが人事部のプロジェクトであった。[6]

② 実践の経緯

人事部の組織開発は、部長と筆者を含む3名の室長、主任部員2名、部員1名の7名を当初メンバーとして、2018年4月からスタートした。

第1ステップでは、前述した保全室での進め方と同様に、各人が人事部長になったつもりで、部の「実践ビジョン」を考えることをテーマに進められた。

第2ステップでは、各人の思いを部の「実践ビジョン」として言葉にしていくことをテーマに、当初メンバー7名の実践ビジョン案を紡ぎだすことを目指した。

そして、第3ステップから千葉人事室のメンバー全員が参加し、同年10月に部の「実践ビジョン」と「やらない戦略」が完成する。

ビジョンづくりの対話の場では、当初メンバーの「実践ビジョン」案を全員が評価し、各人が感じる思いやその理由等を表明した。若手社員が上司達の案を率直に判定し、「なぜ共感できるのか、できないのか」といった理由を述べ、それに対して上司達が自身のビジョンに込めた思いを語っていく場面を印象的に記憶している。上司と部下双方の対話の場を複数回設けることで、相互理解を進め、衆智を集めながら、メンバー全員が腹決めした「実践ビジョン」と「やらない戦略」となっていった。

そしてでき上がったのが次の「実践ビジョン」と「やらない戦略」である。

【実践ビジョン】

社員の幸せを実現するために、

私たち人事部は、「減点主義」から「挑戦主義」に新ため[7]

社員の挑戦を支える人事に変わる。

【やらない戦略】

①着想の「やらない戦略」

・前例にとらわれず人の考えを否定しない
・現場、当事者の声を聞かずに判断しない
・挑戦に向かって、仕事を抱え込まず、抱え込ませない
②マネジメントの「やらない戦略」
・新たな挑戦を止めず、挑戦による失敗をとがめない
・短期的な収益を追いすぎない
・仕事に適正年次を設けない
③人事施策の「やらない戦略」
・自ら挑戦しない、人材育成を行わない人は評価・採用しない
・全職場、全社員一律の施策に拘らない
・問題解決を職場に任せきりにしない

自分たち人事部門の存在意義を「社員の幸せの実現」にあると定義し、「挑戦主義」に評価思想をシフトし、その社員の挑戦を支える部門に変化していくという思いを込めた「実践ビジョン」となった。また、やならない戦略で言えば、例えば「問題解決を職場に任せきり

にしない」とするなど、従来感じられていた現場との距離感を縮めていくという意志が表現されている。

完成した「実践ビジョン」と「やらない戦略」は、1枚のバインディングカードとして硬質で耐久性の高いカードに印刷し、部員全員に配布された（図6）。

図6　完成した人事部のバインディングカード

その後、ビジョンを実践する第4ステップに移り、2019年1月に、メンバー全員が参加して、助け合う「7つの役割」に照らして各人の強みを相互に言語化していく対話を実施した。そして、相互の強みを踏まえて役割を明確化し、日々の仕事で助け合うフォーメーションを組んでビジョンを実践することを目指した。

２０１９年３月には、第５ステップとして、メンバー全員が参加しての反省の場を開催した。策定した「実践ビジョン」と「やらない戦略」に対する自身の行動を振り返り、うまくいったこと、うまくいかなかったことを自ら語り合うことで、自身及び組織の内省を促して、次の改善点や打ち手を当事者間で決定した。こうしてプロジェクト開始後１年間で、バインディング・アプローチのサイクルは一巡した。

その後、部の「実践ビジョン」と「やらない戦略」をどうすれば実現できるのかを各人が考え自発的に挑戦するチャレンジラボが複数立ち上がる。このチャレンジラボの立ち上げと実践が、組織と個人の行動の変化に大きな役割を果たすことになった。

③どのような変化が生まれたのか？

Ｓ人事部長がプロジェクト開始時に課題としてあげたのは、「人事部門が会社に対して価値を提供できず、社員からの信頼を失いかけていたこと」と「若い人事のスタッフに目を向けると、言われたことだけをして、つまらなさそうに仕事をしていて、何とかしてあげたい」ということであった。

また、室のメンバーはプロジェクト開始前の職場の課題を次のように述べている。

> A：自分の仕事は自分でやりきらないといけない雰囲気。強い責任感を求められ、助けを求めにくい雰囲気があった。
> B：役割分担が明確で一人でやり切らなければならないという風土。経験豊富なベテランの能力が最大発揮されていない。
> C：個々が孤立している職場。上司、先輩に委縮してモノを言えない雰囲気があった。お互いに助け合わないで、自分でやり切るのが当たり前の雰囲気。会話も少なかったと思う。
> D：仕事が縦割りで、やり切る文化。困っていても、一人で進めなければならなかった。前例踏襲主義にとらわれ過ぎていた。
> E：「やり切る文化」。助けを求めてはいけないという感じで、やり切った人が評価されるという感じがして新入社員時はきつかった。

ここから、見えてくるのは、一人でやり切る文化や、互いに助け合うことができないといった職場課題である。

では、組織開発の実践によって、トップの思いは職場に届いたのであろうか。また、インタビューで語られた職場の課題は解決していったのであろうか。

職場や個人の変化に加えて、仕事の仕方や中身がどう具体的に変わっていったのかという切り口を加えて、変化を振り返っていく。

(1)職場や個人にどのような変化が生まれたのか？

表12は２０１８年４月以前と比較して「自分に関すること」「上司に関すること」「職場に関すること」の切り口で、実際にどのような変化を感じているのかを質問し

表12　組織開発による変化の実感（室全体）

2018 年 4 月以前と現在を比べて変わったことについて、最も当てはまるもの 1 つを選んでください。
【1：以前からそう感じる　2：当てはまる　3：やや当てはまる　4：あまり当てはまらない　5：当てはまらない】

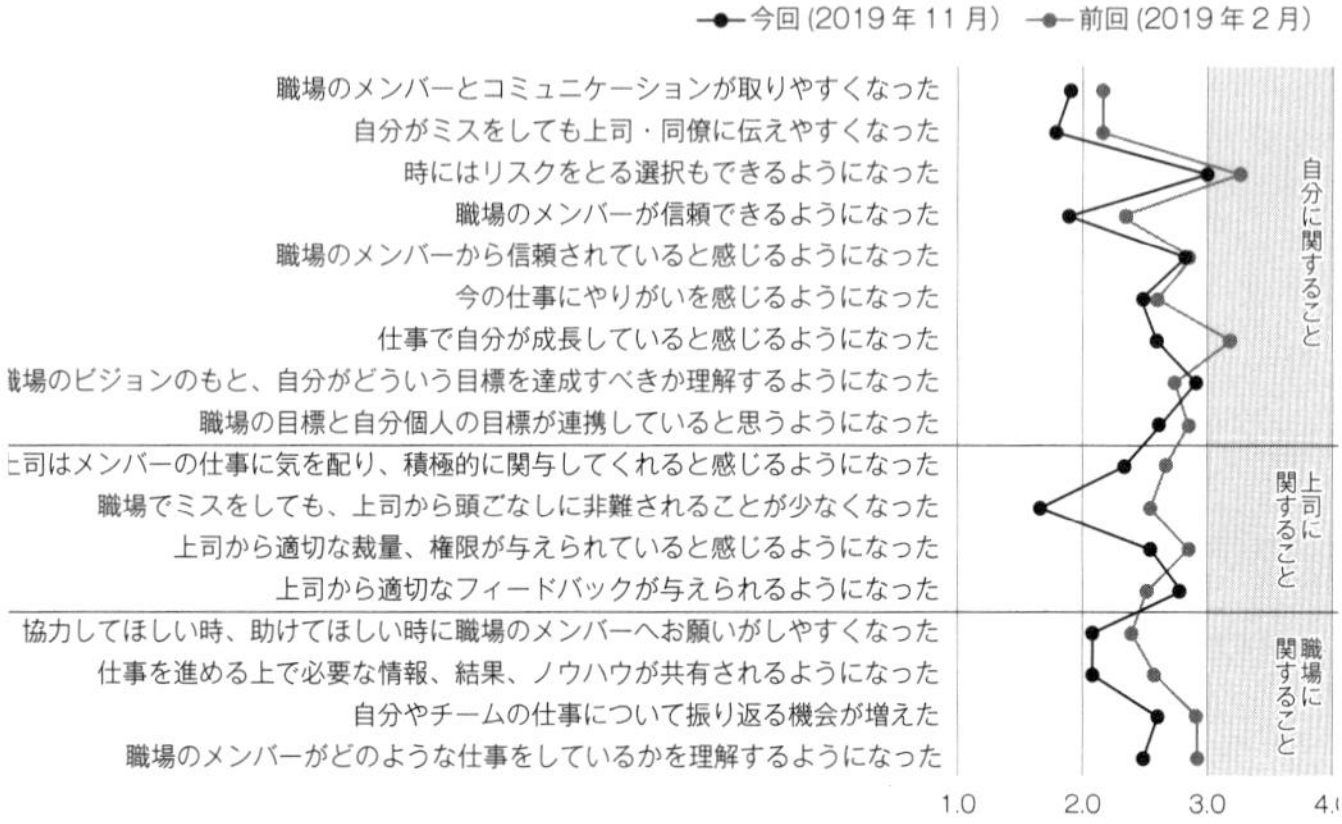

今回 (2019 年 11 月)
前回 (2019 年 2 月)
職場のメンバーとコミュニケーションが取りやすくなった
自分がミスをしても上司・同僚に伝えやすくなった
時にはリスクをとる選択もできるようになった
職場のメンバーが信頼できるようになった
職場のメンバーから信頼されていると感じるようになった
今の仕事にやりがいを感じるようになった
仕事で自分が成長していると感じるようになった
職場のビジョンのもと、自分がどういう目標を達成すべきか理解するようになった
職場の目標と自分個人の目標が連携していると思うようになった
上司はメンバーの仕事に気を配り、積極的に関与してくれると感じるようになった
職場でミスをしても、上司から頭ごなしに非難されることが少なくなった
上司から適切な裁量、権限が与えられていると感じるようになった
上司から適切なフィードバックが与えられるようになった
協力してほしい時、助けてほしい時に職場のメンバーへお願いがしやすくなった
仕事を進める上で必要な情報、結果、ノウハウが共有されるようになった
自分やチームの仕事について振り返る機会が増えた
職場のメンバーがどのような仕事をしているかを理解するようになった
自分に関すること
上司に関すること
職場に関すること
1.0
2.0
3.0

たアンケート結果となる。ビジョン策定直後の2019年2月時も全般的に肯定的な回答を示しているが、策定から約1年が経過した2019年11月時は更に肯定的な回答が増加した。特に、「上司に関すること」、「職場に関すること」の変化が顕著であった。

こうしたデータを裏付けたのが、ビジョン策定から1年後の2019年11月に、筆者が2年以上在籍するメンバーに対して実施したインタビューであった。メンバーは組織開発の実践により職場にどのような変化が起きたのかを次のように語っており、前向きな助け合える職場への変化を実感している様子が伝わってくる。

室長としての筆者の肌感覚でも、室内のコミュニケーションが従来以上に活性化し、助け合う職場に日々変化していく様子を強く感じていたのであるが、それを確信する内容であった。

A：お互いに助け合う職場になってきたと思う。グループ毎の垣根がなくなってきた感じがするし、互いに話がしやすくなったと思う。

B：皆で考えて、助け合おうという気持ちが芽生えてきたと思う。チャレンジラボでも誰かがリーダーシップをとってくれる感じ。仕事の壁が下がって室の雰囲気が変わってきたと思う。

C：若い人は現場にどんどん行くようになっているし、問題に親身に対応されている。室の雰囲気も明るくなって、皆さん大きな声で会話をするようになったと思う。変化が、上司から部下、先輩から後輩へと段々と大きくなって連鎖していく感じがする。

D：雰囲気が明るくなって、お互いに話がしやすくなった。仕事の仕方も、お互いに意見を出し合うようになった。

E：チャレンジラボができてから、チームを組んで仕事をするようになったと思う。誰もがリーダーシップを発揮して活躍できる環境になってきた。

また、表13は2019年11月に実施した「職場のバラバラ度」チェックリスト（荻阪2011）の評価結果を示し、2018年10月の結果と比較し図表に示している。ここからも、室全体、管理職、非管理職ともに前回の黄信号の職場（該当数6〜9）から、青信号

（該当数0～5）の職場にバラバラ度が減少しており、ここから結束力のある職場へ変化している様子が伺えるのである。

(2)ビジョンは浸透したのか

それでは、実際に仕事の仕方やその中身は変わっていったのであろうか？　表14はビジョンの浸透度を2019年2月と11月に実施したアンケートから測ったものである。

すべての項目に対して肯定的な回答を示しており、部の「実践ビジョン」が浸透し、実際の行動に結びついている様子が伺える。「仕事の判断基準として行動しているか」の設問に対して、上司と本人との間に差があるのが特徴で、上司が率先してビジョンを実践している様子が

表13　組織診断「職場のバラバラ度チェック」結果
※評価の目安…0～5：青信号／6～9：黄信号／10～：赤信号（結束力弱）

「職場のバラバラ度」チェック
真剣になれて、ワクワクする　職場のビジョンがない
働く職場の、意思決定のブレが多い
働く職場で、前向きなことを、考える時間がない
働く職場で、安心して、ものが言えない雰囲気がある
働く職場で、メンバーのやっていることを把握できていない
上司の打ち出した方向性を、メンバーが信頼していない
上司は、部下の話に耳を傾けている余裕がない
上司は、部下の悩みを聞くが、解決する動きに繋げない
ビジョン達成に向けて、メンバー間で、助け合わない
メンバー同士で「支え合う役割」がハッキリしていない
アイデアを出した人に、仕事が割り振られてしまう
自分の職場では、業績や結果を向上させる提案が少ない
問題を「見ない」「聞かない」「言わない」病になっている
互いの行動に関心を持たず、無反応であることが多い
仕事ができる人ほど、さっさと辞めていく

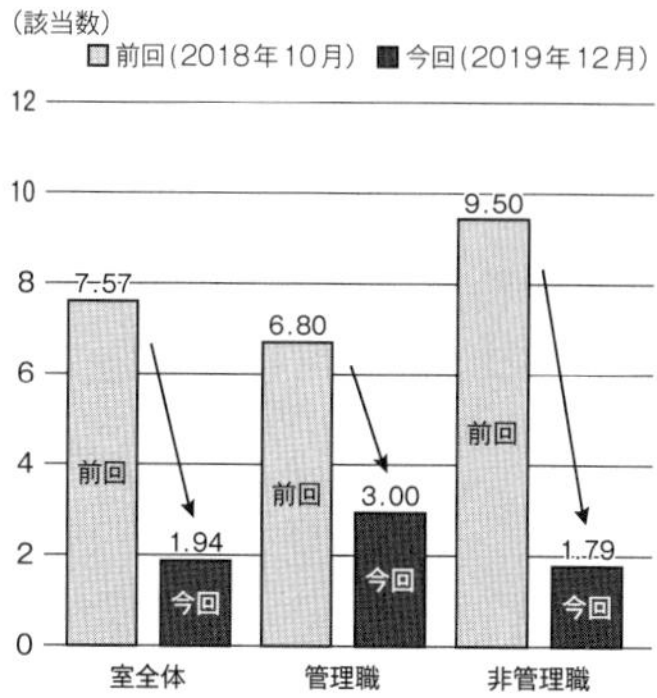

伺える。ビジョン策定直後の前回２０１９年２月と比較すると、11月には僅かであるが肯定的な変化が表れており、ビジョンの浸透がより進んでいることが分かる。

⑶仕事の仕方や中身は変ったのか？

表15は部の「実践ビジョン」及び「やらない戦略」の各具体的項目について、策定以前の２０１８年４月時点の実践状況を振り返り、また２０１９年12月時点での実践状況を回答したものである。ビジョンに合わせた仕事の仕方と仕事の価値観の変化を示すもので、すべての項目で大幅に数値が変化しているのが分かる。筆者は、ビジョン策定後にメンバーの仕事の仕方が変わり始めたという実感をもっていた

表14　ビジョンの浸透度

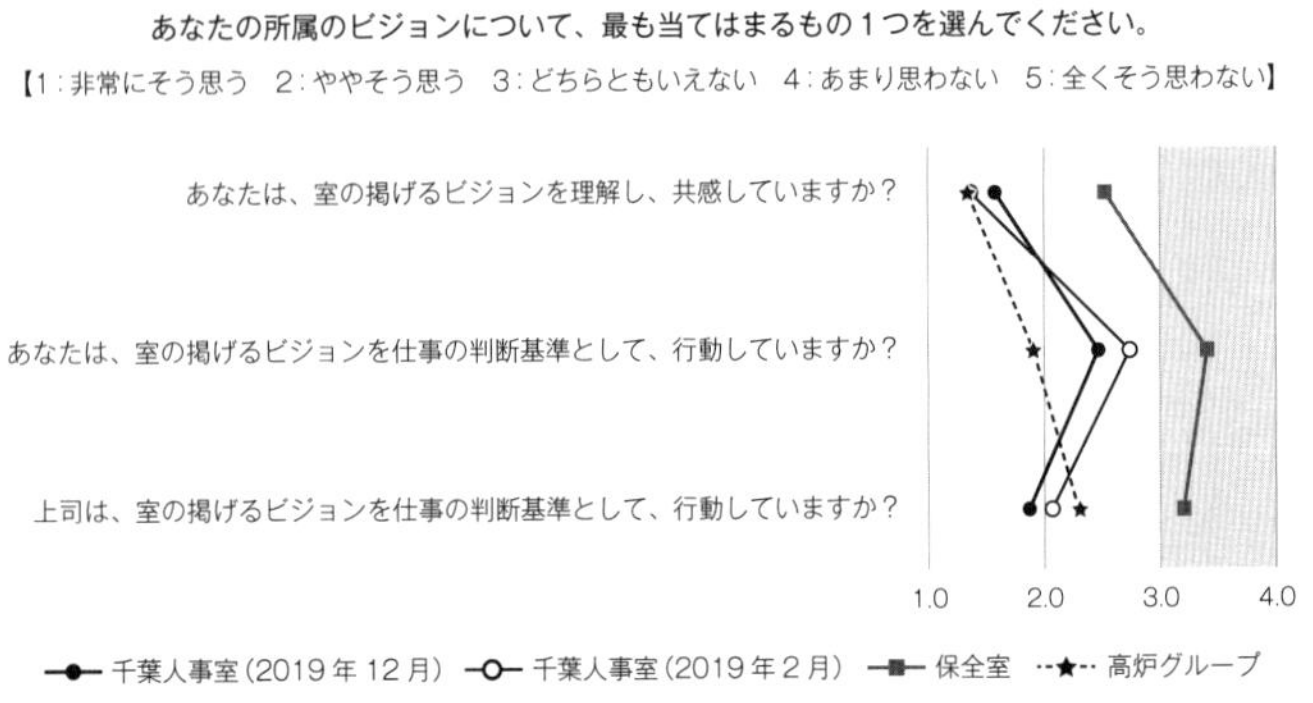
あなたの所属のビジョンについて、最も当てはまるもの１つを選んでください。

【1：非常にそう思う　2：ややそう思う　3：どちらともいえない　4：あまり思わない　5：全くそう思わない】

あなたは、室の掲げるビジョンを理解し、共感していますか？

あなたは、室の掲げるビジョンを仕事の判断基準として、行動していますか？

上司は、室の掲げるビジョンを仕事の判断基準として、行動していますか？
1.0
2.0
3.0
4.0
千葉人事室（2019年12月）
千葉人事室（2019年２月）
保全室
高炉グループ

参考比較として保全室及び高炉Grを掲載した。高炉Grは「グループの目標」対する回答である

が、メンバーもビジョンを意識しながら仕事をしていたのだ。

その中でも、変化が大きかったものが以下の5つであった。

・前例にとらわれず、人の考えを否定しないで仕事をするようにしている
・減点主義ではなく、挑戦主義に変わろうとしている
・現場や当事者の声を聞かずに判断しないことを心がけている
・全職場、全社員一律の施策にこだわらないで仕事をするようにしている
・社員や所属を支えるという視点を持って仕事をするようにしている

表15　「実践ビジョン」及び「やらない戦略」の実践度調査

あなたは仕事をする上で、「実践ビジョン」「やらない戦略」を具体的行動として実践していますか？
【1：以前からそう感じる　2：当てはまる　3：やや当てはまる　4：あまり当てはまらない　5：当てはまらない】

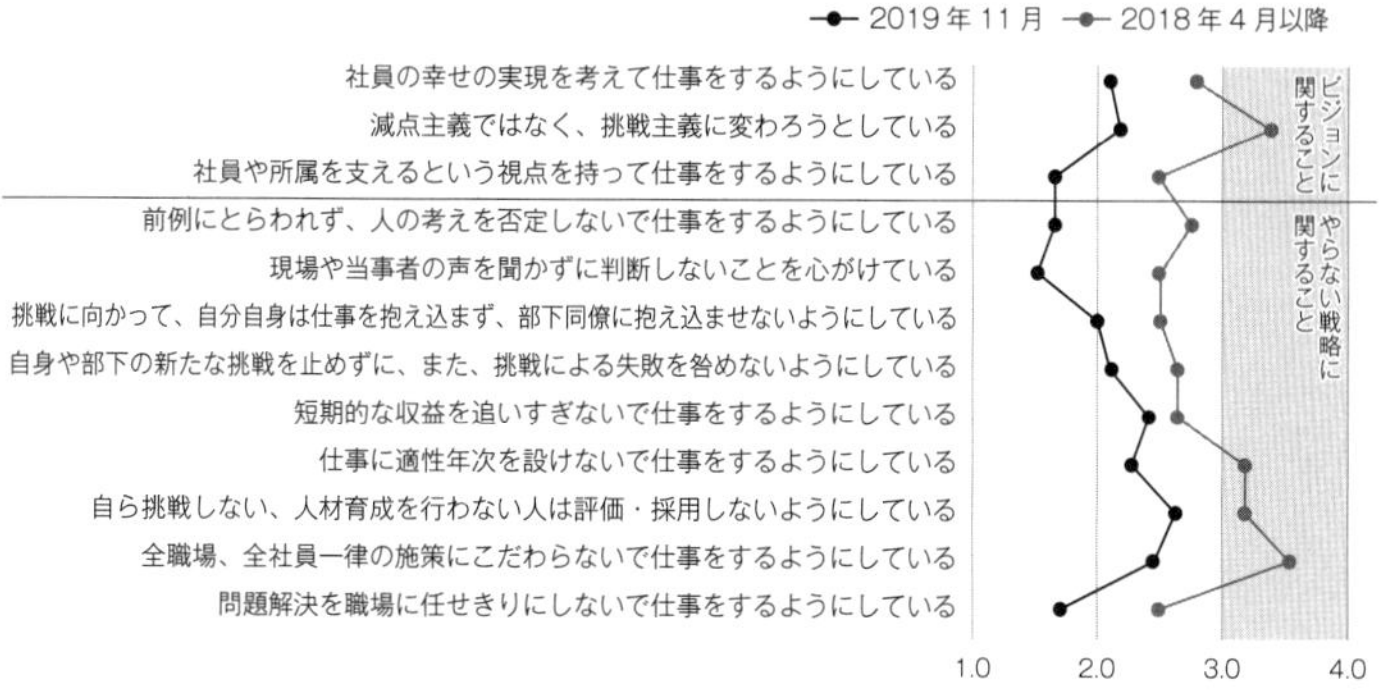

ここから見えてくるのは、「職場を支える直接貢献型人事に変化することに挑戦している」姿である。

こうした変化の自己評価であるが、2018年以前と比較して、人事部門が変わったと感じるか、他部署からも人事が変わったと思われていると感じているかを質問したところ、実に9割以上のメンバーが自部門の変化を感じ、また8割以上が周囲からもそのように思われていると感じると回答している。

また、他の部署が人事部門をどう評価しているかについて聞いたところ、約7割の現場の管理職が、ビジョン策定後の人事部門は変化し、自らのビジョンの実践を心がけ行動していると評価したのである。

このように、人事部門においては、「実践ビジョン」と「やらない戦略」の実践によって、仕事のやり方が変わり、その変化は自他ともに認められるものであったのである。

最後に、仕事内容の具体的な変化であるが、これまでとは異なったアプローチや発想で新しい業務や取り組みをするようになった。組織開発の実践を通じたメンバーの内省や、部の

「実践ビジョン」や「やらない戦略」がなければそうした変化は自発的には生まれなかったと思う。これらの新しい業務や取り組み自体が、同室の変化の結果であると言えよう。いくつか代表的なものを例示するが、これら以外にも、策定した部の「実践ビジョン」と「やらない戦略」を記したバインディングカードを職場に配布しての「変化する意志表明」や、新しい研修導入にあたっては現場の声を強く反映するプロセスに大幅に変更するなど、仕事の仕方を大きく変えていった。そして、室内に組織開発を専門に取り扱う「組織開発グループ」を新たに設けるなど、社員の挑戦を支える人事への転換を図っているのである。

【現場への働きかけ】

（その1）労働時間管理に対する支援

労働時間管理法制が強化される中で、従来であれば人事部門は数値目標を示し、とにかく所属に数字を守ってもらうという仕事に終始したが、「やらない戦略」の「問題解決を職場に任せきりにしない」に基づき、どうすれば適正な労働時間管理ができるのかを現場と一緒に考えながら、具体的な支援を行うスタイルに変化した。

（その２）働き方改革への支援

各部で立ち上がった働き方改革のワーキンググループに、人事部門は当初からプロジェクトメンバーとして参加し、所属だけでは解決しにくい問題（例：決裁権限の変更、要員配置のあり方等）の解決向けて積極的に支援を行っている。これも「やらない戦略」の「問題解決を職場任せきりにしない」の実践となる。

【室内での働きかけ】

チャレンジラボの実施

メンバーが挑戦してみたいテーマを自主的に上げ、そのプロジェクトオーナーが参加メンバーを募ってチャレンジラボとして実践する。部の「実践ビジョン」と「やらない戦略」を実際の業務にし、挑戦を具体的な仕事にしていくことが狙いであった。

プロジェクトオーナーは、年次や役職に関わらずに立候補で選ぶ。研修所建替えプロジェクトのように業務に直結したものもあれば、特定メンバーの業務負荷低減を狙った「〇〇さんお助けプロジェクト」といったユニークなものも立ち上がった。以降、同室の新規業務は立候補でアサインされることになった。

④ビジョン問題「10の壁」を超えるための考察

同室では、バインディング・アプローチの実践によって、多くの変化が表れたことは既に述べたとおりであるが、リーダーの言葉、すなわちビジョンは、組織に存在する「10の壁」を超えることができたのであろうか？

表16は、ビジョン問題「10の壁」に対する各設問に対して、千葉人事室、保全室、高炉Grの回答を比較し示したものである。また、表17は各設問をステージ毎にまとめたものとなる。千葉人事室では、創るステージ、語るス

表16　ビジョン問題「10の壁」に対する項目別意識調査（保全室との比較）

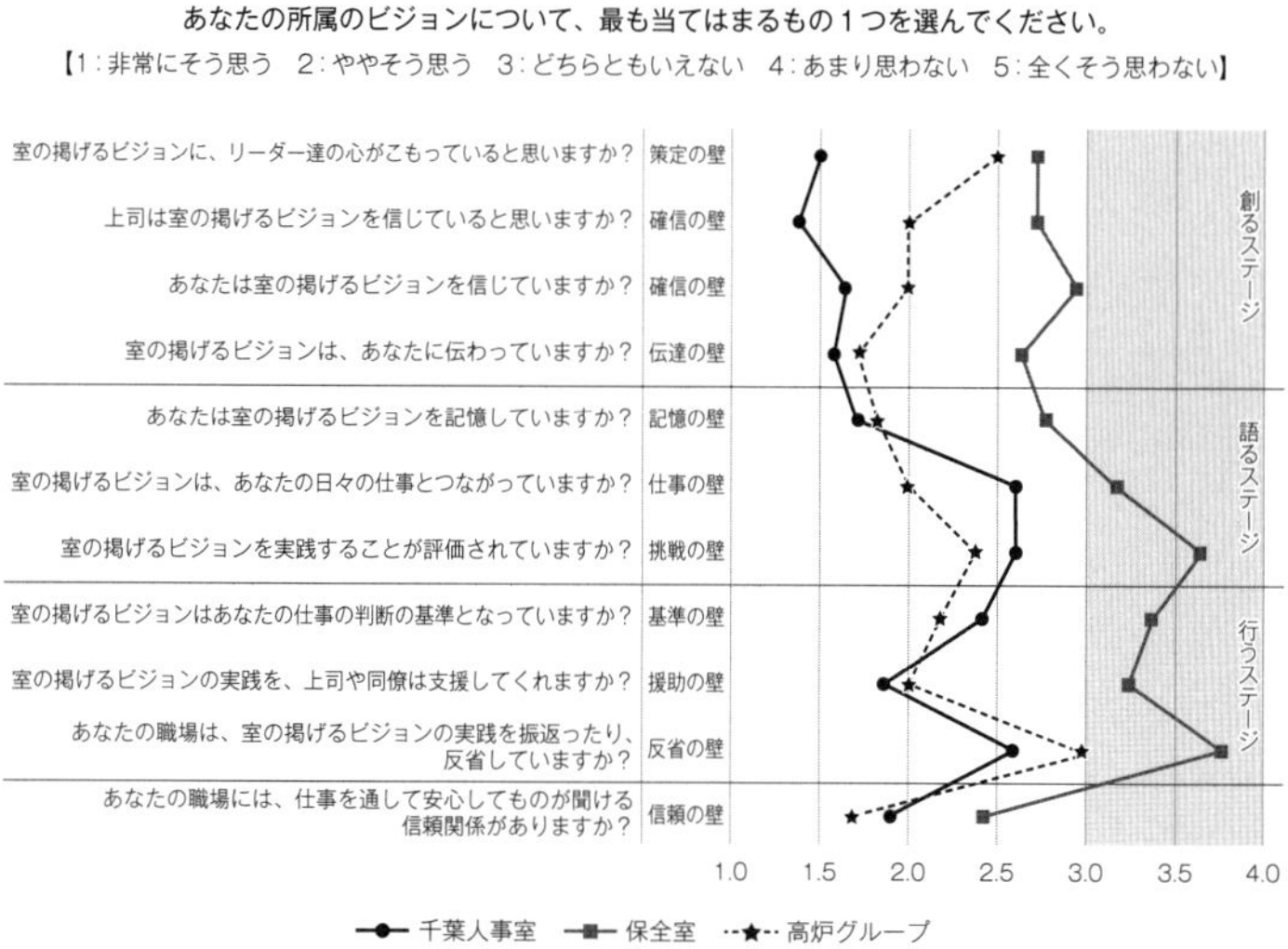
あなたの所属のビジョンについて、最も当てはまるもの1つを選んでください。
【1：非常にそう思う　2：ややそう思う　3：どちらともいえない　4：あまり思わない　5：全くそう思わない】
室の掲げるビジョンに、リーダー達の心がこもっていると思いますか？
策定の壁
上司は室の掲げるビジョンを信じていると思いますか？
確信の壁
あなたは室の掲げるビジョンを信じていますか？
確信の壁
室の掲げるビジョンは、あなたに伝わっていますか？
伝達の壁
あなたは室の掲げるビジョンを記憶していますか？
記憶の壁
室の掲げるビジョンは、あなたの日々の仕事とつながっていますか？
仕事の壁
室の掲げるビジョンを実践することが評価されていますか？
挑戦の壁
室の掲げるビジョンはあなたの仕事の判断の基準となっていますか？
基準の壁
室の掲げるビジョンの実践を、上司や同僚は支援してくれますか？
援助の壁
あなたの職場は、室の掲げるビジョンの実践を振返ったり、反省していますか？
反省の壁
あなたの職場には、仕事を通して安心してものが聞ける信頼関係がありますか？
信頼の壁
創るステージ
語るステージ
行うステージ
1.0
1.5
2.0
2.5
3.0
3.5
4.0
千葉人事室
保全室
高炉グループ

テージ、行うステージともに肯定的な回答を示している。保全室の高炉Grではビジョンが「10の壁」を超えることができたと述べたが、千葉人事室も同様の結果を示しており、ここから、千葉人事室においても、ビジョン問題「10の壁」を超えていった様子が分かる。

そこで、ビジョン問題「10の壁」のフレームに照らして、ビジョンがどのように壁を超えていったのかを、筆者の体験を重ねながら振り返ってみたい。

「創るステージ」

「創るステージ」の全ての設問項目に対して、高い肯定的な評価を示している（表16）。また、表17のとおり、「創るステージ」においては、高炉Gr以上の結果であり、ここから、千葉人事室においてビジョンが「創るステージ」を超えていく様子が分かる。これは、

表17　ビジョン問題「10の壁」に対する項目別意識調査（ステージ別）

あなたの所属のビジョンについて、最も当てはまるもの１つを選んでください。
【1：非常にそう思う　2：ややそう思う　3：どちらともいえない　4：あまり思わない　5：全くそう思わない】

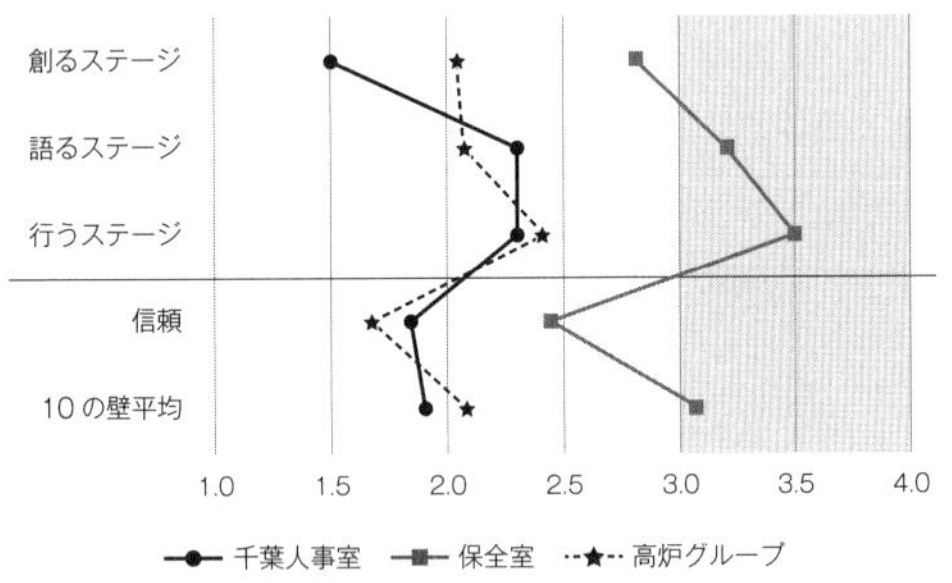

実践のプロセスでも述べたように、策定時に、新入社員も含めた全メンバーが参加し、トップが丁寧に思いを伝え、衆智を集めながら策定したことがメンバーの腹決めを生み、自分たちのビジョンとなったことが大きな要因であったと考える。実際、策定時にスケジュールの都合からメンバーの全員参加というステップを踏めなかった部内の別の室においては、この「創るステージ」を上手く超えられずに、次のステージに入っていくのに苦労したことがあった。メンバーが部の実践ビジョンを腹決めできなかったことから、かなりの時間が経過した後に、あらためて室長からメンバーに対して部の「実践ビジョン」を説明し、メンバーから意見を表明してもらうステップを踏みなおしたのである。

千葉人事室の事例においても保全室の事例同様に、「創るステージ」を超えていくためには、**メンバー全員がビジョン策定に参加し、腹決めしたビジョンを策定することが必要**であることが明らかとなったのである。

「語るステージ」

表16（P.271）で示す通り「仕事の壁：室の掲げるビジョンは、あなたの日々の仕事とつながっていますか？」、「挑戦の壁：室の掲げるビジョンを実践することが評価されていま

すか？」で、肯定的回答に落ち込みがあるのが特徴となる。

筆者は、室のリーダーとして当時を振り返ると、この2つが最も超えていくのに苦労した壁であり、その壁を作っていた主原因は自分にあったと反省している。

「実践ビジョン」と「やらない戦略」を策定した後、日々の業務とビジョンは別物という雰囲気が室内に流れプロジェクトが停滞した。これは、リーダーである筆者自身が策定自体に安心してしまい、日々の仕事とビジョンを繋げるというリーダーシップを発揮しなかったのが要因であったと思う。また、ビジョンの実践を目に見える形で評価するという具体的行動も乏しかった。

こうした状況を打開したのがチャレンジラボであった。部の「実践ビジョン」と「やらない戦略」を実際の業務にし、挑戦を具体的な仕事にしていくために、2019年5月から開始した。実践に加え、チャレンジラボでの挑戦を各人が自身の年次の業務目標設定に記載し面談でフォローすることで、仕組みとしてビジョン実践の挑戦が評価されることを狙った。複数立ちあがったチャレンジラボによるプロジェクトが軌道に乗り、各メンバーがそれぞれリーダーシップを発揮することで、仕事の壁と挑戦の壁を徐々に超えていくことができたのだと思う。

筆者自身の反省からも、語るステージにおいては、**上司自身がビジョンを仕事の判断基準として率先して行動する背中を見せ、リーダーシップの連鎖を起こしながら部下全員を巻き込んでいくことが「語るステージ」を超えていくために必要であったと考える。**

「行うステージ」

表17（P.２７２）で示すとおり、「行うステージ」の肯定的評価については、「語るステージ」と同じ水準となっている。

筆者は、ビジョンは「行うステージ」を超えられたと評価しているが、その要因は先に述べたように、「実践ビジョン」と「やらない戦略」を具体的に室の仕事の中身やスタイルを変化させていったことにあると考えている。

筆者が室長として着任した２０１７年4月時点と比べ、仕事の中身やスタイルは明らかに変化した。そして、S人事部長をはじめとした管理職層はその実践を評価し励行することを心がけていたと思う。S人事部長は変化を問われ

「それまでは上司を見ながら仕事をして、「上司には意見を言いにくい」という職場の雰囲気や個々の思い込みがあったものから、「自分の言葉で伝えていいのだ」「見るべきものは上

司ではなく現場なのだ」という発想へ変わり、まさに、ビジョンで掲げる「社員の挑戦を支える人事」へと、劇的に変化したのです」[8]と語っている。

そうした人事部門の変化が職場にも受け入れられ、メンバー一人ひとりが日々の仕事を通じて、職場からのリアルな前向きなフィードバックや評価を受けることで、人事が変わっていく姿に確信を持てたのではないかと思っている。

「行うステージ」を超えていくにあたっては、日々の業務の中でビジョンの実践が上司や同僚、そしてとりわけ職場にも評価されるのだという共通認識を持つことが大切であり、その積み重ねがビジョンに基づいた行動をさらに加速していくのだと考える。

【まとめ】

「実践ビジョン」および「やらない戦略」の策定が人事部の大きな変化の始まりとなった。「実践ビジョン」の中で『減点主義から挑戦主義へと新ため』、『社員の挑戦を支える人事に変わる』とあるように、これまでの人事部門のあり方を振り返って内省し、今後変化していくことを全面に打ち出したのだ。

その実践によって、職場の結束力が大幅に高まり、ビジョンも着実に浸透していった。そして、自身、上司、職場、それぞれで前向きな変化が起きる。室員に対するインタビューからも、助け合える職場、チームで仕事をする職場へと変化した様子が伺える。

また、仕事の仕方や価値観の変化に目を向けると、「実践ビジョン」と「やらない戦略」に基づいた仕事の仕方へ大きく変化し、「職場を支える直接貢献型人事に変化する挑戦」の姿が見えてくるのである。そして、職場に対する個別支援やチャレンジラボの実施等、具体的な仕事の変化に繋げていった。

こうした目に見える人事部門の変化は、自分たちだけでなく、職場からもその変化を認められ、前向きな評価を受けることになった。

この実践の過程をビジョン問題「10の壁」のフレームに照らして振り返ると、存在する壁を、ステージ毎にメンバー全員で超えていった軌跡が明らかとなった。それは、バインディング・アプローチの実践により、職場の助け合いと結束力を高め、上司の働かせ方と部下の働き方が変わり、働く文化の変革を起こしていった取り組みであったのだ。

4

実践事例【製鉄所編】経営が動く組織開発

本項では、前項で述べたパイロット職場での変化を受け、経営（トップリーダーチーム）が動いた組織開発によって2019年以降に本格化した製鉄所全体レベルでの変革の事例について述べていきたい。

どのように経営が動いたのか？

製鉄所全体の「働く文化の変革プロジェクト」の素地は、2018年4月から製鉄所長が旗を振ったあるプロジェクトにあった。収益改善に資する活動と、働き方改革によって労働生産性を高める取り組みを合わせたもので、プロジェクトのアウトラインはS所長と人事部門が相談しながら描いていた。

人事部門は、新しい組織開発の実践の経験を通して、リーダーの声を届けて変革を進めるには、ビジョン問題「10の壁」を超えていく必要性を実感するようになった。従来のトップダウン的なアプローチだけでなく、第一線の社員までがこの活動の意味を理解し、自発的に行動するボトムアップの動きがなければ本当の変革は成し遂げられないと考えるようになっていたのだ。

そこで、荻阪教授による「リーダーの言葉はなぜ届かないのか」をテーマとした講演会を、２０１８年11月に管理職社員を対象に複数回開催する。講演会では、保全室及び人事部のその時点での取り組みを、それぞれT保全室長とS人事部長が語り、「実践ビジョン」と「やらない戦略」を記したバインディングカードを参加者に配布した。講演会にはS所長をはじめとした製鉄所トップも参加し、終了後に荻阪教授との短時間の面談を行っている。

T保全室長は次のように振り返る。

課題のある職場と言われ続けたあの保全室がここまで変わったということを、皆さんの前で紹介できたことは誇らしかった。バインディング・アプローチの成果を所長の前で自信をもって紹介できたことは、１つのゴールだった製鉄所トップの変化を起こしたいという強い思いと、保全室と人事部という現場で実践されたボトムアップの変化の結果が結合（バインディング）した瞬間であったと思う。講演会をきっかけとして、経営から動く「働く文化の変革プロジェクト」が始まったのであった。

その後、S所長と荻阪教授の個別コンサルティングが複数回行われ、２０１９年2月、それまで行われていた様々な活動をとりまとめ、東日本製鉄所の未来の目的地を示すビジョンを策定し、働く文化を変えていくという方針をS所長が決断した。

実践の経緯

こうして始まった製鉄所全体の「働く文化の変革プロジェクト」であるが、保全室及び人事部の取り組みと同様に、製鉄所で働く社員全員参加でのビジョンとやらない戦略の策定を目指した。まず、東日本製鉄所長をはじめとする5名の執行役員と5名の理事部長の計10名でトップリーダーチームが組成された。

トップリーダー10名が、新しい組織開発によって「働く文化を変えていく」ことを決断し、経営が自ら動く組織開発がスタートしたのである。

以下では、２０２０年12月までの実践の経緯を述べるが、保全室及び人事部の実践経緯と同様のステップを踏んでいる。

第１ステップ（２０１９年３月〜６月）として、組織開発に対する理解促進と個人の内省を目的に各人が自身の振返りを行い、自身の「壁」、ありたい姿、気づきなどを言葉にしていった。そして、チームとして変革を進めていくためのチームビルディングを行った。

第２ステップ（２０１９年７月〜２０１９年11月）では、各人が製鉄所長になったつもりで、製鉄所の「実践ビジョン」と「やらない戦略」を個別で考え、後日持ち寄って対話し、「実践ビジョン」と「やらない戦略」を紡ぎだすことを目指した。

そして、第１ステップから数えると計５回のビジョンを対話する場や、個々人毎の個別コンサルティングを経て、２０１９年11月に「変革ビジョンストーリー」と「やらない戦略」の原案を全員でアウトプットした。個人の個別コンサルティング時間も含めると、一人あたり約70時間の時間をかけた結果である。

そして、S所長以下のトップリーダーチームで、この原案に基づいて東日本製鉄所の働く文化の変革を進めていく最終の決断を行った。

そして、第3ステップ（2019年12月～2020年12月）では、トップリーダー10名が紡いだ「変革ビジョンストーリー」及び「やらない戦略」の原案を東日本製鉄所で働く全社員との対話集会等の場で届け、その完成を目指した。

動きが先行した千葉地区では、S所長と全社員約2700名との「変革ビジョンストーリーを共に語る会」を計9回開催し、S所長の変革にかける思いを自らの言葉で伝えた上で、「変革ビジョンストーリー」及び「やらない戦略」の原案を紹介し、社員からの意見や感想を募り衆智を集めた。

また、参加したトップリーダーそれぞれが思いを語り、それに対して管理

「変革ビジョンストーリーを共に語る会」の様子

職が疑問や考えをぶつけ相互の理解を図っていく「変革ビジョンストーリーとやらない戦略を考える会」を複数回開催した。

その過程において、全社的な大規模な構造改革計画の発表（2020年3月）や、新型コロナウイルスの影響など、本プロジェクトの推進に困難な時期を迎えるが、トップリーダーチームはぶれない意志と実行力を示し、東日本製鉄所の「変革ビジョンストーリー」と「やらない戦略」は、ついに2020年12月に完成する。そしてそれらが記載されたバインディングカードが製鉄所の全社員に配布されたのであった（図7）。

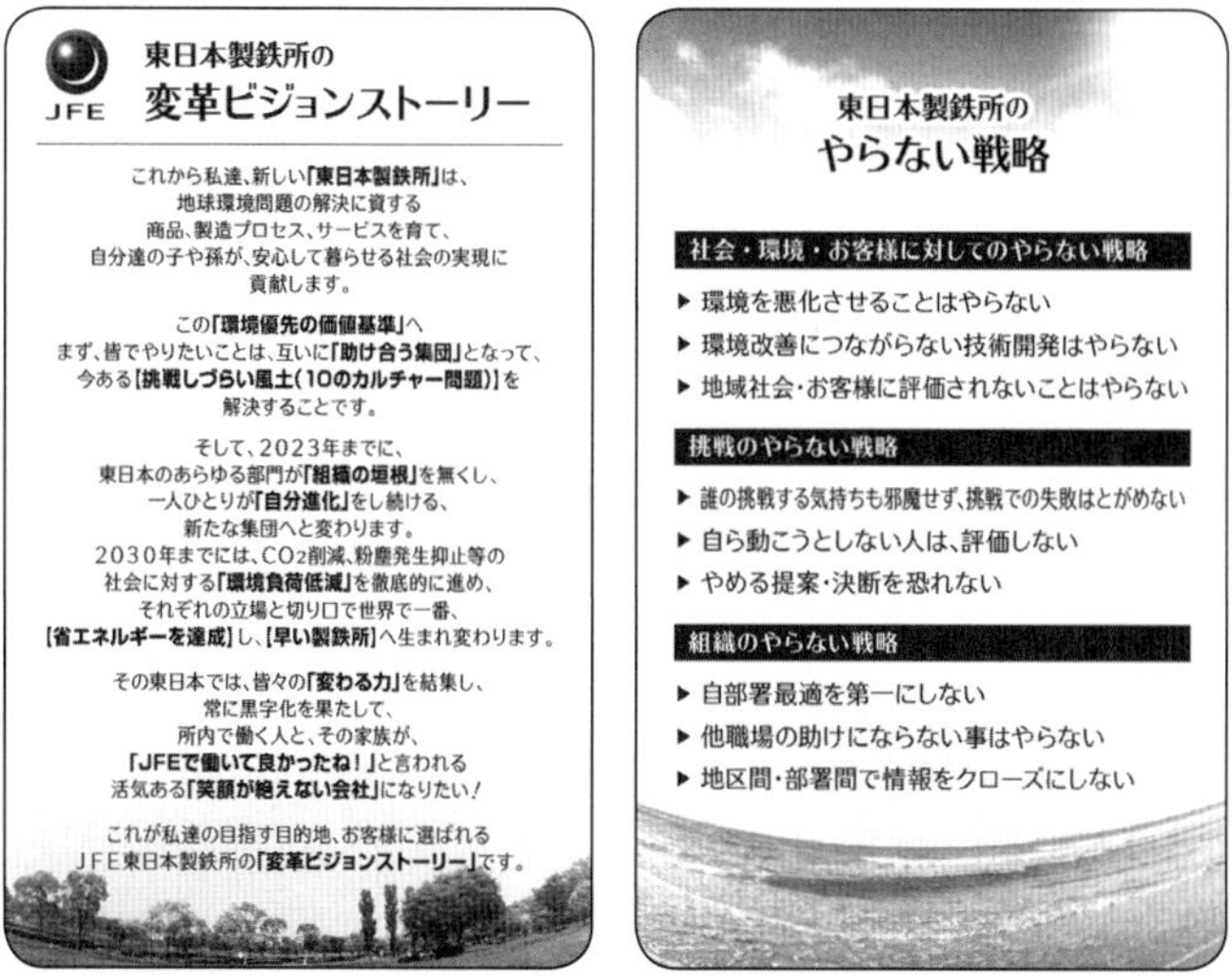

図7　配布された「変革ビジョンストーリー」と「やらない戦略」のバインディングカード

どのような変化が生まれたのか？

現在、バインディング・アプローチによる新しい組織開発は「変革ビジョンストーリー」及び「やらない戦略」が完成し、それに基づいた具体的なアクションが今後とられ始めるステージにある。したがって、製鉄所全体で見たときに目に見える大きな変化が起きていると言い切るのは難しい。ただ、製鉄所のトップリーダーが自発的に結束して「働く文化の変革」を決断し、「変革ビジョンストーリー」と「やらない戦略」を仕事の判断基準として社員とともに作り上げ、これから、全社員一丸となってその未来に向かおうとしていること自体を大きな変化と捉えることができるだろう。また、この過程において、トップリーダー自身のリーダーシップやマネジメントのスタイルに変化が起き始めている。

ここでは、バインディング・アプローチによる組織開発の実践によって生じた変化を、今回トップリーダーチームのメンバーとして参加したS人事部長のインタビューをまじえながら振り返っていきたい。

(1)トップリーダーの変化

トップリーダーチームの組織開発は、S所長の強いリーダーシップにより推進されたが、S所長の変化が具体的に見えたのは、２０１９年５月に千葉地区の全社員に宛てて発信された所長メッセージ「所長の働く文化変革への思い」であった。

その中で、製鉄所の明るい未来のために、働く文化を変革し、働く魅力が感じられる製鉄所を作っていく決意を述べ、そのためにはまず自分自身が変化していくことを宣言した。そして、そこに至った自身の内省を述べ、とりわけ強いトップダウン型のマネジメントスタイルに限界があることを認め、権限移譲を進めて自身のマネジメントスタイルを転換させていく決意が述べられた。指示命令型の『やらされ文化』を、現場主役の『挑戦する文化』へ、皆と一緒に変えていくと宣言したのである。

そして、10月上旬には、自身の「働く文化の変革」の思いに至った背景や、今後策定する製鉄所の「変革ビジョンストーリー」と「やらない戦略」について詳しく述べた冊子「New OD Message 変革への決意」[9]を作成し、東日本製鉄所の全社員に配布した。冊子では、S所長がこれまでの自身のマネジメントスタイルを振返り「トップダウン的な技法には限界があることに遅ればせながら気づきました」「トップダウンで指示命令していた今までの自分が、皆さんの考える力を奪うことになり、総力戦の戦いを挑むことができない組織の弱体化を招いてしまったのではないかと猛省しています」とまで言い切り、自身の内省を全社員に開示し、仕事のスタイルを変える決意を述べた。そして、5年、10年の時間かけ、変革を確実に次世代に引継ぎながら、トップリーダーが組織の進むべき未来を示し、上司の仕事のさせ方、部下の仕事の仕方を変えて働く文化の変革を進めていく並々ならぬ決意を表明したのであった。

また、S所長だけでなく、他のトップリーダーも変化を始める。「変革ビジョンストーリーとやらない戦略を考える会」は、参加したトップリーダーそれぞれが思いを語り、それに対して管理職の参加者が疑問や考えをぶつけ相互の理解を図っていく場であるが、ある副所長は、「プロジェクトを進めながら自身を内省することで、いままでの自分の指示命令型の仕事のさせ方では、部下は私の能力を超えることができず、その成果に限界があることにようやく気がついた。深く反省をしている。今後は、部下の自主性を重んじ、任せなければならないと思っている」と赤裸々に語り、自らのマネジメントスタイルを変えていく宣言をして参加者の深い共感を呼んだのであった。社員達はこのプロジェクトは所長だけでなく、経営のトップリーダー達が腹を括って取り込む本気のプロジェクトだと受け止めたのである。

今回、トップリーダーの一人として参画したＳ人事部長は、Ｓ所長と二人三脚で、参画メンバーへの働きかけや、ビジョンを対話した後の各種とりまとめ等、トップリーダーチームによる新しい組織開発の実践を中心的に推進して支えた。Ｓ人事部長はトップリーダーの変化を次のように語る（20年1月にインタビューを実施）。

今回のトップリーダーによる新しい組織開発の実践では、Ｓ所長ご自身が大きく変わろうとされ、組織開発を進めるにはトップが変わっていかなければならないというその実践を我々に見せてくれています。本当に大変なことだと思いますが、私はその実践に感動しており、自分がＳ所長を全力で支え、この働く文化の変革プロジェクトを成功させなければならないと考えています。

変化されていったのは、バインディング・アプローチの実践によって自身が変われば、周囲との関係性が変わってくるということを実感されたからではないでしょうか。

私もそうでしたが、自分の変化と相手の関係性の変化を実感することが、この取り組みが間違っていないという安心感を与え、自身の変化をより加速していきます。保全室や人事部の変化をご覧になって、とても嬉しかったのではないかと思います。

他のトップリーダー達も、リーダー同士の対話の場は安心して飾らずに話をしてもよいということが理解されるにつれ、お互いに本音で話をすることができるようになってきました

(2) 協働によるビジョンの策定

「変革ビジョンストーリー」と「やらない戦略」の原案は、トップリーダー10名が一人あたり約70時間という長い時間をかけて自らの言葉で紡いだ成果である。従来であれば企画部門や人事部門に策定指示するのだが、今回、トップリーダーチームは長い時間をかけて協働して自ら作り上げた。荻阪教授との個別コンサルティングを通じて自身の振り返りや、トップリーダー同士が腹決めするまで対話を重ねながら、経営自らの手で策定した点が従来と大きく異なるのである。S所長は、製鉄所の運営に携わるトップリーダー同士が自分の管掌を超えて本音で議論できるようになったことが、トップリーダーチームによる組織開発の大き

な成果だとも述べている。トップリーダーチームが協働して成果を出したこと自体を、組織開発の取り組みによる変化の結果と捉えることができるであろう。原案の策定後、経済環境の急激な悪化や、新型コロナウイルスの流行により、プロジェクトの推進に逆風が吹くが、トップリーダー達の協働によるリーダーシップの発揮によってこの困難を乗り越え「変革ビジョンストーリー」と「やらない戦略」を完成させた（図７）。

また、策定に目を向ければ、多くの社員が参画し、衆智を集めるというプロセスを踏んでいる。トップリーダーが自ら語りかけ、社員が参画して一緒に何かを作っていくという対話会の開催はＪＦＥスチールにおいては画期的な取り組みとなる。こうした対話会開催の事実をもって、東日本製鉄所の働く文化が、Ｓ所長がメッセージで語るように、「指示命令型の『やらされ文化』を、現場主役の『挑戦する文化』」に変化していると言えるであろう。

⑶ビジョン策定後の広がり

最後に、「変革ビジョンストーリー」策定後の広がりについて簡単に触れておく。まず社外に対してであるが、Ｓ所長は、鉄鋼新聞に掲載された２０２１年の年頭所感インタビューで次のように述べた。

「働きがいや働く魅力を真剣に見直し、一人ひとりが生き生きと働けるよう働く文化の変革を進めるべきだ。昨年末に、仕事の判断基準となる「変革ビジョンストーリー」などを配布した。今後はこの変革を実践するステージとしていく」(『鉄鋼新聞』2021年1月14日)

東日本製鉄所が大きく変わっていくという決意のメッセージが、業界や地域にも届けられたのである。

そして、社内に目を向ければ、全社員が閲覧出来る社内掲示板で変革実践のストーリーが描かれた書籍「社員参謀!」が話題に上り、社員のリアルな声に対してS所長や千葉人事室が丁寧に書き込みを返すなどのやり取りが発生した。その様子にK社長も関心をもたれ、書籍が届けられたと聞く。会社トップ及び社内にも、東日本製鉄所の新しい組織開発の実践方法や内容が徐々に知られ始めるようになってきたのだ。

このように、プロジェクトの実践が社外に向けて、そして全社へと届き始めたことは、今後の広がりに向けた大きな変化の結果であったと言えるであろう。S部長と筆者は、本プロジェクトをゆくゆくは全社にも広げていきたいとの思いをもって始めたと述べたが、その動きが少しずつ出始めているのである。

変革のゴールとビジョン問題「10の壁」

当初はパイロット職場で小さく始めた我々の組織開発のプロジェクトは、経営が動く組織開発によって、製鉄所の未来の目的地を示す「変革ビジョンストーリー」とそれを実現するための「やらない戦略」の策定に至り、この実現が私たちの働く文化の変革のゴールとなったのである。今後、「変革ビジョンストーリー」を実現するために具体的な様々な施策をデザインすることになるが、やはりビジョン問題「10の壁」がその検討にあたっての大切な切り口となる。「変革ビジョンストーリー」に目を向けると、その一節に

「「この環境優先の価値基準」へ
まず、皆でやりたいことは、互いに「助け合う集団」となって、今ある【挑戦しづらい風土（10のカルチャー問題）】を解決することです。」

とある。

これは、製鉄所のビジョンを達成するためには、挑戦しづらい風土すなわち、JFEスチールに存在するリーダーの言葉が届かない10の壁を超えていく必要があるとの意志表明に他ならない。

S人事部長は次のように述べている。

変革ビジョンストーリーでは、働く文化を変革していくという意味において、「今ある【挑戦しづらい風土（10のカルチャー問題）】を解決することです。」と明記されました。「リーダーの言葉」を発する経営のトップリーダー達が徹底的に議論を尽くした「変革ビジョンストーリー」の中で、10のビジョン問題を解決することを最優先に取り組むべき課題として認め、かつそれをビジョンの中で明記したことの意味は大きいと考えます。

筆者は多摩大学大学院での実践知論文の問いを「なぜ、私達が働く職場は、これまで様々な方法で変革を試みてきたにも関わらず、働く文化を変えることができなかったのか」に設定し、仮説を「私たちの働く職場で、働く文化を変えることができないのは、リーダーの言葉（ビジョン）が届かないビジョン問題「10の壁」があるからではないか」とした。

経営が、ビジョン問題「10の壁」がＪＦＥスチールの中に存在することを認め、その解決の必要性をビジョンに謳った事実は、その仮説に高い蓋然性が認められるということであろう。繰り返しになるが、今後、「変革ビジョンストーリー」を実現するためには、ビジョン問題「10の壁」を念頭にいれて、具体的施策を検討していくことが重要となってくるのである。

5 新しい組織開発から学んだこと

本項ではまとめとして、筆者の新しい組織開発との出会いから始まった小さな変革のプロジェクトが、なぜ製鉄所レベルでの「働く文化の変革プロジェクト」に昇華し、短期間で結果に結び付けることができたのかを、組織開発の内部実践者としての目で、その要因について述べていきたい。また、バインディング・アプローチによる新しい組織開発の実践が、組織及び個人レベルにおいて、何を示唆するのか、何を教えてくれたのか、筆者の考えを述べる。そして最後に、筆者はなぜ、今回の「働く文化の変革プロジェクト」が日本の鉄鋼業に大きな変化を起こす実践のモデルケースになり得ると考えるのか、その理由について触れる。

なぜ大きな変化を起こすことができたのか？

２つのパイロットの職場で始めた組織開発のプロジェクトが、短期間の間に製鉄所レベルでの成果を出すことができたのは、次の五つの要因があったからだと考えている。

⑴草の根組織開発（ボトムアップ）から経営が動く組織開発へ（トップダウン）

まず、第１に、保全室及び人事部という小さいフィールドで確実に成果を出し、その変化の結果を持って、トップリーダーチームが進める組織開発の動きに繋げられた点を挙げる。

筆者は、トップリーダーチームによる組織開発は、S所長が荻阪教授の講演会を聴講し、T保全室長とS人事部長から、それぞれの実践と変化の成果を聞いたところから始まったと述べた。当時、現場で課題が多いと言われていた保全室が全員で助け合う職場に変わっていこうとする姿と、管理志向の強かった人事部門が直接貢献部署に変わろうとする姿が、聴講者の共感を呼び、講演した荻阪教授の理論に説得力を持たせ、そしてS所長の決断を導いたのではないかと考えている。

この２つの職場での取り組みは誰かに言われて実践したものではなく、自発的に草の根的に始めたボトムアップの変化の動きであった。そして、そのボトムアップによる変化の結果が、トップリーダーをも巻き込み、トップダウンで行う、経営が動く組織開発の変化の流れを引き起こした。ボトムアップによる変化の目に見える「結果」、すなわち実際に関わるメンバー達の一人ひとりの成長の結果があったからこそ、トップリーダーチームの決断の背中を押すことができたのだと思う。こうした共感を生むことがなければ、素早い動きは生まれなかったと考える。

⑵トップのリーダーシップの発揮

第2に、S所長による変革を進める経営のリーダーシップの発揮を挙げたい。社員への直接のメッセージ発信や変革に関する冊子の配布など、2度にわたる所長自身の言葉による本気の思いによる働きかけは、トップリーダーチームのメンバーだけでなく、製鉄所で働く多くの社員や、筆者のような組織開発を推進する者に確実に届いた。そして、働く文化の変革を本気で進めることが我々の進むべき道であると明確に示し、その実践の背中を押してくれた。自身の内省を実際に文字にして、覚悟を述べるトップの姿に筆者は強い感動を覚えたのである。

また、変革ビジョンを共に語る会等における、トップの深い内省と腹決めから発せられる言葉は重く、社員に「これは違う」と思わせる凄みがあった。事後の社員アンケートでも、社員の共感や深い賛同が多く記載されていたのである。

⑶トップリーダーによる連帯チームの組織

第3に、トップリーダーチームが組成され、経営が連帯して変革を進めたことを挙げたい。組織変革の大家であるJ・コッターは、大規模な変革を進めるためには、トップリーダー一人だけが変革プロジェクトをリードし、かつ管理して新しい方法を企業文化に深く定着させることは不可能であるとした。変革を推進するには、適切な人材で構成され、十分な信頼を備え、全員によって目標が共有される強力な連帯チームの存在が不可欠であるとしている（コッター　2002）。今回のトップリーダーチームはその連帯チームに相当する。丁寧なチームビルディングから始め、ビジョンを対話する場を重ねて連帯チームへと進化していったのである。チームメンバー同士が共に変化することで、共に変革を進めていけるのだという安心感が生まれた。そして、衆智を集めながら質の高い「変革ビジョンストーリー」及び「やらない戦略」を策定することで、相互理解と深い信頼関係が育まれ、チームがうまく機能したのである。今後、プロジェクトが実践のステージに移っていく中で、ますますこのトップリーダー10名による連帯チームの存在が大きな力を発揮するであろう。

⑷社員参謀の存在

第4に、人事部門でバインディング・アプローチに取り組んだ実践者のS人事部長がトップリーダーチームに入り、社員参謀としての機能を果たしたことを挙げたい。荻阪教授は「トップを補佐して、社員の「実践の動き」を支え、組織開発を援助する実践者」（荻阪2016、P.293）を社員参謀と定義し、組織開発の実践には欠かせない存在としている。S人事部長は、本人のコメントにもあるように、S所長の組織開発に対する経営のリーダーシップの実践を本気で支えた。

筆者は直属の部下としてその動きを間近でみていたが、まさに社員参謀としての役割を十二分に果たしていたと考える。S人事部長の存在がなければ、他のトップリーダーの巻き込みや、メンバー間の円滑な意思疎通等は生まれなかったであろう。

⑸組織開発参謀の存在

そして最後に、組織開発参謀としての荻阪教授の存在である。我々にとって、組織開発の実践は初めての経験であり、全てが未知の領域であった。荻阪教授は、必要な「タイミング」で、必要な「人・組織」に対して、必要な「時間」を投入して、必要な「中身（実践内容）」を対面、メール、電話で具体的な戦術提言を行い、内部の動きを支える戦術行動を数多く行った。これらの働きかけがなければ、実際にプロジェクトが暗礁に乗り上げてしまいそうな危機が何度もあったのである。

以上のような一連の流れが上手く組み合わさることで、経営による新しい組織開発の大きな実践の流れが生まれ、ＪＦＥスチールの社員だけでも約５０００人が働く製鉄所という巨大組織において、社員の衆智を集めての短期間での「変革ビジョンストーリー」と「やらない戦略」の策定というアウトプットに繋がったと考える。「経営」と「現場部門」と「人事部門」が自律分散的に動きながらも一体となり、トップダウンとボトムアップの変化の流れが結束した、まさにバインディング・アプローチの実践事例であったと言えるだろう。

新しい組織開発の実践が示唆するものとは

ビジョン問題「10の壁」とバインディング・アプローチ

今回の3つの新しい組織開発の事例おいて、リーダーの言葉が届かないビジョン問題「10の壁」を分析のフレームとして活用し、考察を加えた。

保全室と人事部門の事例においては、職場の中にはビジョン問題「10の壁」が存在することに言及し、リーダーとメンバーが、「創るステージ」、「語るステージ」、「行うステージ」それぞれにおいて、どのようにしてその壁を乗り越え、「働く文化」を変えてきたのかを振り返った。

また、製鉄所のトップリーダーによる組織開発においては、「変革ビジョンストーリー」の中で、JFEスチールの挑戦できない風土の原因として、仕事の仕方や風土の中に、ビジョン問題「10の壁」が存在することをトップリーダー10名が認めた。そして、「働く文化」を変えていくため、その壁の解決に真っ先に取り組む必要性と、その実践の意志表明がされたことに触れた。

この3つの事例の考察から、私たちの働く職場で、働く文化を変えるには、存在するリーダーの言葉（ビジョン）が届かないビジョン問題「10の壁」から目を背けるのではなく、それらが存在する現実に向き合い、超えていく必要があることが見えてくるのではないだろうか。

それは、働く文化を変えるという切り口にとどまらず、日々の仕事そのものをビジョン問題「10の壁」で捉えることも可能となる。私達がなぜリーダーの言葉が届かないのか?なぜうまく仕事が進まないのか?を考える際に、ビジョン問題「10の壁」は、汎用的で有効なフレームになると考えるのである。

バインディング・アプローチの実践にあたっては、まずビジョン問題「10の壁」に照らして職場に存在する問題を明らかにし、その解決をバインディング・アプローチで図る。そして、自分たちがいまどの段階にいて、何に問題あるのかを明確にして修正加えていくことが、効果的に組織開発を進めるポイントとなることを、筆者は一連の実践から学んだのである。

新しい組織開発の実践による成長とは

新しい組織開発バインディング・アプローチは、組織及び個人が成長していくことをその思想の根底に置く。そこで、今回の組織開発の実践を、組織及び個人レベルにおける成長という視点で振り返ってみたい。

まず、組織（チーム）レベルで振り返ると、保全室であれば、それまで助け合うことができなかった高炉Grは、「グループの目標」と「助け合うルール」を実践することで助け合える職場に変わることができた。

また、人事部門においても、メンバーが語ったように、仕事の仕方や中身を変えながら、助け合える職場に変化していった様子が伺える。

製鉄所のトップリーダーに目を向ければ、トップリーダーチームを組んで連帯し、約70時間もの議論を重ね、協働して製鉄所のビジョンを策定したという事実そのものが、リーダー同士の助け合いの実践だったと言える。

そして、製鉄所の「変革ビジョンストーリー」にも
「まず、皆でやりたいことは、互いに「助け合う集団」となって」
と明記されているように、製鉄所全体で「助け合う集団」になっていくことを目指している。

このように、バインディング・アプローチの実践は、結束力を高めながら、組織（チー

ム）を「助け合える職場や集団」に進化させ、自律的な成長を促した取り組みであったことが実践の結果から言える。そして、組織が成長していくことで変化を起こせることを教えてくれた。

次に個人に目を向けると、3つの事例において、それぞれのリーダー達は、ビジョン問題「10の壁」を自身に引き付けて、何が壁となっているかを考えながら、一つひとつその壁を超えて自らの言葉を届けていった。そして、その過程において、自分が変わらなければその壁を超えていけないことに気づき、深く内省することで自身のリーダーシップスタイルを変化させていった。

従来の全てをコントロールする指示命令型のリーダーシップスタイルでは「10の壁」を乗り越えていくことは難しく、リーダーの言葉は届かないことを知った。そして、そこに集うメンバーの衆智を集め、メンバーを主役として挑戦したいと思ってもらえるように、リーダーシップスタイルを変化をさせていったのだ。「指示命令型の『やらされ文化』を、現場主役の『挑戦する文化』へ、皆と一緒に変えていく」というS所長の社員にあてたメッセージがそれを端的に表しているだろう。

そして、リーダー達は、自らが変わっていく背中を率先してメンバー達に見せていった。そうした姿を見たメンバー達も、自分自身の中に10の壁が存在することに気が付き、自らを変えていったのである。

荻阪教授はリーダーシップを「結果を導く働きかけ」であると定義し、誰もがリーダーになれて、リーダーシップが発揮できるようになると唱える（荻阪２０１５）。

保全室の事例では、T室長、T作業長、リーダー達が、悩みながらも自らのリーダーシップスタイルを変え、「結果を導く働きかけ」を行っていった。室長は作業長へ、作業長はリーダーへ、リーダーは最前線のメンバー達へと、結果を導いていったのである。そして、その具体的事例として、甚大な台風被害の際はメンバー達は「互いに助け合う」という働きかけを行い、これまでには考えられないような迅速さで全員で危機を乗り越えたのであった。

また、千葉人事室のチャレンジラボの事例では、ある女性メンバーが「私はこれまで何十年も研修所の運営や補修に携わってきた。つぎはぎの補修でなく、長年根本的な建替えをやりたいと思ってきたがそれを言い出すことができなかった。でもせっかくの機会なので、チャレンジしたい」という一言から「研修所建替え検討プロジェクト」が立ち上がり、本格的な検討が始まった。
これらこそ、「結果を導く働きかけ」の実践であり、誰もができるリーダーシップの発揮であると言えよう。メンバー一人ひとりが、働きかけをするようになっていったのだ。

新しい組織開発バインディング・アプローチの実践によって、関わるメンバーが一人ひとりが、「語る言葉」と「学ぶ行動」によって、一人ひとりの仕事の可能性を開花させていく取り組み、すなわち仕事通じて自分自身の成長を成し遂げる実践を重ねていったのだと思う。そして、上司であるリーダー達がそのリーダーシップスタイルを変えて、部下の仕事のさせ方を変える。そして、部下であるメンバー達も、自らの仕事の仕方を変えることを通じて、働く文化が変わり始めていったのだと考える。

新しい組織開発バインディング・アプローチは、組織及び個人が成長していくことで変化を起こしていくことを基本思想として埋め込んでいると述べたが、筆者は、一人の組織開発の内部実践者として、そして室のリーダーとして、組織レベルにおいても、個人レベルにおいても、それを身をもって体験したのであった。

我が国鉄鋼業の変革モデルとしての「働く文化の変革プロジェクト」

我が国の鉄鋼業には、避けては通れない脱炭素社会への適応に加えて、圧倒的存在感を示す中国との競争、国内の人口減少に伴う需要減、人工知能革命の取り込みによる生産技術の革新、これに、アフターコロナ後の新常態への対応が加わるなど、数多くの激変する未来が待ち受けている。これらの変化に柔軟に対応するレジリアンスを強化することが生き残りの大きな課題となるであろうし、非常に厳しい環境におかれているのは確かである。ただ、それは誰にも等しく求められる変化であり、逆にこの逆境を脱旧来型の鉄鋼業へと進化を遂げる大きなチャンスと捉えることもできるのではないだろうか。

ではどうすれば我々は果敢に未来に挑戦し、明るい未来を描けるのか？　筆者は、その鍵こそが新しい組織開発にあり、本プロジェクトは我が国鉄鋼業が今後目指す１つの変革のモデルケースとなりうる可能性を秘めていると考える。それは、目指すべき未来の目的地を明確に示し、それを実現するためのロジックと方法論、そして具体的な実践イメージを備えていることによる。

まず、目指すべき未来の目的地だが、「働く文化の変革プロジェクト」のゴールは「変革ビジョンストーリー」の実現であることは既に述べた。「変革ビジョンストーリー」が目指すゴールを紐解くと、その一節には

「地球環境問題の解決に資する商品、製造プロセス、サービスを育て、自分達の子や孫が、安心して暮らせる社会の実現に貢献します。

この「環境優先の価値基準」へ、まず、皆でやりたいことは、互いに「助け合う集団」となって、今ある【挑戦しづらい風土（10のカルチャー問題）】を解決することです。

（中略）

2030年までには、CO2削減、粉塵発生抑止等の社会に対する「環境負荷低減」を徹底的に進め、それぞれの立場と切り口で世界で一番、【省エネルギーを達成】し、【早い製鉄所】へ生まれ変わります。」

とある。ここで注目したいのは、「環境優先の価値基準」に未来の活路を見出し、製鉄所を変化させていくとの宣言である。国際的にも脱炭素社会への転換が待ったなしで迫られ、

また、我が国の人口減少に伴う内需の減少が確実な国内環境において、従来の大量生産モデルを続けていくことは難しく、ビジネスモデルの大きな転換が我々には否応なしに求められている。では、どのように変化していくのか？

その1つのヒントを与えてくれるのが、「環境最優先の価値基準」をど真ん中に置き、それを軸に変化をしていくという未来の姿なのではないかと思う。

我が国鉄鋼業の環境技術は名実ともに世界トップレベルであり、これまでも環境優先でやってきた。ただ、それは大量生産モデルを前提とした上で、いかに環境負荷を下げるかというアプローチでもあった。大量生産モデルの発想が染みついた我々にとっては、真の意味で「環境最優先の価値基準」にシフトすることは、パラダイムを転換させるに等しいことなのである。その実現にはマインド的にも技術的にも大きな困難が伴う。業界団体の日本鉄鋼連盟が、長期温暖化対策ビジョン『ゼロカーボン・スチールへの挑戦』（2018年）を打ち出したように、多くの人は、遅かれ早かれ、我が国の鉄鋼業は「環境優先の価値基準」へシフトせざるを得ないことに気づいているが、その難しさゆえに、そこに踏み込む決断がこれまでなかなか出来なかったのだ。[10]

そうした難しさを承知しながらも、未来のビジョンとして東日本製鉄所は「環境最優先の価値基準」を打ち出す。私の知る限りにおいて、製鉄所レベルでは国内初の宣言となり、未来に向けた変革モデルとなりうる可能性を秘めていると思う。そして、「それぞれの立場と切り口で世界で1番早く」「生まれ変わってく」ことに東日本製鉄所のビジネスの勝機を見るのである。

次に考えるべきは、「変革ビジョンストーリー」を実現するためのロジックと方法論、そして実践のイメージである。

我が国の鉄鋼業の1つの課題はＪＦＥスチールに限らず共通していて、一度動かしたら止められないその巨大装置産業の特性、そして過去の多角化経営失敗の苦い経験からか、過剰に「石橋を叩いて渡る」慎重さや堅実さがあり、それらは時に新たな挑戦を止めてしまう業界共通の本質的組織課題につながっている。

これはまさに企業文化を変革できるかどうかの問題である。この問題に対する重要な現実的ソリューションは、ロジックと方法論を備えた「先行事例の提示」だと考えている。すなわち、当事者たちが具体的イメージを持つことの重要性である。大胆な大きな変革を起こそうとする際、必ず問われるのが、「で、それをやってどうなるんだ？　成功するのか？」であり、答えられないことで挑戦を止めてしまうことは多い。野心的な目標であればなおさらである。

ただ、本プロジェクトは既に結果を出しはじめており、再現性のある新しい組織開発の働きかけにより、次に何が起こるのかのイメージを蓄積しはじめている。また、個々人も体験を積み重ねている。筆者が今回の働く文化変革のプロセスを、当該製鉄所の暗黙知のままにせず、形式知化し実践知論文および書籍としてまとめたのは、それがそのまま我が国鉄鋼業界全体の変革のヒントになってほしいという思いを込めているからだ。

もちろん、確実な未来はないが、明確な実践のイメージを持つことで仮説をもって挑戦ができる環境が整い始めているのである。これにより、挑戦のハードルは下がるであろうし、変革を進める際に仲間を広げていく共感の材料ともなるであろう。

このように、目指すべき未来の提示、それを実現するためのロジックと方法論、そして実践のイメージを備えるのが本プロジェクトであり、以上から、鉄鋼業が今後未来に向けて変化をしていくための１つのモデルケースとなりえるのではないかと筆者は強く期待する。

プロジェクトの実践はまだ始まったばかりであり、道程には大きく変化する困難や痛みも伴うが、実践の智恵（実践知）を蓄え続け、今回のような形で積極的に発信をしていきながら変革のモデルケースとして育てていきたいと考えている。

6 おわりに

世の中の変化は激しく、不確実で先を見通すことは難しい。とりわけ足元の新型コロナウイルスが猛威を振るう状況において、目の前にある危機を乗り越えるために、現実的な「数字の目標」の追求に目が向きがちである。それは勿論大切なことであるが、組織で働くのは機械でなく心をもった人である。働く人のエンゲージメントを高めることが経営戦略であると言われる時代。先が見通せない状況だからこそ、組織が進むべき明るい未来を示しながら、働くことで得られるやりがいや人間成長に目を向けることが、これまで以上に求められるのではないだろうか。

その意味において、組織及び個人に存在する「知」を集め、進むべき未来を示し、トップダウンとボトムアップの変わろうとする力を結合させて結果を導いていくバインディング・アプローチの実践は、不確実性が非常に高い今の時代において、組織をよりよき方向に導いていくための多くの示唆を与えてくれた。

そして、厳しい我が国の鉄鋼業界が、今後大胆に変化を起こしていく上での実践のモデルケースとなり得るのが、今回実践した新しい組織開発による「働く文化の変革プロジェクト」だと筆者は強く思う。


その変革の中心にあったのは、組織及び個人が学び続け「成長」することであった。絶えず学び続けることで新たな「知」を生み出し社会に価値を創造して貢献すること、すなわち「終身知創」の実践であったともいえる。

筆者にとっても、プロジェクトを中心的に進めてきた2年間は、多摩大学大学院で「学び直し」をした2年間と重なる。大学院での学びを日常の仕事の中で実践し、そしてその成果を実践知論文としてまとめ未来の施策として会社に提言したプロセスそのものが、私にとって「学び方」を学びながら成長し、周囲に対して変化を働きかけた実践だったと思う。未来に向けた提案の1つに、書籍『社員参謀!』の一人1冊の配布と所感の作成によって、変革を加速させていくことがあったが、それは、筆者の異動後に、S所長の決断により実行に移された。そして今、社員一人ひとりが本を「仕事」として読み、深い学びの所感を書きながら新しい組織開発の実践イメージを描くことで、変化のうねりが起き始めていると聞く。このように、筆者の小さい働きかけの一歩が追い風となって、多くの仲間が、それぞれの持ち場や立場で変革の実践を続けてくださっていることをとても嬉しく思う。

筆者は、プロジェクトを通して、誰かが行動を起こして変化を働きかけることで、それが一人ひとりの学びによる成長を促しながらリーダーシップ発揮の連鎖を生み、結果として大きな変化を起こせることを学んだ。働く組織で日々悩みながらも、目の前の現実をよき方向に変えていこうと挑戦される方にとって、本稿が働きかけを行う上での何らかのきっかけやヒントになれば望外の喜びである。

付録

実録インタビュー①

T作業長の葛藤と変化

インタビュー対象
高炉Gr　T作業長

筆者のインタビュー感想

室のビジョン完成直後の懇親会で、最も表情が強張っていたのがT作業長でした。今思えばインタビューで語られているように、自身の葛藤が表れていたのでしょう。お会いする度に、筆者に「自分を変えるのは本当に大変ですね、痛いですね」と語られるまっすぐで真摯な姿が印象的でした。

インタビュー終了後に、「滅茶苦茶大変だったけどバインディング・アプローチをやって本当に良かったですよ」と語った笑顔を見たとき、筆者はこのプロジェクトに取り組んで本当によかったと思ったのでした。

質問 組織開発実施前の職場課題はなんだったと思いますか？

全部自分がやらなければならないと思って、なんでも自分でやってしまっていました。私が部下を信じることができなったのが一番の課題だったと思います。

質問 本の所感作成から組織開発は始まったのですね。何を感じたのですか？

『リーダーの言葉が届かない10の理由』を読んだときに、これだ！　そういうことなのかって腹落ちしたんですよ。自分ができていないこととか、なんで自分の言葉が部下に届かないのかとか。自分の仕事の仕方って、ただ上から言われことをそのまま下に流して、自分の言葉で語っていなかったんです。自分自身が確信せず説明できないことをやれって部下に言ってた。それでは何をやっても絶対に上手くいかないですよね。これが本気で組織開発に取り組む決め手となりました。

質問 室の「実践ビジョン」と「やらない戦略」ができてからどう行動されたのですか？

バインディングカードを2枚表裏にして見えるようにして、パソコンの前におきました。実際に部下から話があればカードをみながら「部下からの相談を放置しない」とか「部下からの提案を否定しない」とか、1つずつ実践して、意図的に仕事の指示の仕方とか任せ方とかを変えていきました。

18年12月に大きな設備上のトラブルが起きたとき、もう自分だけではどうにも対応できなくて、思い切って部下に全てを任せることにしました。そしたらみんなで力を合わせて保全側のトラブルゼロで上手く乗り切ってくれたんです。あの大きなトラブル状態を任せてうまくいったのだからこれなら大丈夫と、そこから仕事のさせ方を大きく変えました。

質問 ビジョンの内容をどのよう受け止めたのですか？

何が不信なのだろうってはじめは分からなかったけど、みんなの動きを見ていて、自分の言動が不信を生んでいたことに気がついたんです。ああ、今の言動は部下の思いを潰してしまった、だめだったなあとか。だからこそ、バインディングカードを見ながら、このビジョンにある「上司をから変わる」を実践しなければだめだと思ったんです。でも実際は、壁にぶつかりながら迷いまくりましたし、悩みました。

質問 対話の場等で部下から厳しいフィードバックを受けたと聞きましたが？

部下からのフィードバックは痛かったですね。上から殴られるのと同じで、心にグサッと刺さった。でも、それはまだ変われていないということだから、全部言ってもらって、それを変えていけばいいやって思った。今のままじゃだめなのだから。

ビジョン策定の場で、あるリーダーから、「背中見せてください」って言われたことが一番印象に残っている。自分は十分見せているつもりだったから、何を求めているのかなと思ったけど、人としての姿勢を示しなさいと言われたんだと、あとで思いました。

質問　上司の存在はどうでしたか？

T室長の存在は大きく、考えるきっかけをくれました。色々な場面でじっと我慢をしながら話を聞いてくれました。ご自身がビジョンを実践されて、意見を否定しなかった。本気の背中をみて、自分もやらなければと思いましたね。

質問　バインディング・アプローチを実践しての感想を聞かせてください

グループ毎の目標と助け合うルールを決めてからの変化に手ごたえを感じています。職場のみんなが色々と考えながら自発的に動き始めていると思います。

みんながとりあえず楽しく仕事をしているというのが嬉しい。自分で考えながら仕事を進められるようになって、やらされ感もだいぶ解消してきたかな。バインディング・アプローチは大変だったけどやって本当によかったです。

実録インタビュー②

Aリーダーの葛藤と変化

インタビュー対象
高炉Gr　Aリーダー

筆者のインタビュー感想

誰よりも熱く、よい職場を作っていきたいという思いが人一倍強いのがAリーダー。それゆえ、なかなか変われない職場対して歯がゆい思いを持っていたのでしょう。そんなAリーダーが、T作業長の葛藤と変化を自身に重ね、内省をすることで自らが大きく変わっていった過程をインタビューで述べてくれました。Aリーダーの心の変遷は、バインディング・アプローチによって個人がどのように変化し、周囲に働きかける人に変わっていくのかを筆者に教えてくれたのでした。

質問　組織開発実施前の職場課題はなんだったと思いますか？

どうせ変わらないと職場があきらめきっていた感じでした。上にものが言えない雰囲気があった。こうやればいいのにと思いながらも、言われていたとおりやっていて、やるせなさを感じていました。

質問　組織開発を最初どう受け止めましたか？

リーダーが入ってのビジョン策定の場では、自分も含めてリーダーはダイレクトに上に意見をしました。ただ、その後、上の人達がこれまでとあまり変わらない態度をとったので、言ったことを後悔しました。ビジョンを作ってもどうせ変わらないのだなと思ってしまった。

質問　ご自身の変化はどうでしたか？

部下に室の「実践ビジョン」を語ったら、自分と同じ反応だった。こんなことやっても無駄ですよって。部下も上からの押しつけだと思ったのだと思います。その時、自分は上に変わって欲しいと言っているけど、結局自分は変わろうとしているのかなと思ったんです。T室長の本気で変わろうとする後姿をみて、自分も部下に背中を見せないといけないと思いました。

質問　上司には何か変化がありましたか？

ある飲み会でT作業長に、自分は変わりたいのだけど、どう変わればいいか分からないんだと打ち明けられました。その時申し訳なかったと思ったんですね。自分は上司をこういう人だと決めつけて見てしまっていたことに気がついたんです。普段は弱みを見せない人だから驚いたし、変わろうと努力をされていることは伝わりました。

実際に、前よりも仕事を任せてくれるようになっていたし、信頼してくれていると感じることも増えていきました。

質問　室の「実践ビジョン」と「やらない戦略」ができて何か変化はありましたか？

部下の表情が変わって、笑顔が増えてきました。上司に変化が現れ、仕事のさせ方のスタイルが変わったことの影響が大きいと思います。それまでは、怒られたくないからみんな遠慮していたのかもしれないです。

質問　「グループの目標」と「やらない戦略」はご自身にどのような影響が?

策定時の部下との対話で、彼らが色々と抱えてしまって言えないでいることに驚きました。ああ、自分がこの雰囲気を作ってしまっているのかなと自分に責任のベクトルが向いたんです。自分はビジョンを進めてもらう側ではなくて、進める側だと気がつきました。

それから自分自身の仕事のやり方もだいぶ変えて、部下を信じて任せるようにしています。部下の仕事の仕方も変わりましたね。チームでの助け合いが生まれてきました。

質問　バインディング・アプローチを実践しての感想を聞かせてください

バインディング・アプローチがうまくいくかは、上の立場の人の本気度次第だと思います。最初は「お前ら変われ」と言われていた気がしたけど、部下が書いた所感を読んで、実は自分もリーダーとしてそう思われていたと気がつきました。一番の内省は、変わって欲しいと思っていた自分は他人任せだったということ。だけどそれは違っていて、変わりたいと思う人はまず自分から動かないといけない。バインディング・アプローチをやって自分は変われたし、みんなも変われてよかったと思います。

■注釈

1　組織開発とは、従来の制度変更、組織体制や業務フローの改定、単純な要員確保といったハード対策のみで組織を改善するのではなく、職場の「人」や「関係性」といったソフトな部分に光あてて、包括的に職場改善に取り組む手法。

2　荻阪教授の提言を受け、プロジェクトでは「働く文化の変革」を「一人ひとりの仕事に対する行動を変えること」とし、具体的には、「組織が進む未来を示し、上司の仕事のさせ方を変えて、部下の仕事のやり方が変わること」と定義した。

3　詳細については、荻阪教授の著作「リーダーの言葉が届かない10の理由」と「社員参謀!」を参照。

4　現場の作業組織単位を束ねる職位名称を指す。

5　助け合う7つの役割とは、「突破」「作戦」「継続」「共感」「仲間」「アイデア」「リスク」を指す。(荻阪　2016、P.252)

6　人事部は、5室から構成されるが、千葉人事室が先行して実践し、後に他室が続いた。本稿では主に千葉人事室の事例を取り上げる。

7　新しくするという意味を込めて、あえて「新ため」と表記している。

8　(株)チェンジ・アーティスト社　クライアントインタビューより。
http://www.changeartist.jp/voice/voice-consulting/jfe_interview

9　ODとはOrganization Development（組織開発）の略語で、New ODは「新しい組織開発」を意味する。

10　２０２０年9月　ＪＦＥグループは２０３０年度のＣＯ２排出量20％以上の削減、２０５０年以降のカーボンニュートラルを目指した中長期のビジョンを打ち出した。

■引用・参考文献

荻阪哲雄（２０１１）『結束力の強化書』ダイヤモンド社
荻阪哲雄（２０１５）『リーダーの言葉が届かない10の理由』日本経済新聞出版社
荻阪哲雄（２０１６）『社員参謀！　人と組織をつくる実践ストーリー』日本経済新聞出版社
荻阪哲雄（２０１８）『成長が「速い人」「遅い人」』日本経済新聞出版社
加藤雅則（２０１７）『組織は変われるか』英治出版
香本裕世（２００７）『人事が変われば会社は変わる』日本経済新聞出版社
中原淳・中村和彦（２０１８）『組織開発の探求』ダイヤモンド社
中村和彦（２０１５）『入門組織開発』光文社新書
John P.Kotter (1996) "Leading Change" Harvard Business School Press.
（梅津祐良（訳）（２００２）『企業変革力』日経ＢＰ社）
荻阪哲雄（２０１５）『日本型『人材開発』進化論』月刊人事マネジメント、9月号
谷岡芳夫（２０１９）『組織課題解決に向けた組織開発というアプローチ』ＪＦＥスチール業務論文

終章

ライフシフト時代は終身知創で乗り切れ

徳岡晃一郎

●コロナ後を見据えた人生設計を今から始める必要がある
●キャリアを大きく拓くために特別な「場」をおりこむ
●キャリアのビジョンと出口戦略を描き、変身資産を築く
●ミドル・シニアの一人事業主の意志が新しい日本を導く

1 コロナ後の人生設計のカギは変化対応力

コロナが引き金となった変化と分断の時代にどう生きるか

人生100年時代の到来で新しい人生設計について関心が高まっているさなかに起きたのが、新型コロナウイルスのパンデミックだ。まったくの想定外で、飲食、観光、航空、エネルギー、オフィスビル、自動車など多くの産業が甚大な影響を受けている。世界では俄かに感染症リスクが見直されているが、同時に安全保障、環境、貧困、治安、テロなど社会に大きな変化を及ぼす様々なリスクに対しても敏感にならざるを得なくなっている。また人口減少や高齢化に伴う産業構造の変化も加速する。新たな産業が起こり、新たなスキルセットが必要になるだろう。これは職業リスクを高めている。このようなリスクまみれの世界が私たちの目の前に出現し、それに対応する新常態を当分は模索していかざるを得ない。私たちの生活は継続的な紆余曲折にさいなまれるだろう。

そしてこうした変化を加速するのがデジタルであり人工知能革命だ。AIや5G、IoTなど社会の様々な側面がデジタル化されることにより、デジタルトランスフォーメーションが起き、変化のスピードや規模感が爆発的に高まるのは必至だ。

しかも、今回の新型コロナはデジタルによる社会の「分断化」を助長し、私たちの生活をかつてない領域へ引き連れていこうとしている。これまでデジタル化はグローバル化とセットになり、私たちは世界と時空を超えて「つながる」ことで価値を生み出し、豊かな生活や経済を成り立たせてきた。グローバル化とはボーダーレス化でもあり、人々がデジタルを武器にして自由に誰とでも交流し、知を創造する活動のことであった。

しかしコロナはそれに水を差し、別の次元の変化、すなわちグローバルに分断された社会を促進している。そしてデジタルはその分断を新常態にしようとしている。

グローバル企業のオフィスやサプライチェーンや現場は国境で分断され、その隙間をデジタルでつなぐ。組織はテレワークへ移行して社員は離れ離れ。食事会や飲み会などの暗黙知の交流の場もオンラインに代替された。集合研修、儀式、式典も、スポーツ・文化・芸能活動も見送りだ。不要不急とさえ言われてしまう。中間管理職もオンラインでのマネジメントが可能になるが、部下や他部署とのつながりに苦労し、不良債権化する人とクリエイティブな人が明確に分かれる。人々はデジタルに頼ると一見生産性は上がるが、職場でのつながりを失い、仕事を進めるための機能的プロセスの一歯車になってしまいかねない。

が、私たちは元来リアルな場を通じて知らず知らずに、出会いを広げ、発想を豊かにし、モチベーションを高めてきた。一見すると無駄にも感じられる職場の冗長性が人と人との信頼関係を高め、知の共創のカルチャーを育んできたわけだ。グローバリズムの下で、デジタル化によってリアルの世界が拡充され「つながり」を存分に享受できてきた。ところが、コロナは、デジタルを分断のツールとして使い、これまで私たちが信奉してきたこうした「つながる価値」とは真逆の「分断」を強いているわけだ。デジタルはリアルのサポートではなく、リアルの置き換えになりつつある。ボーダーレスなつながりが一気にバラバラな分断へと突き進みつつある時代の空気のなかで、米中問題に代表されるような国家間の大きなアリーナでも、知の共創のカルチャーが途切れようとしている。技術の進歩によってデジタルを便利に使えるようになったがゆえに、分断が無意識に生活に入り込んで新常態化しやすい。単なるスキルの断絶を超えて、人間関係の調整プロセス、社会の共創プロセスまでもが寸断される可能性がある。

ウィズコロナの時代になったいま、それでも人生は１００年へ向けて伸び続ける。そしてオンラインはこれからも進むだろう。しかし、オンラインを上手く味方につけるなり、新しい濃密な交流の工夫を考え出すことによって、自国至上主義や引きこもり、組織のサイロ化に抗して、ハイブリッドな働き方や暮らし方を見つけないと人生１００年はとても寂しい時代になってしまうのではないだろうか。

こうした面でも我々は新しい時代に備えなくてはならないわけだ。人生１００年へ向けての長い人生の中で、コミュニティや人間同士の付き合い・助け合いといった、これまでは無意識に頼ってきたリアルの慣行が果たして続くのか？　はたまた、人間はもっと孤立して生きていかねばならないのか？　そんな時代の変化に私たちは、どのように自分を適合させていくのか。私たちに危機感はあるだろうか？　どのように対処したらいいのだろうか？

こんな変化のうねりが次々と押し寄せる時代に入ったことを一人ひとりがしっかりと認識しなくてはならない。もはや、のんびりとしていてはスキルはすぐに陳腐化してしまうし、いずれ何とかしようという速度感では競争には勝てない。

ひとつの手は知の共創のレベルを上げる準備をしておくことではないだろうか。今のような環境でいいことのひとつは私たち一人ひとりが自由に使える時間が確実に増えていることだ。通勤時間がなくなったことが大きいし、職場でダラダラ残業をすることもなくなった。それを逆手に取れば自分の「個人力」を磨く時間も確実に増えるはずだ。ポストコロナで人々が自由に繋がり始められるまでに、ウィズコロナ時代には、自分のベースとなる力を磨いておくのはどうだろうか？　ポストコロナの時代にリアルで再会した暁には、一人ひとりが見違えるような知の持ち主になっている！　そんな充実した生き方への処方箋を探ってみたい。

ポストコロナを見据えてますます必要となるライフシフト準備

新型コロナで分かった3つの真実がある。それは「想定外の3つの真実」と筆者が考えているもので、「どんな災禍が起こるかわからない。いつ起こるかもわからない。しかも災禍はすぐ忘れる」というものだ。これまでもSARSやリーマンショック、新型インフルエンザのパンデミックなど、多くの災禍が突然やってきた。が、私たちは毎回驚き、毎回すぐ忘れてきた。特に日本人は他国に比べてその傾向が強い。しかし、これからはこの3つの真実をしっかり踏まえて生きていく必要がある。なぜならば人生100年時代、80歳まで現役が必要な時代だからだ。40歳の読者であれば、まだあと40年も現役でいないといけないが、その間に何度も想定外の災禍に見舞われる可能性がある。そんな何が起こるかわからない将来においても自分を現役として80歳まで引っ張るためには、どんな想定外の災禍にも耐えられる底力をつけておくしかない。またいつ起きても対応できる変身力も重要だ。そして長い人生の中で何度も遭遇するかもしれない災禍に対して、いちいちジタバタしないように経験を記憶しラーニングしておかなくてはならない。

これはすなわち自分の長い人生を積極的に作り込んでいく「ライフシフト」の発想法にほかならない。私たちはこれまで、人生の表舞台を60歳定年までとし、会社のために長時間労働で懸命に働くことを基本にしてきた。想定外の事態には会社が対処してくれるという期待があった。そして定年まで持ちこたえれば、その後は老後の隠居生活に逃げ込めた。そんな生き方を変え、自分の100年の人生のために仕事や会社を活用する生き方へシフトする。

これがライフシフトだ。ウィズコロナ時代の今こそ、それに続くポストコロナ、すなわち、いつパンデミックが起きるかわからない時代、デジタルによる分断が加速する時代においても、長期にわたってそれを乗り切って自分をベストの状態でキープし続けられるか。人と人とのつながりをキープする魅力を保持し続けられるか。つまりライフシフトを臨機応変に実践し、自分の価値を維持できるか。そのための基礎体力を養っておくことが重要になるわけだ。

そうした基礎体力を変化対応力（レジリアンス）という。これがライフシフトのカギであり、コロナによってますますそのニーズが明らかになったわけだ。それは、臨機応変に次々と押し寄せる変化の波を、サーフィンをするかのように乗り越えていく力だ。「人生の底力」といってもいいだろう。

ライフシフトのための新しい生き方＝終身知創

変化対応力の中身についいては後述するが、ここで押さえておかないといけないことは、ますます変化が激しくなる中で、１００歳まであと40～50年も生き続けるミドルたち、もっと長く生きる20～30代の若者たちは、常に学び続け、自分の力量をアップデイトし続けねばならないということだ。自分の人生の底力に常に気を使うべきだ。新たな変化から学び、さらに次の変化への準備をしていく。その繰り返しが人生１００年を豊かに過ごす要諦となる。

しかし、「想定外の３つの真実」で述べたように、私たちは忘れっぽく、痛みを伴う大きな変革を先送りしがちだ。喉元過ぎれば熱さ忘れるだ。これからはそのようなお気楽な生き方はできまい。常に、次代を見る目を養って、よくよく観察し、過去に囚われずに、大胆かつスピーディに自分を変えていかねばならない。過去の教訓からきちんと学び、先送りせず未来に備えなければならない。これらは大人としての責任能力でもある。さもないと社会のお荷物になる。しかもその社会は少子化が進み、そんなお荷物の「オブジェシニア」(単にいるだけで価値を生まない高齢者) を負担する余裕はない。

また、変化に対応する「目的」は単に生き延びることだけではない。新しい時代を作ることに積極的に参加し、自ら価値を生み出し、対価をもらえるようになることを本来の目的として認識することが重要だ。ミドルやシニアが率先して、日本や世界の未来づくりに挑戦している姿を若者たちに見せることが社会の活力を生むはずだし、日本がこれまで育んできた知の共創のカルチャーを発展させることにもなる。

こうして変化対応力を発揮し、人生100年を通じて知を創造し続け、社会の発展とともにある自分を貫いていく生き方を筆者は、「終身知創」と名付けた。

ライフシフトとは終身知創なのである。単に年金不足を補う生活費補填のためにアルバイト先を見つけられるかどうか、といった「しけたライフシフト」しか視野に入らない老人ばかりの日本にはしたくない。

場づくりで終身知創を加速する

知識創造理論の提唱者である一橋大学の野中郁次郎名誉教授が指摘するように、知の創造の根幹は「場」だ。場とは、参加者が相互信頼に基づき本音や暗黙知を自由に共有し合える空間だ。そうした空間で真善美を考え、問題の本質を突き詰め、大いにかつ創造的に対話することでこそ、新たな知が生み出される発端になる。忙しさにかまけると表面的で当たり障りのない出会いがしらの会話が多くなる。とりあえずの解で満足してしまい本質には迫れない。信頼関係は築けず本音や真実は明らかにされないので、敢えて困難に飛び込んでイノベーションを起こす（知を創造する）モチベーションは生まれない。知を創造しつつ生きることで、社会や人々に価値を生み出し、人生は豊かになる。

そういう意味では、人生100年を通じて知を創造していくためには、人生の随所で「場づくり」をしていくことが欠かせない。図1のイメージのように、場を随所に設けることで、そのたびに知識創造が起きキャリアをグイッと上向きに加速（キャリアブースト）していくことができる。

誰もがそんな場を普段のキャリアに加えて意識的に組み込めれば人生は大きく変わるだろう。ただ毎日を過ごしていては、業務目標はこなせるかもしれないが、場を作り知を創造することには踏み込めない。

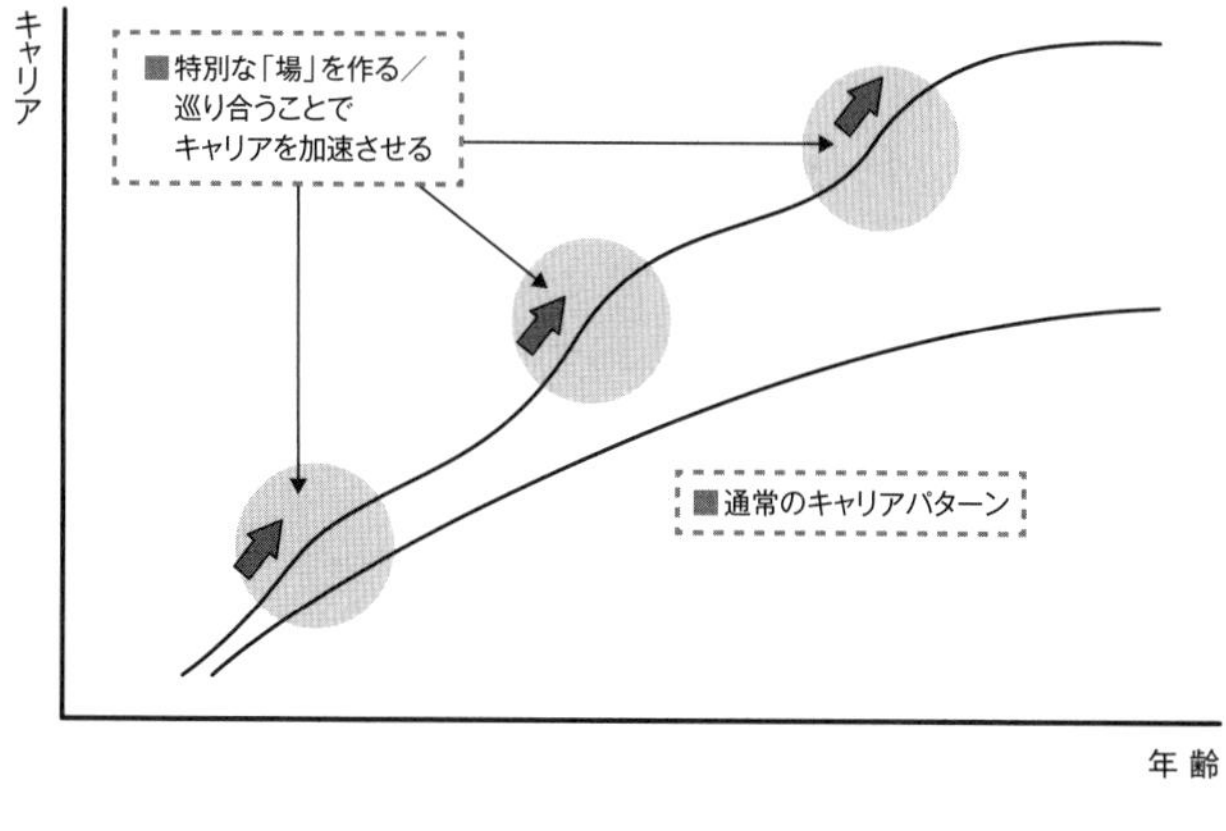

図1　場によるキャリアブースト

そういった場はどうしたら持てるのだろうか?

筆者のキャリアを例にしてみよう。

大学を卒業後すぐに日産自動車に入社し人事部門に配属された。当時の日産は石原社長の下でグローバル戦略を強烈に推し進めていた。優秀な社員が集い、知的雰囲気の優れた企業だった。社員の誰もが改善や創造に熱心であり、勉強を欠かさない組織カルチャーであった。そんななか、人事部門での通常のキャリアに付け加わり、筆者自身のライフシフトにつながっていった知の創造を加速した主な場をいくつか拾ってみよう。

その第1回目は、入社3年目でのオックスフォード大学への留学だった。そのMBAコースでの修士論文作成では戦略と企業文化をテーマにした。当時、日産が建設していたニューカッスルの自動車工場を舞台に、日英関係者や教授、院生同級生らと日本流のモノづくりの価値観、組織カルチャーの役割などを議論してまとめた。クロスカルチャーでの自動車産業の知の移転・共創というテーマで場が生まれていた。個人のライフシフト的には、そこで社会人になっても学ぶことの楽しさに気づくとともに、欧米のビジネスパーソンたちが持つ、社会人になっても変わらぬ学習意欲を目の当たりにし、衝撃を受けた。

2度目の場は、イギリスからの帰国後に配属された開発部門だった。そこではメインに担当していた人事評価業務とは別に、魅力あるクルマづくりの組織風土改革プロジェクトに参加した。組織開発、変革リーダーシップ、しがらみ打破など、硬直し始めていた日産のカルチャーをいかに変えるかをプロジェクトメンバーの気鋭の若手課長やマッキンゼーの優秀なコンサルタントたちと真剣に議論した。20代後半から30代前半にかけての濃密な場であった。そこで生まれた風土改革施策も一助となって初代シーマやスカイラインR32GT−R、Be−1などの名車が生まれた。個人のライフシフトとしては当時一橋大学教授であった野中教授や多摩大学大学院の紺野登教授との今につながる出会いとなった。その15年後、自分が日産を退職して大学教員の道に入ることになることはまだ知らない。

このような特別な「場」が人生の中でどれだけあるかで、知の創造の傾きが変わり加速がつく。ライフシフトのチャンスがより広がるわけだ。

終身知創の時代にはキャリア形成を若い時から意識する重要性がここにある。ルーティンのキャリアをはみ出して特別な場を持ち、キャリア展開を加速するには、それなりの時間とパワーがいる。シニアになってからでもできなくはないが、やはり時分の花というものがどうしてもある。若いエネルギーに満たされている時期こそ重要なのだ。若いうちはとても忙しいものだが、終身知創の観点からは、いくら忙しくても組織のルーティンのみに明け暮れて埋没することなく、敢えて組織のルーティンからはみ出すような知の創造にコミットする特別な場づくりに努力する価値があるのだ。

また、ルーティンワークが流動性知能（情報処理能力）を磨き発揮する機会だとすると、特別な場とは、そうした土台の上に乗って、より本質的な問題に取り組み、価値を生み出す結晶性知能（経験値をもとにした応用能力）が磨かれるチャンスということができよう。結晶性知能は流動性知能よりも、年齢にかかわらず伸びていくことが知られている。（ダイヤモンド ハーバード・ビジネス・レビュー2019年4月 竹内規彦教授）ということは、若いエネルギーの横溢した時分にだけ、特別な場をこなしていくばかりではなく、ミドルやシニアになって多少枯れてきたとしても、まだまだルーティン以外にも大きなプロジェクトをこなし、新たな知の創造に挑めるのである。だからこそ終身で知識創造をやり続けられるのだ。ご隠居を決め込んでいる場合ではないのである。

次からは、終身知創によるライフシフトの実践ノウハウについてみていこう。

2 終身知創によるライフシフトのパターン

3つの生き方：Explorer, Independent producer, Portfolio worker

リンダ・グラットンは著書『ライフシフト』で人生100年という長く生きる時代には、3つの生き方を選べるようになるという。これまでの人生80年の時代には、60歳まで一生懸命働いて、その後の20年間は余生だった。しかし、人生100年となると、私たちは80歳まで現役を保てるし、人口減少も相まって、80歳まで働かないと必要な労働力を供給できなくなってしまう。また年金で十分な生活費が支給されることはもはやなくなるため、好むと好まざるとにかかわらず働かざるを得ない。しかもこれまで述べてきたように、その20年の間にも世界は大きく変わり続ける可能性が高い。

こうしたことを踏まえると、1つの会社で終身雇用という世界はもはやリスクが高すぎてありえない。また仮に運よく60歳までたどり着いたとしても、その先の20年間の働き口に困ってしまう。もはや定年後に子会社を斡旋してくれるような鷹揚な会社はない。自分で探すとなれば、それ相応の準備が必要だ。そのためにも、早くから終身雇用慣行には自ら終止符を打ち、3つの働き方を少しずつ試しながら、自分らしい生き方にシフトし、80歳まで現役でいけるキャリアの底力をつけていくのが賢い選択になる。

では、その3つとは何か。日本の事情に合わせて具体的に解説してみよう。

まずエクスプローラー。いわば探索者型キャリアだ。これは、長い人生を活用していろいろな体験を積み人生を楽しんでいく生き方だ。大学卒業後、終身雇用を前提に一斉に就職する慣行は、今回のコロナ禍に後押しされていよいよ崩壊する。卒業後はしばらく海外見分を積む。会社で数年勤務した後は、大学院でMBAを取得し、自分のプロとしての方向性を見出す。MBAを取得すれば転職したり、起業したりとキャリアの道は多様化する。40歳までに数社を経験。その中では敢えて海外で勤務するチャンスを確保するのは非常に重要だ。また30代で結婚して子供ができたら育児に専念するために1~2年は会社を休職するのも男性が世間の常識に触れるためには大切になる。会社しか知らず退職後に地域と切れてしまい何もすることがないシニアは多い。40代になればプロとしての土台はできてくるので、そこでさらに別の展開を目指してもいいだろう。別の分野でのプロにもなるのだ。筆者の場合は、40歳までで培った人事の専門分野に、転職によってコミュニケーションの専門分野が加わった。「知の交差点」ができウリとなる。このあたりでもう一度大学院で学び直してもいいし、サバティカルという長期休暇で別の世界に身を置くのもいいだろう。たとえば趣味を深めるために料理やソムリエの学校に通うという手もある。また自分の経験をまとめて理論化・体系化することができれば、50代になって母校で客員教授を任されることもありうる。探索型キャリアは、このように20代から80歳までの60年という長い現役時代を有効活用し、幅広い経験を積み、キャリアの幅を広げ、どんな変化が起きてもしなやかに対応できる知的基礎体力を作っていくことができる。終身にわたるキャリアの多様な蓄積そのものが知識創造になっていくという楽しめるキャリアパターンといえよう。

第2はインディペンデント・プロデューサー。いわば個人事業主型キャリアだ。これは端的に言えばフリーランサーだ。フリーランスはどんどん増えてきており、日本では1000万人、アメリカでは5000万人以上という（厚労省フリーランス白書）。しかし、そのなかには兼業・副業なども含むため、ここでいう個人事業主型キャリアは、「雇わない雇われない働き方」という方が正確だ。ピンでプロとしてモノづくりやサービス、コンサル、士業などをしていく。日本ではインディペンデントコントラクター（ＩＣ）とも言われている。フリーランス白書によれば、

●クリエイティブフリーランスとして
・デザイナー、編集者、映像ディレクター、コピーライター、フォトグラファー、アーティストなど

●ビジネスフリーランスとして
・エンジニア、ライター、コンサルタント、広報・人事・財務などのスペシャリスト、弁護士など

●職人フリーランスとして
・スタイリスト、美容師、フードコーディネーター、ハンドメイド作家、ハウスキーパー、スポーツトレーナー、講師など

が挙げられている。

キャリアのパターンとしては、企業で経験を積み自分のプロ力をしっかり培う。その力をもって独立する。独立に当たっては自分の会社を作る場合もあれば、個人事業主として稼いでいく場合もある。独立した場合、クライアントを自ら惹きつけねばならないのは不安要素だが、そのリスクを解消するように様々な専門職同士のコミュニティや紹介プラットフォームが形成されており、セーフティネットが充実してきている。このパターンの場合は、自分の好きなことに生涯打ち込んで深めていくという意味で人生イコール終身知創というタイプだ。手を抜くと陳腐化してしまい独立を維持できなくなるが、やはりもともと好きなことをキャリアの基本に置きフォーカスしているので、知のアップデイトには苦にならず独自の世界をクリエイトしていく情熱がドライビングフォースとなる。

第3がポートフォリオワーカー。いわばパラレルキャリアだ。これは、多様なキャリアを同時並行でこなしていく複線型のキャリアパターンだ。これからは上述のフリーランサー的な働き方をする人が増えたり、兼業・副業が認められるようになるなど、働き方改革と相俟って、一社に24時間縛り付けられることはなくなる。フレキシブルに自分の時間を使うことが可能になるわけだ。一方で、受け入れ側の方でも、一人をフルタイムで雇用するのではなく、クラウドワーキングや副業受け入れによる専門分野や作業の補完、顧問による経営アドバイス、大学での客員教員、ＮＰＯ／ＮＧＯへの支援など、フレキシブルな働き方での価値提供にこそ価値がある流れが増えてきている。そのような時代は、多様な能力や幅広い好奇心のある人、器用な時間管理ができる人にとっては終身知創のチャンスだ。いろいろなことを同時並行でやるとは、いろいろな場を同時に持つことでもあり、特別な場による知識創造の加速化が大いに期待できる。たとえば中小企業の顧問をやりつつ大学院の客員教授をパラレルに勤めている人であれば、その中小企業でのプロジェクトで苦労した内容が、大学院で教えるビビッドなネタになって受講生に刺さる内容になりうる。そこでの議論で気づいた問題意識を、手伝っているＮＰＯで問いかけたところ、皆同じことで悩んでいることを発見し、自分のブログで綴る。その反響でまた授業や顧問のネタが増える……。このような多様な場が重層化することで、知識創造の循環が起きてくる。それがポートフォリオワーカーのパラレルキャリアの醍醐味だろう。時間的にはやりくりが大変であるものの、終身知創が板についていく。

様々な出口戦略

以上、3つのキャリアタイプを示したが、実際の出口は近年ますます多様化している。以下に概観してみよう。（表1）

人口減少、とりわけ地方の過疎化が進む日本では、地方や中小企業など人材不足で困っている企業は山ほどある。中小企業はいい技術を持っているにもかかわらず、デジタル化、海外進出、イノベーションなど、事業を飛躍させるためのノウハウがどうしようもなく不足している。そうした企業に再

表1　力を磨けば、定年後もある様々な可能性

●再就職

- 都会の中小企業の第二の創業や近代化、海外展開の支援
- 地方の中堅・中小企業へのUターン、Iターン
- 高齢者採用企業への転職
- 経験を活かしたアルバイト（小金稼ぎ）
- 日本の中小企業の海外拠点での就職
- 海外企業での就職

●独立・起業

- 若い時の夢だった事業を起こす
- 自分の得意技を活かしてフリーランサー
- 自営業
- 自由業（俳優、歌手、スポーツチームの監督……）

●社会貢献

- NPO／NGO
- 地域ボランティア、グランドシッター
- ソーシャルビジネス
- シニア海外ボランティア

●勉強

- MBA
- 資格取得
- ライフシフト大学

就職したり顧問として数社を掛け持ちするなど、働き方は様々に用意されつつある。また海外の企業も日本の優秀な技術を求めているし、海外駐在を経験した人のなかには最後のキャリアを第二の故郷にもなった海外で勤務したいという人も増えてきている。これをＮターンと呼ぶ。

こうした企業への就職以外にも、インディペンデント・プロデューサー型の一匹狼のハードルもどんどん低くなっているのは先に見た通りだ。終身雇用型のキャリア観は高度成長時代の工業生産力モデルと同時に出来上がり、組織への忠誠、組織内ノウハウの伝承・磨きあげを促したが、それは個人にとっては外で活躍する知の創造・蓄積にはつながらなかった。しかし終身知創の時代の到来とともに、若いうちからキャリアを意識し、社外や海外での経験を積み、リカレント教育にも熱心なライフシフト世代が早晩育ってくるだろう。そうなると個人の実力をベースに人生を拓くインディペンデント・プロデューサー型キャリアは大いに魅力的なものになるはずだ。アメリカがその先行指標と言えよう。

別の角度では、シニアになると社会貢献の意欲が高まってくるため、その方面でキャリアを積むことを意識する人も多くなる。あくせく働くことや金銭的豊かさを求めることには終止符を打ち、人生の意味を高い視点から見出そうとキャリアをデザインするのだ。ＮＰＯ／

NGOは経営ノウハウや組織化ノウハウにやや劣る場合が多いため、高い給与は期待できないが、社会課題に向き合う意欲の高い若者たちやそこにキャリアを見出すミドルたちを、シニアが自身のノウハウでサポートしていくのはとても意義がある。

こうしたいろいろなキャリアの出口戦略に箔をつけて、一段高い領域にジャンプしつつライフシフトするためには、自分のノウハウや知識・スキルのアップデイトが欠かせない。出口戦略の一環として、多摩大学大学院をはじめとする実践型のMBAコースで自身の知の体系を盤石にする。自分の専門分野のリカレント（学び直し）で知の再武装を施す。筆者が主催するライフシフト大学で人生100年のキャリア観をしっかり磨くなど、様々なアップデイト手段が用意されている。こうしたアップデイトにより終身知創への窓は大きく開かれる。

高齢化と人口減少が進む日本では、これまでのパラダイムに頼っていてはますます多くの社会課題が噴出し重荷になっていくだろう。そういう現実の中でもがいている地方や中小企業にイノベーションをもたらしたり、社会課題の解決の最前線に向き合っているNPO／NGOを支援したり、さらには次代の日本を担う若い世代がしがらみなくイノベーションに取り組める社会づくりが重要だ。それでこそ日本は工業生産力モデルを脱し、知識社会へ脱皮することが可能になるはずだ。工業生産力モデルを牽引してきた当事者であるミドルやシニアたちにとっては自己変革が必要になる。筆者を含め、ミドル・シニアたちが再度立ち上がり、率先して学び直しに励み、知の再武装を施すことで、社会全体が終身知創に向かっていくドライビングフォースになる、そんなキャリアを果敢に選択していきたい。

3　ライフシフト戦略を策定する

ライフシフトビジョンを模索する

人生100年時代に入った今こそ、私たちは終身雇用パラダイムから脱出し、終身知創への扉を開けなくてはならない。終身知創の生活様式や働き方を新常態（ニューノーマル）にし、出口戦略を実現していく必要がある。

終身知創時代のニューノーマルとはなんだろうか？

まず重要なのは、各自が自分自身の80歳現役をイメージした「ライフシフトビジョン」を持つことだ。これまでの終身雇用型の生き方との決定的な違いは、自分の生き方を決めるのは誰かということだ。これまではそれは組織であり、会社であった。あるいは誰もそんなことは考えていなかったのかもしれない。社員は会社に一生を預け面倒を見てもらえるものと思って一生懸命働いてきた。企業は終身雇用的な雇用保障で応えてきた。しかし、どれほど社員各自の未来やキャリア、才能発揮の最大化などを考えていたかといえば、ほとんど何も考えていなかったのではないか。欠員補充の場当たり人事だった。

しかし、終身知創パラダイムでは、自分の生き方を決める主権を自分の手に戻さなくてはならない。会社とは対等の立場で自分の能力を売る。どの能力を買ってもらうか、自分の提供価値を何にするかは、自分自身の人生経営計画の一環で決めていかなくてはならない。

そうなると、自分という個人事業（自分会社）の社長として、ビジョンが必要になる。企業と全く同じだ。ビジョンのないところに未来はない。「明るい社会を描くビジョンがなければ明るい社会はやってこない」とは、かつて英国の再建に当たったサッチャー首相の名言だ。

自分の80歳現役ビジョンとはなんだろうか？　その問に対する答えを見出さないといけない。たとえば、「今の専門領域において、その潮流に乗り遅れることなく自分磨きをし、マーケティングのコンサルタントとして時代認識とこれまで培った深い経験に裏打ちされたユニークで先見的なアドバイスをするプロになって活躍していきたい」などだ。

もっとも、今30代や40代の人にとって80歳をイメージするのは簡単なことではないだろう。従って、現実的には次の10年だと筆者は考えている。いまから10年間で徹底的に準備をし、次の10年に生きる力を蓄えるのだ。たとえば、「50歳までに徹底的にコミュニケーション力を磨き、海外の取引先のトップにも堂々と自社の戦略を迫力を持って語り信頼される人物になる」などだ。

未来年表でロードマップを描く

このようなビジョンを持つと、当然のことながら、ではどうやって実現するかとなる。そこで重要なのが、アクションプランへの落とし込みの手法である「未来年表」だ。表2を参考にされたい。80歳現役あるいは10年後のビジョンへ向かってのロードマップを記すものだ。未来年表は5年ないし3年スパンでいいだろう。スパンがあまり長いと非現実的になるし、短過ぎるとジャンプできない。

まず5年後の社会の様子を予想する。どんな社会がきているのか、経済状況、技術革新やグローバル化の進展度、競合状況など、自分の未来にインパクトを与えそうな要因を挙げ、前提条件を整理する。その上で、5年後に到達したい自分のライフシフトを描くわけだ。

それを描けたら、今度はそのためのロードマップをやや細かめに描いていく。

表2　未来年表

■5年後の自分のゴール：
→インバウンドを活用した地域創生、中小企業のセールス支援コンサルで独立したい！

■キーとなる社会の変化：
→コロナが一段落して再びインバウンドの観光、消費が盛り上がるが、地方では疲弊が進んでしまっている

	ライフシフト達成への現状の課題	ありたい状態（5年後のマイルストーン）	どう達成するか
経験	実務での営業経験は豊富にあるものの伝える経験は不十分	コンサルやマーケティング指導の経験を積んでいる	自分の会社内の自主勉強会を行い、講師役を買って出る
プロとしての知識・スキル	勉強はしているので基礎知識はあるが、コンサルとして語れるような自信はない	関連する学問領域の習得、経験知の体系化、話術をマスターしている	MBAで学び、自分らしいノウハウをまとめたい
強みにしたい能力	バイタリティと分析力はあるが、中小企業オーナーを説得するにはどうしたらいいのか？	中小企業オーナーや社員と向き合い、説得するための共感力が必要	様々なコミュニティや研修会に出て実践知を磨くしかない
人脈	人脈が今の会社内に偏っている	いつまでもコンサルとしての鮮度を保つために広い人脈を形成している	MBAでのつながりの確保、積極的に勉強会に顔を出す
健康	今のところ特に問題ないがやや太りすぎ	知的に見える颯爽とした体形づくり	飲み会を減らす
財力	MBA資格取得のための費用の捻出	MBAの費用の貯金ができている	タバコを止めるなど節約を徹底する
家族	収入減への妻の理解を得る必要がある	新しい暮らしに合う生計のあり方が見えている	妻とよく話し合う。好きなことばかりやらないよう努力する

自己のレジリアンスを高める変身資産管理

未来年表を描き、自分の未来へ向けて着々と前進していくことで、終身知創への扉は開かれる。しかし一方で考慮しておかなくてはいけないのが不測の事態だ。想定外は起こるものだ。VUCAの時代といわれるように、Volatile（変動）、Uncertain（不確実）、Complex（複雑）でかつAmbiguous（曖昧）な環境は続くし、コロナ禍に見るようなパンデミックで世界全体が激しく揺さぶられることも今後は想定される。このように何が起きてもおかしくない時代には予定調和でうまくいくわけがない。それゆえ、何が起きても耐えられる自分を作る必要がある。

これが終身知創のもう1つの側面であり、自分で自分の人生を決めるためには、ビジョンと同時に、想定外へ耐えられる基礎体力、レジリアンス（resilience）を高めておくことが自己責任として求められる。

それを筆者はライフシフトの「変身資産」と名づけている。変身資産を強化していくことこそ、今の自分に安住しない生き方であり、知を磨き自分を作り替えていくという意味で、終身知創の生き方そのものだ。

変身資産には5つのカテゴリーがある。（表3。詳細は拙著『40代からのライフシフト・実践ハンドブック』を参照ください）

①オープンマインド

オープンマインドとは、変化を乗り切る意志力を生み出すものだ。人間は誰しも変化に対応するのは億劫だし、リスクを伴うので避けたくなる。しかし、ライフシフトの本質は、長い人生に合わせて人生を変え続けること。長い人生をいろいろな形で楽しむことだ。80歳までいきいきと過ごしたい。型にはまった人生ではなく、変化のあ

表3　80歳まで現役力を保つための変身資産

1	オープンマインド 変化に対して前向きでいる精神力	ポジティブマインドセット
		未来への思い
		チャレンジ精神
2	知恵 変化を読んで活用する実践知	知識・スキル
		経験の幅
		教養
3	仲間 変化から、助け合って知を生み出す友	親しい友人
		ビジネスネットワーク
		ソーシャルネットワーク
4	評判 変化の中で埋没しない信頼とアピール力	発信力
		共感力
		独自コンテンツ
5	健康 変化を乗り切る基礎体力	運動
		食事・睡眠
		心

る人生を楽しむには、変化を受け入れ、エンジョイする力が必要なのだ。そのためには3つの要素がある。

●ポジティブマインドセット：環境の変化に柔軟に対応し、何でもまずやってみようと、明るくとらえる姿勢
●未来への思い：未来の自分や組織のビジョンを描き、自らリードしようという姿勢
●チャレンジ精神：課題を避けずに、少し背伸びしてでもなんとかしようと、取り組む姿勢

②知恵

ライフシフトを成功させる大きな要因は、やはり人生を生き抜くための総合的な知恵だ。いかに自分が社会やお客さまに貢献できるか、その力量である。プロとして80歳まで現役を貫くために、自分が使える知恵は何なのか。また、今後蓄えていきたい知恵は何なのか。この知恵の資産形成には時間がかかる。せっかく築いてもあっという間に陳腐化する可能性もあるので、日頃から知の再武装を心がけてポートフォリオを最大化するように、マネジメン

トしていく必要がある。知恵を形成するファクターには3つある。

●知識・スキル：自分の専門といえる常にアップデイトされた知識とスキル
●経験の幅：組織や専門領域をまたがる問題解決やプロジェクトをマネジメントした豊富な経験
●教養：未来へ向けて自分のビジョンを描く際の基軸となる明確な価値観。将来に重要になるイシューを見極める時代認識や情報力

③仲間

ライフシフト時代の現役生活は20代から80歳までの60年に及び、その間にいろいろなシフトを経験することになる。都度のライフシフトを引き寄せたり、そこでいきいきと活動したり、新たなステージでの悩みを相談したりと、すべての場面において重要になるのが友人の存在や人脈だ。長い人生を孤独に歩むことなく、エンジョイするために、人的ネットワークは変身資産の中でも特に重要だ。出会いが人生の輪を膨らませ、場の価値を高める。

また出会いは偶然起きるということも重要だ。おっかけ的な人脈形成も大切だが、より多

くの場をつくり、偶然の出会いを楽しむ。そこから思いがけない輪が広がっていくものだ。そういう意味では、出会いの場に参加することを億劫がらない、頼まれたら断らない。そんな姿勢を持っておくべきだ。選り好みをしていると自分自身が淘汰されてしまう。仲間には3つのタイプがある。

●親しい友人：自分のライフシフトの夢や悩みを相談できる親友・心友
●ビジネスネットワーク：ライフシフトの相談に乗ったり、応援してくれそうな今の仕事関連の友知人のネットワーク
●ソーシャルネットワーク：ライフシフトの相談に乗ったり、応援してくれそうな今の仕事とは関連のない世界での友知人のネットワーク（学校時代の友人・恩師・先輩・クラブの仲間、会社の同期・先輩・後輩、趣味の仲間（ゴルフや囲碁など）、社会人MBAの同級生・アラムナイ仲間、異業種交流で知り合った仲間、前職の会社の同僚・上司・後輩、取引先で気の合う人、ボランティア仲間、常連となっているお店のマスターや客など）

④評判

評判（Reputation）も長い人生の中では重要な変身資産を形成する。本来の自分とは別に、いい評判も悪い評判も風評のようにずっと付きまとい、世間はそれで人を評価してしまうからだ。気を付けないといけない点は、評判は広告や宣伝で形成されるのではなく、あなたの行為によって、他者が形成してしまい、知らないうちにあなたを決め付けるという点だ。

これは企業も同じで、広告や宣伝でブランドは形成できるが、企業を見る目は、企業の実態（宣伝と実態の差）や不祥事への真摯な対応、社会的課題への果敢な取り組み（社会的責任意識）など、裏表すべてを見ている消費者や世間が決める。これが個人にも当てはまるわけだ。ライフシフトをしようとした場合、いい評判を得ていれば安全な下駄を履いた状態でスタートが切れる。

また、評判とは蓄積でもある。じわじわと多くの人に共有されてこそ信頼に足る評判になるため、少しずつ着実に積み上げていかないといけない。それゆえ自分のライフストーリーがとても重要になってくる。自分のこれまでの人生を振り返ってみたとき、築いてきた評判とは一体どういうものなのか。周りにぜひ確認すべきだ。

評判をマネジメントするための鍵は3つある。どこを伸ばしていきたいのかを考えて努力することで、よりよい評判を変身資産として発展させていくことができる。

●発信力：自分の考えや発想を明るく発信し、他者と積極的に絡んでいこうとする力
●共感力：相手の気持ちを汲んで、アドバイスや協力をして、助け合おうとする力
●独自コンテンツ：自分にしかないノウハウを軸に社会に貢献できる力（組織内外での豊富な人生経験の中での成功体験や失敗体験、修羅場や逆境での学び、会社で培ったユニークな知見、イノベーションの体験、上場の体験、組織の中で生き延びるための独自の知恵、海外勤務で得た知見、趣味の世界で培った知恵や世界観など……。こうした知見や経験をもとにして明確にした自分なりの提供価値）

⑤健康

変身資産の最後は健康だ。長い人生を生き抜くだけでなく、楽しむための必須要素だ。そのベースは一般的には、①運動、②食事、③睡眠だといわれている。年齢を重ねると、次第に運動が億劫になり、食事も塩糖脂過多、アルコール摂取過多などで、生活習慣病が魔の手

のように迫ってくる。睡眠も不規則になりがちとなり、体によいことを意識的に行っていかなくてはならない。

また、業務負荷、人間関係、人事評価で悩むなどストレス過多、オンライン過多や組織や関係性の分断化で、多くの人が心の不調を訴える昨今、心の健康への配慮も大変重要だ。子供の教育、介護などの家族の問題も増えていく。転職の心配などライフシフト自体が大きなストレスにもなってしまう。自分の人生を考えるだけで、気が滅入る人もいるだろう。

しかし、体と心の健康を維持してライフシフトに備えることで、体力・気力が充実すると好奇心が旺盛になり、学習や経験の量に直結する。知恵資産、仲間資産も増え、ライフシフトの可能性がますます広がる好循環が生まれる。次の3つを独りよがりで決めつけず、医者や専門家の助言を受けられるようにしておく必要がある。

- ●運動：80歳までの現役力をたもつための運動能力
- ●食事・睡眠：80歳までの現役力を保つための健康のバランス
- ●心：80歳までの現役力を保つための心のケア

以上の5つの変身資産は日頃から心がけていれば高めることができる。これを日常生活に織り込むことこそがコロナ後のニューノーマルの基本ではないだろうか？　終身知創生活の基盤になる。これを自分としてどのように高めていくのか、ここでもプランニングが重要になる。表4を参考に計画を作ってほしい。

リカレント戦略

①MBAで学ぶ

変身資産を築いていくにあたって注目されているのが、リカレント教育、いわゆる学び直しだ。スキルアップ、資格取

表4　変身資産増強計画

■80歳現役バリバリでいるために、定年までの貴重な時間（次の10年）に、どんなアクションをしますか？

1	オープンマインド	ポジティブマインドセット	
		未来への思い	
		チャレンジ精神	
2	知　恵	知識・スキル	
		経験の幅	
		教養	
3	仲　間	親しい友人	
		ビジネスネットワーク	
		ソーシャルネットワーク	
4	評　判	発信力	
		共感力	
		独自コンテンツ	
5	健　康	運動	
		食事・睡眠	
		心	

得、カルチャースクールなど多種多様な講座が提供されている。中でも、長期のキャリア形成というい わば骨太なライフシフトを考える際に重要なリカレントの場としてカギになるのが大学院だ。経営全般を学ぶＭＢＡコースを筆頭に、戦略企画、マーケティング、海外事業、財務会計、人事労務管理などの専門分野を深く磨くコースもある。

しかし、２０１５年度、大学院の修士課程・専門職課程に入学した社会人は約1万１０００人で、10年前の２００５年度とほぼ変わらないという残念な結果がある（「社会人&学生のための大学・大学院選び２０１７年度版」）。国際的な比較でも日本の社会人の進学率の低さは際立ち、25歳以上の大学進学率はＯＥＣＤ諸国平均で20％に達する一方で、日本は１・９％にとどまっているのが実態だ（ＯＥＣＤ調査）。

このように日本ではまだまだ大学院やＭＢＡにはなじみがない。しかしライフシフトの時代、自分が80歳まで現役で、しかもそれなりに満足のいく形で社会に自分らしい価値を提供しようと思えば、「知」のアップデイトや再構築は欠かせない。自分にしかできない価値を提供できなければ、きちんとした対価は得られない。終身知創が人生１００年を豊かに過ごすのに必須な所以だ。

筆者が勤務している多摩大学大学院でも、30〜50歳代を中心とするビジネスパーソンに夜間と土日に社会人向けに特化したＭＢＡコースを提供している。近年は、ライフシフトの認識が広まってきているようで、着実に入学者が増えており、人生１００年に向けた危機感から、学び直しの機運が急速に高まっていることを実感している。

特に多摩大学大学院では、志やイノベーションなどのテーマを重視して、ビジネスの世界で現役として活躍している教授陣による実践知ベースのカリキュラム体系を組み、約１００講座を展開している。そのため、大企業に勤務する中堅層が、将来の自分像（会社内での昇進ではない）を求めて入学するケースが最も多く、次いで多くの中小企業のオーナーたちが自社の持続的成長の基盤づくりのために勉強している。

そういう方々は、自分が成長していくために必要になる独自の提供価値は、いまの仕事からだけでは決して創ることができない、という危機感を持っている。「知の再武装」の必要性を明確に認識し、終身知創の生き方にいちはやく舵を切っているわけだ。「仕事だけしかしていないと仕事さえできなくなる」。そんな時代が迫ってきている。

②ライフシフト大学で学ぶ

このような大学院での知の再武装トレーニングにあたっては、自分の未来に関する一定の将来仮説（出口戦略の仮説）を持つことが肝要であり、効率的だ。大学院では、戦略、財務会計、マーケティング、人事・組織、イノベーション、デジタル経営、グローバル化、スタートアップ、ソーシャルビジネスなど、多岐にわたる科目を自分なりに取捨選択していくわけだが、出口の仮説がないままでは、あれもこれもと学び、学び自体が目的化してしまい、虻蜂取らずになりかねない。

それゆえ出口戦略から逆算することが重要になる。先に述べたライフシフトビジョンや未来年表をしっかりと描き、ある年齢で（たとえば50代以降）で転職、独立、起業、NPO／NGOへの参画、地方移住、海外移住などのビジョンを持つことで、何を学ぶべきか、その指針が見えてくる。また、変身資産の現状と必要量とのギャップをしっかりと自己認識することで、学習の方針や方向が決まってくる。

また、そうした方向性の決定に当たっての大前提も実は問わなくてはならない。自分自身の本質を奥深くまで探り、将来を賭けるライフシフトが本物の自分らしさなのかを確かめることが重要なのだ。

自分に備わった思考や行動上の強みをどう活かすか。自分が将来にわたってコアにしたい価値観とはなにか。自分の歴史を振り返ることで本当の自分を見いだせないか。また大企業の社員にしてみたらライフシフトして中小企業やＮＰＯ／ＮＧＯで働く事への不安もあるが、自分をどのように変えなければいけないのか……。

このような自分の終身知創のオーセンティックなスタイルを見出すことができれば、自分のライフシフトはフラフラとしたあやふやなものではなくなる。こうした学びの場、自己確認の場を提供するのが筆者が設立にかかわった「ライフシフト大学」なのである。ライフシフト大学の社会人向けの5ヶ月間のコースで、自分の「キャリア観」を確立していくことが可能になる。異業種から年代を超えた仲間が集まり、

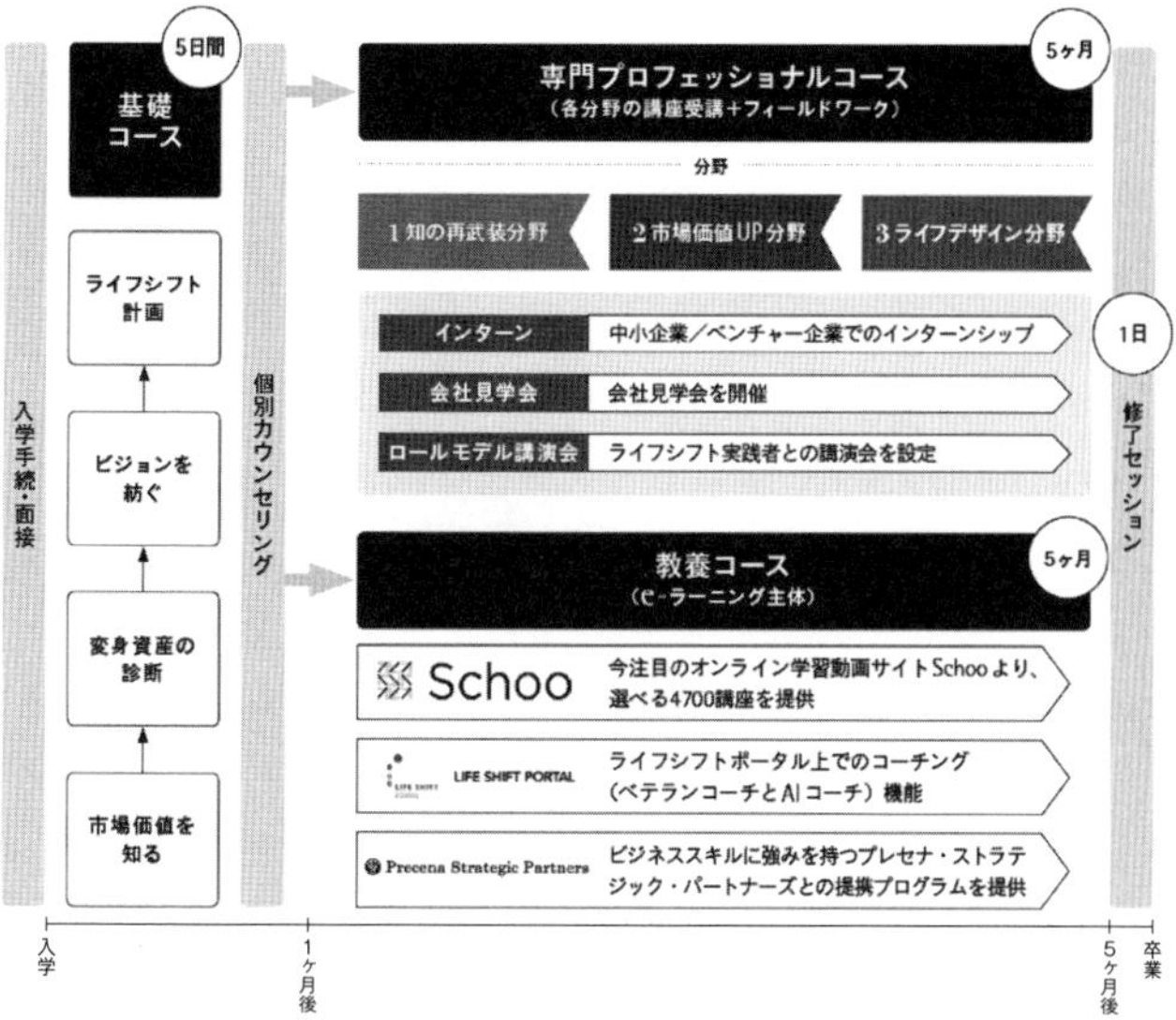

図2　ライフシフト大学のカリキュラム体系

異業種交流型の相互キャリア相談の場にもなっており、同じ会社の仲間だけでは語れないざっくばらんな会話の中から自分を見出している方々が多い。

そこでの決意をベースに多摩大学大学院に進学し、しっかりと知の再武装をすることが効果的といえよう。（図2）

③副業で学ぶ

昨今では副業・兼業がブームになってきている。国も副業・兼業を推奨しているし、既に49・6％の企業が副業・兼業を導入している（日本経済新聞2020年11月3日）。またソフトバンクやロート製薬のように、兼業社員を大量に募集する企業も現れ始めた。さらに、コロナ禍による産業ごとの人員の過不足もあって、産業間での柔軟な副業の認め合いが社会全体での雇用環境のバッファーになる側面も見えてきた。

こうしたなかで社員の側も、単なる本業や残業代などの減少を補うといった収入目当ての副業ばかりではなく、ライフシフトの準備としての副業に関心を示すようになっている。すなわち、いきなりの転職はリスクも不安もあるため、試しに他流試合をしてみたいというニーズだ。

前者のニーズに応えるのは、ギグワーカー向けのクラウドワークスのようなアルバイト的に自分のスキルを売るものがある。

一方で後者のように、本格的に自分の将来の独立のために自分のスキルで勝負をしてみたいという人のニーズに応えているのが東京海上日動キャリアサービス株式会社のプロドアやサイエスト株式会社のグローバル顧問などのサービスだ。

この後者のようなサービスに登録し、みずからの実力を確かめることも重要だ。

④対話習慣で学ぶ

リカレント戦略として、インプットの場であるＭＢＡ、基礎固めのライフシフト大学、アウトプットを確認する副業を挙げたが、それらからの学びや気づきを自分のものにする仕掛けも重要だ。そのためにおすすめしたい知的基礎体力アップのトレーニングが、ライフシフト大学でも取り入れている対話習慣だ。対話習慣には３つの対話の相手がある。

1.自分との対話

これはセルフコーチングと筆者が名づけているＭＢＢ（思いのマネジメント、

Management by Belief）の手法の1つだが、毎日の出来事や出会い、気づきをそのまま放置するのではなく、自分の問題意識やマイテーマの観点から自己分析してみる手法だ。

たとえば、「コロナへの日本政府の対応」でもいいし、「ドイツのメルケル首相のリーダーシップ」でもいい。自分が気になったことを取り上げ、「なぜ気になったのか」「どういう本質的な問題があると思うのか」「自分ならどうするか」などを自問自答し、1000字程度で記述する。

2.心友との対話

自分のライフシフトビジョンなど、パーソナルなことを話せる友のことを心友という。自分のキャリアの方向性など立ち入ったことを話すので、同じ会社の中では無理かもしれない。ぜひ交流の場を作り、語り合える心友を見つけてほしい。互いに変身資産の状況を共有し、アドバイスし合うのも重要だ。オンラインで時間がフレキシブルになったおかげでかえって心友と濃密な時間を持てることを利用してはいかがだろうか。

3.本との対話

これは本を読んで「書評」書く勉強法（これもMBBの一環であり「書評ライティング」という）だ。歴史物、経営書、古典文学などジャンルはなんでもいいのだが、深い研究や人間描写に基づく骨太な主張があるものがいい。時流を捉えただけのものやノウハウ本、タイトルだけの〝なんちゃって本〟は適さない。

骨太な本をしっかり腰を据えて読めるのもウィズコロナの恩典だろう。そういう本を読んで自分が何を考え、またこれまでの自分の問題意識をどう発展させたかを1000字程度で記述するのだ。変身資産の「知恵」はもちろんのこと、「評判」を形成する「独自コンテンツ」はこの対話で磨かれる。書評は作品に込められた著者の思いからインスパイアされ、自らのオリジナルな知を創造するのにとても有効だ。

このような手段を駆使することで、自分の問題意識や目的意識が鮮明になっていくし、また自分が書いたり、話したりする際に、自分の知識の深さや広がりのなさに気づくはずだ。ノウハウ本に飛びつかず、まずはしっかりとポストコロナを見据えて、3つの対話で自分の足元を固め自分力を高める勉強をスタートさせてほしい。

ジェロントロジー時代を生き抜く「一人事業主」への挑戦

ウィズコロナ、ポストコロナ時代の今、世界ではGreat Reset, Greater Capitalismが叫ばれ始めた。いままでの単純なグローバル化礼賛や成長至上主義、株主価値至上主義ではなく、共通善と持続可能性に基づく、よりバランスのとれた価値をグローバルな共感と共働をベースに追求していく。そんな新たな世界観が、いま真剣に模索されている。より多くのステークホルダーに、より持続的に価値を提供していくことを真の〝成果〟として認める枠組みが求められているのだ。（数字の結果しかみない単なる成果主義ではない！）

日本が人生100年時代という人口減少を伴う高齢化社会に、世界に先駆けて突入している現実のなかで、ミドルやシニアたちが、今後生きていく世界をどう形成すればいいのか？　その大前提が今作り変えられようとしているのだ。

またその行方を左右する2つの動き、すなわちデジタルとAIの発展による人工知能革命、そして、ポストコロナでのリアルとデジタルの融合。この2つの流れが同時発生しているのだ。

こうした大変革こそがGreat Resetであり、私たち日本の大人がどう向き合うかが問われている。

まさにミドル・シニアだけではなく全世代が新しい時代をどう創っていくのかが問われている。新しい高齢化社会のあり方を生み出すための社会工学はジェロントロジーと定義される。ぶら下がりのシニア、工業生産力モデルを引きずって自立しそこないつつあるミドル、未来への希望を持てず不安を抱えたままの20～30代。これでは日本はどこにも行くことはできないだろう。どうやって自分たちの人生100年を預ける未来を自ら責任を持って創るのか。そして次世代にツケを残さず、良い未来を引き継ぐのか。この大きなテーマがいますべての国民に問われている。台湾のIT担当大臣であるオードリー・タン氏は、台湾では「青銀共創」というコンセプトがあると言う。若者（青）とシニア（銀）がともに未来を創ることが大切だという認識だ。正にジェロントロジーのあり方だ。日本においても各年代が協力して新しい日本をデザインしていく必要がある。そしてその先鋒を担わねばならないのが、シニアでありミドル層だ。

筆者を含めたこの世代がまず立ち上がり、自ら終身知創を実践し、自立した個人として社会に価値を生み出し続けられる存在、すなわち「一人事業主」として認められる自分を作り上げていく必要がある。

ライフシフトとは、こうした問いに答え「ソーシャル・トランスフォーメーション」を実現することにほかならない。単なる自分の老後の生活費稼ぎに甘んじては、若い世代の顰蹙を買うだけではなく、自分たちの食い扶持すらも尻すぼみになっていくだろう。

だからこそ、ミドル・シニアたちが、終身雇用パラダイムに甘えるのではなく、それを断ち切って、自ら終身知創の世界の扉をドンと力強く押し開け、人生100年、80歳現役の生き様を大きな志を持って拓いて行く必要があるのではないだろうか。輝ける一人事業主を目指して。

著　者（掲載順）

徳岡 晃一郎（とくおか こういちろう）

多摩大学大学院 教授／ライフシフト社CEO

日産自動車人事部、欧州日産などを経て、フライシュマン・ヒラード・ジャパンにてシニアバイスプレジデント／パートナー。2006年より多摩大学大学院教授を兼務し、研究科長、社会的投資研究所所長などを歴任。還暦を機に2017年、ライフシフト社を創業しライフシフト大学を開校。『イノベーターシップ』（東洋経済新報社）『MBB：思いのマネジメント』（野中郁次郎、一條和生との共著、東洋経済新報社）など著書多数。

名久井 康宏（なくい やすひろ）

綿半ホールディングス株式会社 経営戦略室

高等学校にて英語科教員を経て現職。「越境学習」黎明期に、企業、大学、高等学校による越境学習カリキュラムを2009年に開発。科学技術振興機構からサイエンス・パートナーシップ・プログラムに採択され、組織横断的な研究と学会発表を経験。主領域はプロジェクト・マネジメント、地盤工学、橋梁工学。現職は、主にグループ企業の組織開発などを担当。多摩大学大学院で修士号（MBA）取得、優秀論文賞、2019年度卒業生総代。

荒井 千恵（あらい ちえ）

クラウド支援開発会社 マーケティング部

中小IT企業エンジニア・SE、出版社イベントディレクター、制作会社PRディレクター、人材会社Webマーケターを経て、現職はクラウド系企業デジタルマーケター。東京学芸大学、多摩大学大学院卒業、修士号（MBA）取得、優秀論文賞受賞。在学中は約80単位取得、2つのゼミでゼミ長を務めた。コロナを機にパラレルワーカーを目指し、個人投資家、インターネットラジオパーソナリティ、写真家、ボーカリストと幅を広げて活動中。

上野 正之（うえの まさゆき）

JFEスチール株式会社 組織人事部制度企画室長・ダイバーシティ推進室長

慶応義塾大学経済学部卒　同社入社後、人事労務部門でキャリアを歩む。労働組合役員時代には「連合」の官民交流事業により、外務省員として在米国日本大使館で国際協力分野に従事。広報部門や製鉄所の人事課長の経験を経て現職。現在、全社の人事制度構築及びD＆I推進を担当。副部長を務めた同社硬式野球部ではビジョンマネジメントで第90回都市対抗野球大会優勝に貢献。多摩大学大学院修士号（MBA）取得、優秀論文賞受賞。ライフシフト大学認定人生経営学煉士。

終身知創の時代

終身雇用から終身知創へ
常に学び続ける新しい生き方

編集・著：徳岡晃一郎

著：名久井康宏
荒井千恵
上野正之

発 行 日：2021年3月30日　初版第1刷

発　　行：多摩大学出版会
代表者　寺島実郎
〒206-0022
東京都多摩市聖ヶ丘4-1-1 多摩大学
Tel　042-337-1111（大学代表）
Fax 042-337-7100

発　　売：ぶんしん出版
東京都三鷹市上連雀1-12-17
Tel　0422-60-2211　Fax 0422-60-2200

印刷・製本：株式会社 文伸

ISBN 978-4-89390-178-1